Johanna Wagner

Das Geheimnis des
Medizinmanns

Eine Frau lernt afrikanische Magie

Herausgegeben und mit einem
Nachruf versehen von Wolfgang Bauer

Rowohlt

rororo transformation
Herausgegeben von Bernd Jost

Erschienen im Rowohlt Taschenbuch Verlag GmbH,
Reinbek bei Hamburg, Oktober 1996
Lizenzausgabe mit freundlicher Genehmigung des
Verlags Clemens Zerling, Berlin
Copyright © der deutschen Ausgabe
by Clemens Zerling Verlag, Berlin
Die Originalausgabe erschien unter dem Titel
«Die, die so aussehen wie jemand,
aber möglicherweise etwas ganz anderes sind»
Umschlaggestaltung Walter Hellmann
(Foto: Gruner + Jahr Fotoservice / Friedel)
Satz Galliard ITC (Linotronic 500)
Gesamtherstellung Clausen & Bosse, Leck
Printed in Germany
1490-ISBN 3 499 19995 5

Inhalt

Nachruf

für Johanna Wagner

Die, die aussehen wie ein Frosch, aber vorher möglicherweise etwas schrecklich anderes waren

Am 10. Januar 1990 starb Frau Dr. Johanna Wagner in der Nähe von München. Zwei Monate vorher war sie in Afrika, wo sie sich aufhielt, um einen heiligen Krokodilskult zu erforschen, schwer erkrankt. Damit setzte der Tod dem Wirken und Tun dieser außergewöhnlichen Frau ein jähes Ende. Die Ethnologie verlor in ihr eine wirklich frei arbeitende, d. h. keiner Universität, keinem Lehrstuhl verpflichtete Mitarbeiterin, der Naturschutz eine engagierte Fürsprecherin und Streiterin. Viele ihrer Freunde und «Feinde» waren schockiert über diesen plötzlichen Abbruch der Kommunikation.

Ihr Leben hatte stellenweise geradezu romanhafte Züge: Sie wurde 1922 in Leipzig geboren. Zu Beginn des 2. Weltkriegs zog sie mit ihrer Familie nach Österreich. 1942 mußte sie ihr Studium unterbrechen, da sie zur Arbeit in die Rüstung dienstverpflichtet wurde. 1944 wurde sie von der Gestapo festgenommen und inhaftiert, weil sie Kriegsgefangene und KZler mit Lebensmitteln versorgt hatte. Als bei einem Bombenangriff die Wachmannschaft in die Bunker verschwand und die Gefangenen eingeschlossen allein in den Zellen zurückließen, überwand sie, als ringsum die Bomben einschlugen, ihre Todesangst, indem sie mit den Mitinsassinnen zu singen anfing. «Plötzlich» wurde sie ganz ruhig und «wußte», daß keine Bombe das Gefängnis treffen würde.

Mit ihrer Mutter floh sie – wegen des drohenden Einmarsches der Russen – 1945 von Tirol nach Innsbruck und studierte in den folgenden Jahren Germanistik, dazu begleitend Biologie, Medizin und Psychologie. 1950, nach ihrer Promotion, eröffnete sie eine kaufmännische Privatschule, deren Rektorin sie wurde.

1972, nach dem Tod ihres Lebensgefährten und ihrer Mutter, nutzt sie den Zeitpunkt eines erhöhten Goldpreises dazu, eine Kiste mit Gold aus dem väterlichen Erbe zu Geld zu machen. Sie unternimmt mit diesem Geld zahlreiche Reisen, vor allem nach Afrika. Schon Ende der fünfziger Jahre war sie nach Island, Grönland, Ceylon, Israel und Ägypten gereist. Das Auftreten von positiven Bewußtseinsveränderungen in Situationen von extremem Streß, wie sie sie selbst im Gefängnis erfahren hatte und wie sie sie bei Naturvölkern als Trance induzierendes Mittel von Schamanen beobachten konnte, werden zu einem ihrer Forschungsthemen. Systematisch setzt sie sich Hyperstreßsituationen aus: sie fährt bei Moto-Cross-Rennen mit, hebt Gewichte, ficht Florett, dauerfastet, betreibt intensiv Karate und Yoga. Sie wird auch Mitglied eines Schlangengeheimbundes. Ungeschützt und ohne Serum unternimmt sie eine Interspecies-Kommunikation mit Giftschlangen, und im afrikanischen Busch geht sie – ohne Kenntnis der Gegend und ohne Ausrüstung – einfach los, «um zu sehen, was passiert». Ihr Ziel bei alldem: den Punkt zu bestimmen, an dem jener psychische Mechanismus eintritt, den die Wissenschaft heute als endorphinabhängiges «Omnipotenzmanöver» beschreibt.

Unter dem Einfluß afrikanischer Lehrer lernt sie die alten Künste der Schamanen – tranceinduzierende Trommelrhythmen, das Rufen von Hilfsgeistern, das Schicken heilsamer Vorstellungen und Bilder, das Fliegen zu weit entfernten Orten, das Besprechen von Dingen und Fertigen von Fetischen und Amuletten. Als sie übt, «wie eine Hexe zu fliegen», verwechselt sie im ersten Eifer die Ebenen. Sie will durch die Wand gehen bzw. zur Decke fliegen, prellt sich die Schulter und holt sich blaue Stellen.

Die Initiation durch afrikanische Medizinmänner läßt sie verändert nach Europa zurückkehren. Sie erinnert sich wieder an eine ihrer Großmütter, die aus der Hand lesen konnte, sehr naturverbunden war und noch Altes Wissen kannte und praktizierte. Auch sie beginnt jetzt, aus der Hand zu lesen. Später orakelt sie mit Kaurimuscheln.

Sie führte in Afrika und auch in Europa als Medizinfrau viele «psychosoziale Entgiftungen» durch. Von ihren Klienten nahm sie kein Geld, hieß sie aber, für ein Tierheim oder einen Naturschutzbund zu spenden oder einem armen Mann, einer armen Frau etwas zu geben.

Auch ihr Blick verändert sich. Schaute sie anfänglich von der Zivilisation aus fasziniert in die Wildnis, so schaute sie jetzt aus der Wildnis entsetzt in die Zivilisation. Das ganze Ausmaß der Entfremdung, das die (wie sie sich und uns so treffend nannte) «westlich Indoktrinierten» zur Natur und ihren Lebewesen hergestellt hatten, zu sehen, ließ sie schaudern, ebenso die völlige Blindheit und das abhanden gekommene Einfühlungsvermögen für natürliche Beziehungen.

Sie lernte wieder, mit dem ganzen Körper zu «denken»: Wenn sie in eine fremde Gegend kam, ließ sie erst einmal Bäume, Tiere und Dinge zu sich sprechen. Und oft bevor sie sich mit Menschen einließ, besuchte sie das örtliche Tierheim, brachte Futter mit, streichelte die «dort einsitzenden Tiere» und sprach mit ihnen. Bei der Bundesgartenschau in München zum Beispiel hechtete sie im Morgengrauen über die Absperrung und tröstete die Bäume, die man, wie sie sagte, «von ihrem Zuhause gewaltsam entfernt hatte, um sie törichterweise als etwas Exotisches vorzuführen». Sie haßte zoologische Gärten («Tier-KZs») und verabscheute Schnittblumen. «Stell dir mal vor, man würde dir zum Geburtstag zehn zusammengebundene Menschen schenken, denen man die Füße abgeschnitten hat. Und du müßtest zusehen, wie sie langsam absterben», sagte sie einmal zu mir. Sie war auch sehr dagegen, Fetische in Museen zu stellen und unbeopfert zu lassen. Dies sei Fetischquälerei.

Für eine Übergangsperiode leitete sie als Assistant-Warden ein Wildreservat in Kenia. (Hier hatte sie eine sehr eindrückliche Begegnung mit dem «wunderbaren Wildebeest», einem weißbärtigen Gnu, in dem sie ihr Totemtier erkannte.) Nach heftigen Streitereien mit der führenden Familie des Landes, die dort ungeniert jagen ließ, mußte sie das Land verlassen.

Als die österreichische Regierung damit begann, eine alte Auenlandschaft zu zerstören, um Platz für ein Wasserkraftwerk zu schaffen, war sich die damals schon über sechzigjährige Frau Doktor und hoch angesehene Frau Rektor nicht zu schade, dort über Wochen Tag und Nacht im Freien zu sein und mit Freunden durch eine Besetzung der Auen gegen die Naturzerstörung zu protestieren. Auch Handgreiflichkeiten und eine zeitweilige Sistierung konnten sie nicht am Bleiben hindern. Sie mochte sich nicht «in die Dinge fügen»: Sie, so sagte sie, wolle nicht still mit ansehen, wie Tiere gequält, Bäume gemordet, Wasser verseucht und Luft verpestet werden. Nachdem die Regierung die Hainburger Auen trotz aller Proteste roden ließ, beschuldigte man sie, sie habe ihre Kräfte unzulässig dazu mißbraucht, einen in der Sache besonders wütigen Landeshauptmann in einen Frosch zu verwandeln. Frau Wagner verwahrte sich – doch aber auch der richterlichen Funktion des Schamanen bewußt – vehement dagegen, ihm durch ihren Fluch irgendeinen Schaden zugefügt zu haben. Im Gegenteil: Ein Frosch, sagte sie, sei ein edles Tier. Sie habe dem Mann die Chance gegeben, vom läppischen Status eines österreichischen Landeshauptmannes zu dem eines Frosches aufzusteigen. Und vom Frosch ausgehend eröffne sich ihm doch eine geradezu steile evolutionäre Karriere. Außerdem werde er als Frosch seine neuerworbenen Fähigkeiten wohl kaum dazu benutzen, seine Umwelt wieder zu zerstören.

Meistens aber fühlte sie sich gegenüber den immer neuen Greueltaten all der zerstörungssüchtigen Technokraten hilflos, zornig und wütend zugleich. Sie weinte und fluchte dann im Wechsel. Sie war der Meinung, daß die Ausrottung wildlebender/freilebender Pflanzen, Tiere und Menschen uns sowohl geistig als auch wirtschaftlich ärmer mache und daß dies auf die Zukunft gesehen unsere eigene Vernichtung nach sich ziehen werde.

Um den juristischen Folgen ihres Engagements zu entgehen, zog sie 1985 mit ihrem «Autoopa», einem alten VW 1600, ihren Masken, Wandteppichen und Fetischfiguren, ihrer Schakalhündin Mwalimosh und ihren Kröten nach Graubünden in die Schweiz.

Zu Zauberpflanzen fand sie – nach einem sehr negativen Erlebnis in Afrika, wo ihr von einem Unbekannten ein Kontaktgift beigebracht worden war und sie tagelang von Halluzinationen mit horrorhaften Inhalten heimgesucht wurde – lange keinen Zugang. Auch der modische und exzessive Gebrauch von Psychedelika durch Künstler in Wiener Intellektuellenkreisen, in die sie die Jahre vorher über Einblick nahm, hatte auf sie, als Medizinfrau, sehr abschreckend gewirkt.

1982 beteiligte sie sich mit einem mehrtägigen Selbstversuch an einem Projekt über den Fliegenpilz (*amanita muscaria*), einer seit uralten Zeiten in Europa und Asien im Gebrauch befindlichen geistbewegenden Pflanze. Erleben, Gefühle und Reflexionen dabei sprach sie auf Tonband. Es entstand ein – in der bisherigen Literatur – einzigartiges Protokoll*.

Die sehr angenehm verlaufene und stellenweise sehr lustige Kommunikation mit dem «Fliegenpilzmann» ermunterte sie zu weiteren,

---

* Das Protokoll ist abgedruckt und kommentiert in dem Buch Wolfgang Bauer/Edzard Klapp/Alexandra Rosenbohm, *Der Fliegenpilz – ein kulturgeschichtliches Museum*, Wienand Verlag, Köln 1991, S. 165-194.

eigenen Experimenten mit Tollkirschen (*atropa belladonna*) und der Steppenraute (*peganum harmala*). Während die Tollkirschen ihr eine Woche lang Kopfschmerzen, einen unstillbaren Durst und eine Leseunfähigkeit bescherten, schenkten ihr die Experimente mit der Steppenraute einen «ganz klaren» Kopf. In ihrem letzten Artikel, den sie veröffentlichte (*Das «Dawa» der Matiwata*)*, beschreibt sie, wie in Kamerun mit Hilfe der psychoaktiv wirkenden Muskatnuß ein Kontakt zu den Wassergeistern hergestellt werden kann, um mit ihnen zu sprechen.

Immer wieder versuchte sie das fast Unmögliche, nämlich über ihre Erlebnisse schreibend zu berichten. Ab 1981 erschienen Artikel von ihr in ethnologischen Fachzeitschriften wie dem «Archiv für Völkerkunde», den «Wiener Völkerkundlichen Mitteilungen», in «Curare», «Salix» und dem «Hexenbesen».

In ihren Artikeln, Büchern, Vorträgen und Workshops wollte sie eine «Stimme überm Fluß von einem anderen kulturellen Ufer» sein. Das vorliegende Buch schrieb sie in der Absicht, bei Europäern über das Verständnis einer fremden, bereits auch im Schwinden begriffenen Urkultur ein Rückerinnern an die eigene «verlorene» Urkultur zu erreichen. Es ist bezeichnend für sie, daß sie diesen Text, in vereinfachter Form und bewußt in Basic English abgefaßt, zuerst für afrikanische Leser herausbrachte, mit dem Ziel, die dortige urbane Mittelschicht wieder zu ihren traditionellen Werten zurückzuführen, aber auch um für spätere Generationen ein Archiv mit dem Wissen ihrer Vorväter zu schaffen (*Be stronger than Bad Magic. A Collection of Traditional African Methods*, Göttingen 1983). Ihren Ethnologenkollegen gab sie in dem von ihr geprägten und in diesen Büchern beschriebenen Begriff der «Reakkulturierung» (und dem darin steckenden Anspruch und Auftrag!) eine harte Nuß zu knacken.

Der Erinnerungsband über die *Anleitung zu afrikanischen Orakeltechniken* (Verlag Clemens Zerling, Berlin 1991) enthält ihre Arbeiten zu afrikanischen Orakelsystemen mit Strichen, Knochen, Spinnen und Kaurimuscheln, Dokumente ihres Lebens und puzzlestückhafte Beiträge von Freunden, Schülern und ehemaligen Angestellten, aus denen sich das Gesamtbild einer bis zu ihrem Tod recht geheimgehaltenen Biographie ergibt.

---

* Abgedruckt in: *integration – journal for mind-moving plants and culture*, Nr. 1, Knetzgau 1991, bilwis-Verlag.

In dem Buch *Unter Schamanen, Gesundbetern und Wetterbeschwörern in der Lüneburger Heide* (Verlag Clemens Zerling, Berlin 1992) werden ihre Forschungen bei Volksheilern der Lüneburger Heide, zum Problem der Zombifizierung und zum Konzept der Homophagie dargestellt und diskutiert.

Daß Johanna Wagner jetzt in der Anderwelt den Platz einnimmt (wie ihn ein Freund einmal visualisiert hat:) «thronend auf einem Schädelknochensessel, zumindest auf einem Affenbrotbaum, das Leopardenfell lässig über die Schulter geworfen und den Schwanzquast in der Hand» und daß viele ihrer Flüche auch posthum sich noch erfüllen mögen und wir so gute Froschjahre vor uns haben mögen, wünsche ich ihr, Ihnen und mir.

Wolfgang Bauer

Vorwort

Persönliches Erleben verwickelte mich in das, was man umgangssprachlich afrikanische Magie nennt. Ich bin davon überzeugt, daß es sich um psychische Fähigkeiten handelt, die ganz zweifellos vorhanden sind, obwohl sie bisher noch theoretisch unerklärt und naturwissenschaftlich nicht erfaßt sind. So versuchte ich, diesen Techniken und Methoden in Ost- und Westafrika nachzugehen, um anderen zu ermöglichen, solche Psychomanipulationen zu begreifen.

Im Zuge der Feldarbeit ergab sich auch Wichtiges für den Nichtafrikaner. Hauptsächlich handelt es sich um die Erlebnisqualitäten, die man im geistigen Umkreis des Totemismus findet.

Aphoristisch formuliert könnte man sagen: Im Totemismus wirkt die lebensbereichernde Identifikation mit außermenschlichen Lebens- und Energieformen. Daher schließt sich der an starke Lebensströme an, der von diesem Entwurf erfaßt wird. In gewissem Sinn handelt es sich um die Gewinnung einer Unio Mystica im außereuropäischen Gewand.

Dies scheint mir für den Weißen wesentlich, der durch die Künstlichkeit einer hochtechnisierten, überzivilisierten Lebensform vom Unmittelbaren abgeschnitten wurde.

Der Weg des Totemismus gewährt aber nicht nur eine allgemeine Revitalisierung. Er gewährt auch selbsterlebte Einsicht in die wirkenden kosmischen Energieströme. Denn diese wurden vom Totemismus intuitiv als Manifestation in fremde Lebensformen erfaßt. Er bedeutet also eine seelische Bereicherung.

Diese seelische Bereicherung zu erlangen, ist auch dem Nichtafrikaner möglich. Dazu ist allerdings nötig, daß man sich zunächst mit den dem Totemismus zugrundeliegenden geistigen und emotionalen Eigenheiten bekanntmacht. Das gilt gleichermaßen für den Weißen wie für den Teil der Afrikaner, die durch außerafrikanische Einflüsse ihrer traditionellen Kultur entfremdet wurden. Denn letztendlich befinden wir uns alle in der gleichen Lage: ich, die ich den Erlebnisweg des Afrikanischen durchschritt, bis langsam ein Verstehen reifte, Sie, als fern von Afrika Lebende, und jene urbanisierten Afrikaner, die von den lebensspendenden Wurzeln ihrer Tradition abgeschnitten ziellos dahintreiben.

Es hätte daher wenig Zweck, ohne vorherige Lektüre der Kapitel 1 bis 23 sofort mit den Anleitungen der Autotranceübungen zu beginnen. Ich glaube, es wäre sogar schädlich. Denn es ist unmöglich, sich nur einzelnes von einer Kultur fruchtbringend einzuverleiben. Kulturen sind ganzheitliche Organismen. Daher muß man ihre Dynamik ganzheitlich erfühlen, begreifen und lieben lernen, bevor man sich ihren tiefsten Konzeptionen anvertraut.

I. TEIL

Einführende Erlebnisberichte
und Versuch der Bildung
eines theoretischen Hintergrundes

1. Die Rückkehr zu den Vätern

This he whispers
To the deaf stranger of this world
J. Gatuiria, Kenia

Nachts im Flugzeug irgendwo zwischen Rom und Nairobi. Ich fahre aus dem Schlaf und höre mich selbst: «Mein Gott! Mein Gott, bitte kein Feuer!» Auch mein afrikanischer Sitznachbar ist hellwach und registriert sehr gespannt, wie die Motoren plötzlich bedrohlich ungleich und stockend klingen. Der Afrikaner spricht Worte in einer mir fremden Sprache. Das sind keine Sätze. Es ist wie das beschwörende Echo meiner eigenen Anrufung.

Nach einiger Zeit laufen die Motoren wieder gleichmäßig. Tief unten ahnen wir die Wasser des Mittelmeeres.

Beruhigt durch die neu gewonnene Sicherheit schäme ich mich meines unkontrollierten Gefühlsausbruches. Er scheint mir sinnlos: zahlreiche Flugzeuge stürzen ab und fangen Feuer. Wie viele Opfer solch schrecklicher Unglücke gibt es! Wie kam ich also dazu, ausgerechnet für mich eine Ausnahme, eine Errettung dazu zu erbitten? Welche elementare Gewalt schwemmte meine Erziehung und Logik hinweg? *Da ist kein Grund, den Tod zu fürchten. Denn so lange man lebt, ist der Tod nicht da. Und wenn er da ist, fühlt man nichts mehr ...* eine zwingende Logik der Stoa, die ich – so glaubte ich – nicht nur verstandesmäßig akzeptiert, sondern auch in meinem Gefühl verankert hatte. Eine unvermutete Gefahr, der ich hilflos ausgeliefert war, und mein stoisches Gebäude war zusammengebrochen. Ich hatte mich bei einer Lebenslüge ertappt.

Irgendwie glaube ich, mich bei meinem afrikanischen Nachbarn für meinen unbeherrschten Ausbruch entschuldigen zu müssen. Ich versuche zu erklären: Kindheitserlebnis mit Feuer, schon beinahe vergessen ... usw.

In einem sehr gepflegten Oxford-Englisch erwidert er: «Boethius ist gut für ruhige Stunden, bestenfalls für allmählich wahrgenommene Gefahren. Aber in der Situation der unvermuteten, plötzlichen Gefahr kehrt man zurück. Zurück zum Glauben der Väter. Man sollte aus diesem Erlebnis lernen. Auch Sie. Nicht nur ich.»

«Aber», erwidere ich, «Sie sagten ja nicht ‹mein Gott›, Sie zitierten einen Spruch.»

Aus den Augen meines Nachbarn spricht das Selbstbewußtsein eines Menschen, der zu sich zurückfand. «Nein, das war kein Spruch», stellt er richtig, «es waren die Namen der Götter meiner Väter. Wir, Sie und ich, sind wohl, was man moderne, gebildete und nicht sehr religiös veranlagte Menschen nennt. Trotzdem reagierten wir gleich. Beide kehrten wir – reflexmäßig – zum Glauben unserer Väter zurück. Das ist keine Schande. Es ist so. Tatsachen hat man zu akzeptieren. Aus der Erfahrung gewonnene Lehren zu vergessen, zu verdrängen, zu beschönigen, bedeutet Selbstbetrug.»

Der Afrikaner setzt fort, und sein korrektes Englisch wirkt wie eine fremdartige Umhüllung seiner Worte: «Ich entstamme einer traditionellen afrikanischen Religion. Wir haben viele Götter. Einen Hauptgott und mehrere Nebengötter und unsere verehrten Ahnen. Sie könnten sich das etwa so vorstellen, wie Ihre Regierungen: da sind der Regierungschef und die Minister, die Staatssekretäre und dann noch viele Unterbeamte.»

«Aha», nicke ich, «ich kenne in Europa eine Dame, wenn die etwas verliert, ruft sie den Heiligen Antonius an. Denn der ist zum Beispiel für das Wiederfinden verlorener Dinge zuständig.» «So ähnlich mag das sein», lächelt er. – «Aber es ist doch nicht ganz so», meine ich, «denn Ihr Gott und Ihre Untergötter sind nicht Gott und die Heiligen.»

Mein geduldiger Nachbar zeigt auf den kleinen Klapptisch vor uns. «Wie nennen Sie dies in Ihrer Sprache?» «Tisch», antworte ich. «Wie sagen die Engländer dazu?» «Table», antworte ich. «In meiner Sprache würde man es meza nennen», meint er bedächtig und setzt fort; «sind das nun drei verschiedene Dinge, oder sind es nur drei verschiedene Namen für das gleiche? Und wäre es nicht unsinnig, wenn wir jetzt zu streiten begännen, welches das wirkliche, korrekte Wort ist? Da wir doch wissen, daß es immer das gleiche ist, was wir meinen!»

Mein Nachbar sammelt scheinbar als Nebenbeschäftigung Götternamen. Es folgt nämlich eine lange Aufzählung fremd klingender Namen, die er als Beispiel anführt. Da ich nun gelernt habe, daß Menschen in Not das Höchste Wesen mit dem Namen anrufen, den sie von ihren Vorvätern gelernt haben, bitte ich, diese Namen niederschreiben zu dürfen. Mein Nachbar diktiert mir diese Namen:*

Ale, Afa, Arehatt, Adroa, Akongo, Atetie, Aramanik, Bapae Bi'i, Chiuke Cagn, Chiuta Djua-Muluga, Diowa, Erob, Engai-Narok, Engai-Nanyoke, Endo Gamab Hambal-Aeta Huwe, Heits-Eibib, Jok Irungu, Imana, Izanami, Kalisia, Kalunga, Katawan, Karei, Karmojo, Kube, Katonda, Kyala, Kaang, Khmvum, Kuri, Kundubendu, Katema, Kazabya, Kabeja, Kabezya, Kiumbe, Kiara, Loba, Lube, Leza, Liuwa, Luo, Mulungu, Mwaizwangi, Mugasa, Mugu, Mbali, Mawu, Mungu, Muoere, Muri, Mupere, Mwille, Mwari, Muzimo, Maweja, Mosiro, Ndoro, Nbori, Nyikob, 'Nguruvi, Nguluwe, Nyei, Nandi, Nyambi, Nzambi, Oti, Oto, Odumakuma, Ogiwu, Osa, Obassi, Suk, Sogbla, Suku, Sapei, Tore, Ta-Pedn, Tilo, Thora, Tano, Tiqua, Tsui-Goab, Taturu, T'ien-Tse, Unkulunkulu, Unde-Tu-Bolunda, Uvardowa, Uwargone, Unya.

Ein wenig spöttisch schließt er: «Nun haben Sie so viele Namen aufgeschrieben. Ein weißes Blatt mit einem Griffel zu beschreiben gibt euch Sicherheit, scheint's. Eine Art Nachschöpfung? Nachschöpfung des Seienden? Wäre ich Psychoanalytiker, würde ich das sehr wörtlich meinen. Und nun, was beabsichtigen Sie mit diesem Wissen der Namen anzufangen?»

Ich komme mir gegenüber meinem neuen afrikanischen Freund ein bißchen naiv vor. Und doch auch wieder nicht. «Es ist gut, die Namen zu wissen, die für Menschen das Höchste bedeuten. Das schafft ein Band. Man vertraut sich dann. Man hat das Wichtigste gemeinsam.» Meine Antwort hat meinem neuen Freund scheinbar gefallen. Daher setzt er seine Belehrungen fort:

«Sie sollten noch einiges andere wissen, wenn Sie nicht an der Oberfläche bleiben wollen. Zum Beispiel gibt es in ganz Afrika Menschen, zu denen man geht, wenn man krank ist oder wenn man glaubt, daß man von jemandem mit Magie belegt wurde, wenn die Kühe keine Milch geben, wenn ein Unglück nach dem anderen passiert usw. In vielen afrikanischen Traditionen bringen sie auch die Opfer und sind die Priester ihrer Religionen. Das ist nicht überall so, aber es ist oft der

---

* Afrikanischen Lesern wird der eine oder andere Name nicht als Name von einem Gott, sondern als der eines negativen Dämonen geläufig sein.

Fall. In meiner Sprache nennt man sie Waganga, das ist die Mehrzahl-form von Mganga. In anderen Sprachen hat man andere Namen für diese ehrenwerten Männer, zum Beispiel Inyanga, Ngaka, Indiki, Bogo, Mota, Bwanga, Izinyanga, Dzote, Gao-Tu, Indundu usw. Ich mag Bezeichnungen wie Witch-doctor, Medizinmann, Magier usw. nicht, denn mir scheinen alle einen verdächtigen Beigeschmack zu haben. Die Waganga wissen um Medizinen und Kräuter und wissen auch um anderes. Die Waganga sind die, die mit ihrem Wissen Gutes tun, Leute heilen und Gegenmaßnahmen zur Unschädlichmachung Schwarzer Magie einleiten.

Nun gibt es Leute, die *wissen* auch, aber sie tun sehr schlechte Dinge mit ihrem Wissen: sie lassen Menschen sterben oder krank werden, sie lassen Vieh krank werden oder sterben, sie bringen Unglück über einen Menschen oder eine Familie. Dies schaffen sie auf ganz verschiedene Weise. Oft verwenden sie Kräuter, oft Gift, oft abscheuliche andere Dinge, Worte, Gesten, Opferweisen und so weiter. Ich möchte diese Schwarzmagier nennen. Sie bewirken mit ihren Fähigkeiten, Kräften und Wissen etwas Schädliches, Zerstörendes und Negatives.

Daß die Heilendes, Gutes und sozial Wertvolles schaffenden Waganga und die Negatives bewirkenden Schwarzmagier mitunter fast die gleichen Techniken anwenden, wundert nur den Kulturfremden. Die Techniken sind nämlich sozusagen Werkzeuge. Man kann zum Beispiel mit einem Messer den Abszeß eines Kranken aufschneiden oder jemanden erstechen. Nicht das Messer, sondern der, der es gebraucht, ist gut oder böse.»

Der Afrikaner setzt nach kurzem Schweigen fort: «Jede Religion hat Dinge, die heilig und verehrungswürdig sind. Anhänger traditioneller afrikanischer Religionen und Anhänger verschiedener christlicher Religionsgruppen besitzen zum Beispiel Figuren, die sie verehren. Muslime und Anhänger anderer christlicher Gruppen kennen keine ihnen verehrungswürdigen Figuren. Juden haben keine Figuren, wohl aber andere Gegenstände. Das ist sehr verschieden. Daher sind auch die Namen für die verehrungswürdigen Gegenstände verschieden. Wenn ich von solchem spreche, nenne ich es einfach das ‹Verehrungswürdige›, dann ist keiner gekränkt, daß ich nicht seinen Ausdruck gebrauche.»

Ich habe eifrig zugehört. Nun schweigt mein Nachbar, und ich versuche, das Gehörte zu verarbeiten, zu begreifen, mich in die mir fremde Welt einzufühlen. Lange schweige auch ich.

Der Viktoria-See taucht auf. Bald werden wir unsere so verschiedenen Lebenswege fortsetzen. Bereichert um eine gemeinsame Erkenntnis. Mit einem aber werde ich nicht fertig, ich verstehe es gefühlsmäßig nicht. So frage ich meinen Belehrer: «Sie sind so tolerant, so verstehend, so sehr in der Lage, die Probleme überlegen zu sehen. Und doch, verzeihen Sie, daß ich es erwähne, beschworen Sie in der Gefahr die Ihnen vertrauten Namen Ihrer Stammesgötter und kehrten, wie Sie selbst sagten, angesichts der Gefahr zu Ihrer eigenen Tradition zurück. Wie läßt sich das verstehen?»

Sehr ernst blickt mich mein Nachbar an. «Jede Pflanze gedeiht am besten in ihrem eigenen Boden. Andere Böden sind für andere Pflanzen besser, sie würden in dem verkrüppeln, in dem ich gedeihe: das war die Lehre dieser Nacht. Ich werde sie nie vergessen.»

Wieder schweigen wir. Unter uns taucht der Flugplatz von Nairobi auf. Mein Nachbar gibt mir seine Karte. Ich habe sie später verloren. Ich kann mich seines Namens nicht mehr erinnern. Vielleicht aber liest er dieses Buch und freut sich ein wenig darüber, daß ich seine Gedankengänge nicht vergaß? Diesem, meinem ersten afrikanischen Lehrer zu Ehren, werde ich, so wie er, die traditionellen Heiler Afrikas Waganga nennen. Und da auch ich niemanden kränken möchte, indem ich seine Bezeichnung für das Höchste Wesen nicht gebrauche, werde ich vom ‹Herrn aller Weltenbewohner› sprechen.

2. Alte Dinge
werden wieder modern

An the heavy veil of words
is torn with sights
D. Diop, Senegal

«Ihren Wagen nehmen wir auf dem Rückweg per Abschleppseil mit», bestimmt der freundliche Afrikaner, der sich den Schaden besah. Ausgerechnet an einem strahlenden Sonntag blieb mein alter VW wieder einmal stehen. Müde und altersschwach – Pistenkilometer zählen doppelt! – war er in Streik getreten. Der Sonntag schien verdorben. Da hält ein vertrauenswürdig wirkender Landrover und sein ebenso vertrauenswürdig aussehender Besitzer betrachtet mich und meinen Wagen mit väterlicher Besorgnis. In Afrika findet man noch nicht, daß Frauen gleichberechtigt sind und sich daher selbst helfen sollen. Ich finde das schön und natürlich. Denn für mein Gefühl bedeutet wirkliche Emanzipation der Frau nicht, daß sie sich bemüht, ‹wie ein Mann zu sein›, sondern daß sie sich ihres Wertes als Frau, als ‹das ganz andere› bewußt ist.

Nun also, ich wechsle den Wagen. Der Sohn steigt hinten ein, ich sitze neben meinem neuen patriarchalischen Bekannten, lasse Wagen Wagen sein («Wir sind hier auf dem offenen Land und fern der Stadt», meint er, «hier wird noch nicht gestohlen.»), und weiter geht es durch die Savanne.

Plötzlich verlangsamt er das Tempo, späht auf etwas, das ich mit meinen noch stadtgewohnten Augen überhaupt nicht wahrnehme, verläßt die Piste und nähert sich vorsichtig einer Gruppe von Tommy-Gazellen. Die noch sehr kleinen Gazellen-Jungen haben gerade gelernt, ihre Beine zu gebrauchen. «Wie entzückend sie spielen!» rufe ich etwas unüberlegt aus. Die ruhige Bedächtigkeit meines Beschützers ist wie weggeblasen. Sehr bestimmt stellt er richtig: «Das ist kein Spiel! Das ist Lebensvorbereitung. Von der Koordination der Lokomotionen (als Veterinär gebraucht er tatsächlich diese ihm geläufigen Fachworte) hängt das künftige Überleben dieser Geschöpfe ab.» Und etwas ärgerlich stellt er fest: «Daß ihr alles versentimentalisieren, in allem ein Idyll vermuten müßt, statt die Dinge zu sehen, wie sie sind. Spielen ist Lebensvorbereitung und eine ernste Sache. Der kleine Gepard lernt, seine Beute zu fangen, die kleine Gazelle lernt laufen. Das Mädchen spielt Mutter und der Bub Krieger. Warum seht ihr die Dinge nicht, wie sie sind?»

Die ganze Nüchternheit des wirklich Naturverbundenen spricht aus seinen Worten. Die afrikanische Jäger-Nüchternheit, die ihre Bestätigung in diesem speziellen Fall in modernen Hörsälen des Institutes für Veterinärmedizin fand.

«Früher», setzt er fort, «waren die Menschen dem Tier näher. Sie achteten es. Sie verniedlichten es nicht. Aus gutem Grund. Denn sie bildeten eine Lebenseinheit. Man machte nicht solche Unterschiede wie heute. Wie heute die, die nichts von der Sache verstehen», korrigiert er sich.

Mir scheint, daß ich hier einen wunden Punkt meines freundlichen Bekannten berührt habe. Denn nun öffnen sich die Schleusen seiner Beredsamkeit. «Was wissen Sie schon, was sich in diesen Tieren abspielt?» fragt er mich.

Ich könnte erwidern, daß ich allerlei davon wisse. Aber ich schweige. Ich kam nicht nach Afrika, um zu belehren. Ich kam nach Afrika, um zu lernen. Hier ist eine gute Gelegenheit zu erfahren, wie ein ganz augenscheinlich traditionell fühlender Afrikaner modernes Wissen verarbeitete, wie er es adaptierte, in sein Weltbild einbaute. Ich schaue ihn daher nur fragend an.

Ganz gefangen von seinem Wunsch, uns die Dinge verständlich zu machen (der Sohn hört gespannt zu, vorgebeugt, um ja kein Wort seines Vaters zu überhören), beginnt er, zurückgewandt zum halbwüchsigen Sohn: «Du, hör jetzt zu, denn das lernst du nicht in deinen Schulen. Obwohl es jeder lernen sollte, der sich selbst und die Menschen und Tiere verstehen will. Es gibt wenig, was lernenswerter ist. Denn damit könntest du auch Geschichte verstehen, statt Zahlen auswendig zu lernen, Vorkommnisse, die zusammenhanglose Einzeltatsachen bleiben, solange du nicht die Formel weißt, nach der alles abläuft.» Und zu mir gewandt: «Ich bin Veterinär, ich weiß wenig von Geschichte. Aber da sind Verbindungslinien! Ich fühle es unklar. Wann werdet ihr euch aufraffen, Gehirnfunktionen, Ethnologie und Geschichte zusammenzusehen?»

Ich schweige und denke an des großen Goethes Worte «... dann hat er die Teile in seiner Hand, fehlt leider nur das geistige Band». Heute, im Landrover neben dem afrikanischen Veterinär, wird es lebendig. Ich bin nicht ganz glücklich über diese Frage, denn das ‹geistige Band›, welches die Einzelfakten der Spezialisten untereinander verbinden sollte ... nun ja, Ansätze sind ja hier und da vorhanden. Ansätze. Mit dem Arm bequem auf das Lenkrad gelehnt, beginnt der Afrikaner die ‹Vorlesung›. Sprühend vor Temperament. Die weißen Zähne blitzen. «Ich erzähle euch erst eine Geschichte», beginnt er, «dann könnt ihr es euch besser vorstellen:

Bwana Krego geht einen einsamen Pfad. Da sieht er von weitem Muchai auf sich zukommen.

Warum kann Bwana Krego den Muchai sehen und erkennen? Bwana Krego hat Augen, Ohren, eine Nase usw. Das sind sozusagen die Wächter, die Ausschau halten, was um die Siedlung herum passiert. Die Wächter melden das durch die Telefonleitung. Die Telefonleitung sind die Sinnesnerven. Die Sinnesnerven enden in einem Amt. Das Amt heißt hinterer Teil der Cortex. Es beschäftigt viele Beamte. Der Beamte des Sehzentrums nimmt auf, was der Wächter Auge meldet. Er registriert aber nur Formen und Farben. Nun sagt er seinem Mitarbeiter auf der anderen Seite des Schreibtisches (das ist das Zentrum zum Verständnis des Geschehenen): «Ich habe gerade Meldungen über die und die Formen und Farben bekommen. Sieh nach, was das ist.» Der Mitarbeiter antwortet: «Das ist ein Mensch. Aber, warte, ich werde die Beamten in den anderen Zentren fragen, ob es ein besonderer Mensch ist.» Nun startet er eine Rundfrage. Auch die läuft wieder durch Leitungen, welche die Zentren untereinander verbinden. Alle diese Leitungen liegen im Weißen Hirnmark wie in einer großen Telefonzentrale. Von überall her kommt nun die Antwort: «Ja, den kennen wir, das ist Muchai, der früher einmal Bwana Kregos Onkel erschlagen hat.» Das meldet nun der Beamte vom Sehzentrum seinem Boß. Der Boß sitzt nicht mehr in der Etage Neocortex. Der Boß sitzt in der Etage Diencephalon.

Der Boß heißt Thalamus. Bei ihm gehen alle wichtigen Meldungen ein. Er, Boß Thalamus, nimmt Stellung zu den Meldungen. Als oberster Boß entscheidet nämlich er, was gemacht werden soll und ist natürlich daran interessiert, daß alles gut verläuft. Daher will er, daß der Körper überlebt. Das nennt man den Funktionskreis der Selbsterhaltungsinstinkte. Er will auch, daß seine Nachkommen überleben. Das ist der Funktionskreis der Arterhaltungsinstinkte. In einem Körper von Geschöpfen, die in Gruppen leben, kommt noch der Funktionskreis der Sozialinstinkte dazu. Das alles sind eigentlich nur Namen für sehr verschiedene Handlungen. Sitzt der Boß Thalamus zum Beispiel in einem Gazellenkörper, so wird er aus Selbsterhaltungsinstinkt veranlassen, daß sie davonläuft, wenn ihm ein Gepard gemeldet wird. Sitzt der Boß Thalamus aber in einem Gepardenkörper, wird er diesen Körper wegen des Selbsterhaltungsinstinktes zur Gazelle hinlaufen lassen, denn er braucht ja Nahrung, um nicht vor Hunger zu sterben.

Leider ist das Leben sehr kompliziert. Was nämlich, wenn die Gazellenmutter einen Geparden sieht? Der Boß Thalamus muß sich entscheiden, was wichtiger ist: die Mutterliebe (also der Arterhaltungsinstinkt) oder die Angst (also der Selbsterhaltungsinstinkt). Je nachdem, wie er sich entscheidet, wird die Gazellenmutter handeln. Daher merkt euch nun: der Thalamus wohnt in der Etage Diencephalon. Er bekommt die Meldungen über das, was in der Welt geschieht, von den Ämtern Sinneszentren, die im hinteren Teil der Cortex sitzen. Er verarbeitet die Meldungen zu freudigen oder negativen Stimmungen, und zwar je nachdem, ob sie für sein Überleben oder das seiner Art dienlich sind oder nicht. Haß, Angst, Freude, Wohlbehagen, daß wir unsere Freunde lieben, daß wir für unsere Kinder sorgen, daß wir gutes Essen mögen, Kinder bekommen wollen, daß wir mit den Alten und Kranken Mitleid haben, daß wir unser Dorf oder Land verteidigen, aber auch alle die hassen und bekämpfen, die es bedrohen. Alles das ist Sache vom Boß Thalamus.

Der Boß Thalamus unseres Bwana Kregos bekam also vom Sinneszentrum *Sehen* die Meldung, daß ihm Muchai, der Mörder seines Onkels, entgegenkommt. Boß Thalamus wird sehr ärgerlich. Aus Selbsterhaltungsinstinkt fürchtet er einen Angriff, aus Sozialinstinkt haßt er den Mörder seines Onkels. Als Boß gibt Thalamus natürlich seinen drei Untergebenen Befehle. Diese drei Untergebenen sind: Die Cortex, und zwar die Beamten, welche nicht in den Abteilungen Sinneszentren sitzen, sondern in den Abteilungen zur Ausführung der Befehle des Bosses Thalamus. Denen sagt er: «Unternehmt etwas, damit meine ungute Stimmung wegen Muchai vergeht. Ihr seid dazu da, daß ihr eine Möglichkeit findet, meinen Befehl auszuführen. Denkt gefälligst darüber nach, dann laßt die entsprechenden Bewegungen ausführen (die Bewegungszentren liegen nämlich auch in der Etage Neocortex, aber weiter vorn).» Nun denkt die Cortex darüber nach, wie sie dem Wunsch des Thalamus nachkommen kann, und dann führen die Bewegungszentren das aus, was gemacht werden soll.

«Zum Beispiel», wendet er sich nach hinten zum Sohn: «du siehst die hübsche Aischa, und dein Boß Thalamus – geleitet vom Arterhaltungsinstinkt – möchte, daß mit ihr Liebe gemacht wird. Also gibt dein Boß Thalamus der Cortex den Befehl, ‹denk darüber nach, wie wir das bewerkstelligen können›. Nun denkt die Cortex darüber nach, welche Möglichkeiten es gibt. Du könntest mich bitten, mit den Eltern zu reden, oder du könntest das Mädchen selbst ansprechen, ihr dein Transistorradio versprechen und es auf die Art versuchen. Ich hoffe nicht, daß du das wirklich tun würdest. Denn so bist du nicht erzogen. Immerhin, ihr jungen Leute kommt auf die merkwürdigsten Ideen. Hat sich deine Cortex aber, wie ich glaube, dafür entschieden, mit mir zu sprechen, dann wird das den Bewegungszentren gemeldet, und du gehst mich suchen. Die Cortex realisiert also, was Boß Thalamus ihr zu tun aufträgt.

So friedlich geht das im Fall von Bwana Krego, der seinen Todfeind Muchai sieht, nicht zu. Kregos Thalamus, in sehr beunruhigter Stimmung, gibt der Cortex den Befehl: ‹Unternimm, daß wir aus dieser Situation herauskommen.› In dieser Situation muß viel unternommen werden. Als Boß weiß er natürlich, daß man Kraft braucht, um zu kämpfen, davonzulaufen oder sonst etwas zu tun.

Daher befiehlt er seinen beiden anderen Untergebenen, den Körper auf Hochtouren zu bringen.

Der eine Untergebene heißt Hypothalamus. Er hat zwei Leitungen zur Verfügung, die zu den Körperorganen führen. Seine Leitungen sind das vegetative Nervensystem – auch autonomes Nervensystem genannt. Der Körper wird auf Tat, Wachsein, Aktion und Hochtouren gestellt, wenn der Hypothalamus die Leitung Sympathicus einschaltet. Dann muß das Herz schneller schlagen, man wird ganz hellwach und kann nicht einschlafen, man hat keinen Hunger mehr, man schwitzt, damit man geschmeidiger wird, die Augen werden ganz groß, um alles besser sehen zu können, alle Kraftreserven, die sich der Körper aufgespart hat, werden frei gemacht.

Wenn die Sinneszentren dann Boß Thalamus melden, daß die Gefahr vorüber ist, beruhigt sich seine Stimmung wieder und er befiehlt seinem Submanager Hypothalamus: ‹Schalte nun den Körper wieder auf ruhig, er braucht sich auf keine Aktion mehr vorzubereiten.› Dann schaltet der Hypothalamus die Nervenleitung Parasympathicus – auch Vagus genannt – ein. Nun wird der Körper entweder ruhig und schläfrig, oder man hat wieder normalen Appetit auf etwas Gutes zum Essen.

Magen, Nieren, Leber, Schilddrüse und die Geschlechtsorgane usw. fallen wieder in ihren normalen Trott.»

«Was aber», fragt der wißbegierige Sohn, «wenn die Organe dem Hypothalamus etwas melden wollen? Im Körper geht doch auch allerhand vor, was den Thalamus angeht. Man fühlt sich doch zum Beispiel nicht nur ängstlich, wenn man einen Feind sieht, sondern auch, wenn man kränklich ist.»

«Na, was sagen Sie zu meinem Burschen», stolz wendet sich der Vater zu mir, «denkt der nicht mit?» Zum Sohn gewandt: «Stimmt schon, das gibt es auch. Die Meldung kommt zum Beispiel vom kranken Magen, geht zum Hypothalamus, der meldet es dem Thalamus, und Boß Thalamus gibt der Cortex den Befehl: ‹Unternimm etwas, denn ich bin wegen der Sache in unbehaglicher Stimmung.› Dann denkt die Cortex darüber nach, was zu tun ist, entschließt sich, zum Arzt gehen zu lassen, und der gibt dir eine Medizin. Da es nun aber», setzt der stolze Vater fort, «so wichtig ist, daß der Körper sich auf das vorbereitet, was die Cortex ihm zu tun befehlen wird, hat der Thalamus nicht nur seinen Submanager Hypothalamus, er gibt den gleichen Befehl auch einem zweiten Submanager. Das ist die Hypophyse. Die Hypophyse gibt die gleichen Befehle ebenfalls an die gleichen Organe weiter. Aber sie benutzt dazu nicht die Nervenleitungen. Sie wirft die Befehle in den Postkasten des Blutes. Und die Blutpost befördert sie dorthin, wo sie hingehören. Das ist das sogenannte endokrine oder hormonale System. Manche Botschaften gibt die Hypophyse direkt an das entsprechende Körperorgan, zum Beispiel an die Leber. Der sagt sie: ‹Gib allen Zucker und alles Fett frei ins Blut, denn wir brauchen jetzt Kraft.› Das Blut bringt den Zucker in die Zellen. Man wird stark. Den Befehl zum Wachsen gibt die Hypophyse auch direkt, ebenso daß Frauen Wehen bekommen, daß der Blutdruck steigt usw. Manche Befehle hingegen kommen erst gleichsam auf ein Nebenpostamt. Diese Nebenpostämter sind die verschiedenen Drüsen. Die Schilddrüse zum Beispiel oder die Pancreas, die auf Befehl das Adrenalin aufbaut, dem Blut mitgibt und an die Organe verteilen läßt, die Kraft brauchen, wenn man bedroht wird. Andere solche Botschaften – Hormone genannt – lassen den Körper sich wieder an Lebensumstände gewöhnen, für die er eigentlich nicht gemacht ist: an zu große Hitze, Kälte, selbst Strahlen und Gifte. Das natürlich nur ein wenig.

Du siehst, dein Großvater sprach schon die Wahrheit, wenn er sagte, daß in alten Zeiten manche Menschen von Giftschlangen gebissen werden konnten, ohne daß ihnen viel passierte. Es sind Menschen gewesen, die – anders als wir heutigen – diese Dinge noch irgendwie beherrschen konnten.» Zu mir gewandt: «Leider, diese alten Traditionen gehen mehr und mehr verloren. Es ist merkwürdig, daß Menschen, die – wenn ich's recht deute – ihr autonomes System cortical beherrschen konnten, primitiv genannt werden.» Ein Achselzucken: «Na ja.» Ein wenig resigniert klingt das. Dann gibt er sich einen Ruck, lächelt und fährt fort:

«Dann gibt es noch zum Beispiel den Thymus. Der verursacht, daß die Kinder aufwachsen und erst dann geschlechtsreif werden. Zu mehr sei er nicht gut, meinte die Wissenschaft noch vor einiger Zeit. Heute hat man entdeckt, daß er auch beim Erwachsenen sehr nötig ist. Er wehrt nämlich Infektionskrankheiten ab. Und wie alles, muß auch er trainiert werden, um stark zu bleiben. Läßt man sich zu sehr mit der Hygiene ein und vermeidet jede kleine Infektion, dann wird er schwach, und wenn etwas Ernsthaftes kommt, kann er sich nicht mehr wehren. Deshalb sagen wir auch, *wer sich gegen alles impfen läßt, stirbt früher*. Freilich meine ich, man sollte das Mittelmaß halten. Ja, und gerade nun beschäftigt sich die moderne Wissenschaft mit einer Drüse, ganz nahe beim Hypothalamus gelegen: der Epiphyse. Bei den Schlangen kann man sie noch heute unter der Kopfhaut erkennen. Im Laufe der Entwicklung sank sie dann auf ihren heutigen Platz beim Menschen tief im Diencephalon. Ein Inder erzählte mir, daß sie in den indischen und anderen asiatischen Religionen *das nach innen gerichtete Auge* genannt wird. Dort glaubt man, daß man durch bestimmte Übungen befähigt werden kann, mit ihr Informationen zu empfangen, die man anders nicht aufnehmen könnte. Ich wunderte mich nicht über diesen Bericht des Inders. Denn unsere Priester und Wissenden – Waganga nennen wir sie – wissen ja auch Dinge im voraus. Zum Beispiel aus welchem Grunde ein Ratsuchender am nächsten Tag von weit her kommen wird. Sie bereiten dann schon alles vor. Freilich», setzt er lächelnd hinzu, «nicht alle haben diese Fähigkeit. Aber es gibt ja auch gute und schlechte Zahnärzte. So ist es nun einmal: der eine beherrscht sein Handwerk gut, der andere ist ein Nichtskönner.»

Und nach einer kurzen Pause, an den Sohn gewandt, setzt er fort: «Jetzt weißt du in ganz groben Zügen, wie das mit dem Hirn ist und daß man mit der Cortex denkt. Aber deshalb hast du keinen Grund, über die Alten im Dorf zu lachen, wenn sie etwa davon sprechen, daß die Spinne dies und jenes denkt. Freilich, die Spinne baut keine Hirse an, wie das in alten Geschichten vorkommt. Aber irgendwie denken kann sie auch. Und ebenso die anderen Tiere, die keine Cortex haben, können Eindrücke miteinander verknüpfen, also das tun, was Wesen mit einer Cortex tun können. In den Ländern des weißen Mannes hat man Würmer dressiert. Wenn sie zum Beispiel nach links kriechen, dann bekommen sie einen elektrischen Schlag. Wenn sie nach rechts kriechen, erhalten sie Futter. Nach einiger Zeit kriechen sie nur noch nach rechts. Sie haben also gelernt, zwischen zwei Möglichkeiten die zu wählen, welche ihrem Instinkt, Schmerz zu vermeiden, gefällig ist. Anderes tut auch eine Gazelle nicht. Und auch ein Mensch handelt so. Ganz neue Forschungen haben die sogenannte formatio reticularis entdeckt, das ist ein Zellsystem, welches durch alle Hirnteile hindurchgeht, sowohl durch die alten, die zum Diencephalon gehören, als auch durch die neuen, die das Großhirn, also die Neocortex sind. Man spricht da von einem hierarchischen System. Das heißt, daß im Laufe der Entwicklung neue Organe die Funktionen der früheren übernahmen und nun besser ausführen können. Ich denke mir, das ist so ähnlich wie mit der Hypophyse und dem Hypothalamus: beide veranlassen die gleichen Dinge, aber sie tun es auf verschiedene Weise. So gibt es ein molekularbiologisches Gedächtnis, das die Zellen verändert, und nunmehr auch das eben höher spezialisierte der Cortex. Und damit verbessern sich die Möglichkeiten eines Geschöpfes in einer komplizierten Umwelt. Ein Regenwurm kommt mit seinem Zellgedächtnis aus, ein Pavian nicht mehr.

Heute nimmt man an, daß, als die ersten Reptilien nicht mehr auf der Erde, sondern in den Bäumen zu leben begannen, die Entwicklung der Cortex einsetzte. Bis dahin hatte das Tier nur einen Sinneseindruck und mußte darauf reagieren.

Auf den Bäumen gibt es viel mehr Sinneseindrücke als auf der Erde. Der Wind bewegt zum Beispiel die Zweige; das wurde gesehen, gehört und gefühlt. Hätte das Reptil nicht sehr bald eine Möglichkeit gefunden, die unwichtigen Eindrücke so abzublocken, daß es nicht ständig auf jeden noch so unwichtigen Eindruck reagieren müßte, es wäre der erste Managertote der Welt geworden. Aus Teilen des Riechzentrums begann sich ein Organ zu entwickeln. Es ist die Cortex, die im Laufe der Entwicklung nicht nur Riecheindrücke, sondern auch unwichtiges Gesehenes, Gehörtes usw. abblockte. So auch zum Beispiel gewisse Muskelanspannungen und Lockerungen, Botschaften der Hypophyse usw. Das Unbewußte entstand. Nur noch das wirklich Wichtige, welches eine Handlung erfordert, wurde bewußt.

Die Tommy-Gazelle dort drüben bleibt ganz ruhig. Beobachtet sie einmal. Hinter dem Busch geht ein Warzenschwein. Seht ihr es? Natürlich hat sie seine Geräusche gehört. Aber sie rennt nicht einfach davon, als ob es ein Gepard wäre. Sie scheint – trotz ihrer feinen Ohren – das Geräusch der knackenden Zweige nicht zu beachten. Warum wohl? Nun, für sie ist nicht mehr jedes Geräusch ein Grund, mit Flucht zu reagieren. Nur das gefährliche Geräusch ist es. Damit sind wir bei einer anderen Aufgabe der Cortex: es wird nicht automatisch zum Beispiel jedes Geräusch als unwichtig von der corticalen Zensur abblokkiert, sondern nur das wirklich unwichtige. Die Sinneszentren melden also nach wie vor dem Thalamus, was in der Welt vorgeht. Der Thalamus reagiert nach wie vor positiv oder mit Alarmstimmung. Er sendet nach wie vor die entsprechenden Befehle zur Cortex. Aber diese Befehle müssen, um bewußt zu werden, erst die neue Kontrollstufe durchlaufen. Dort werden sie auf ihre Wichtigkeit hin geprüft. Und zwar je nach den bisher gemachten Erfahrungen. Was nach Meinung dieser Zensurstelle unwichtig ist, wird an den Thalamus zurückgeschickt. Es wird nicht bewußt. Daher erfolgt auch keine wahrnehmbare Aktion. Die Entscheidung, ob etwas wichtig oder unwichtig ist, beruht auf der Fähigkeit zur Erinnerung an ähnliche Situationen und die damals gemachten Erfahrungen. Es genügt später, einen einzigen der damals beteiligten Sinneseindrücke zu haben, und gleich erinnert man sich an alles und handelt entsprechend. Das nennt man Assoziation. Es genügt, wenn du den Duft von gebratenem Fleisch riechst. Du mußt es nicht erst sehen, anfassen und kosten, um zu wissen, daß da ein Steak zubereitet wird. Es würde auch kein Tier in die gleiche Falle gehen. Es sieht die Falle, hat die Assoziationen an die damalige Gefangenschaft und weicht ihr aus. Es hat aus seiner Erfahrung gelernt.»

«Ja, aber der Regenwurm oder was immer für ein Wurm das war, hat ja auch gelernt, daß er links einen elektrischen Schlag bekam und rechts Futter», wirft der Sohn ein. «Freilich, aber mit der Cortex kann man sehr viel mehr machen. Nimm doch einmal dieses Beispiel: Boß Thalamus, im Interesse des Selbsterhaltungsinstinktes, mag nicht, daß der Körper lange im Regen steht. Ob Boß Thalamus im Körper eines Hasen wohnt oder in dem eines Menschen, ist gleich, er mag es nicht. Aber: dem Hasen, dessen Cortex nicht so mächtig entwickelt ist wie die des Menschen, fällt nichts anderes ein, als sich unter einen Stein zu setzen. Der Mensch aber erfindet Maschinen, baut Fabriken, eröffnet Läden für Regenschirme und Gummimäntel. Oder: zwei Rudel von Hyänen beißen sich einfach, weil sie um ein Gebiet streiten. Der Mensch hingegen hat Professoren, die Atome berechnen, Ingenieure, die Atombomben bauen, Generäle, Soldaten und Politiker. Und all das muß aufeinander abgestimmt werden, bevor man sich um das Stück Land streiten kann. Das alles ist Werk der Cortex. Boß Thalamus hingegen hat sich im Laufe der Evolution nicht geändert. Er will immer noch das gleiche: im Interesse seiner Gruppe ein größeres Gebiet, oder, wenn er zur angegriffenen Gruppe gehört: sein Gebiet nicht hergeben.

Ja, und da sind wir nun», wendet sich der Vater an seinen Sohn und schaut ihn sehr ernsthaft an, «Boß Thalamus will in beiden Fällen das gleiche. Aber die Cortex des Menschen ist größer, deshalb kann er sich Werkzeuge machen und erfindet immer bessere Werkzeuge, um das auszuführen, was Boß Thalamus ihm befiehlt. Die Werkzeuge ändern sich», wiederholt er nachdrücklich, «nicht die Ziele. Die bleiben immer gleich. Wer die Ziele versteht, der ist weise. Wer die neuen Methoden und Werkzeuge beherrscht, der ist gescheit. Ihr Jungen beherrscht zum Beispiel viele neue Werkzeuge und Methoden. Deshalb glaubt ihr, daß die Alten im Dorf dumm sind und man nicht auf sie zu hören braucht. Aber das ist falsch. Sie verstehen das Leben und den Boß Thalamus, ihr versteht das Werk der Cortex. Wenn einer die Bestrebungen des Boß Thalamus begreifen will, muß er sehr ehrlich und genau beobachten und darf nicht eitel sein. Daß das alles so selten anzutreffen ist, hängt mit der Zensurstelle zusammen. Die hat sich beim Menschen mächtig entwickelt. Natürlich sind auch im modernen Menschen alle Instinkte vorhanden, wie dies vor Millionen Jahren der Fall war. Aber sie sind in der Diencephalon, also der Etage, in der Boß Thalamus und seine Submanager Hypothalamus und Hypophyse wohnen, eingesperrt worden. Die Instinkte, so wie sie sind, haben nur ganz selten noch Zugang zum corticalen Bewußtsein. Sie werden vielmehr, wenn sie zur Cortex aufsteigen, zurückgewiesen oder angenommen und in Gefühle verwandelt. Und selbst diese Gefühle dürfen nicht alle die Zensurstelle passieren. Mitunter müssen sie sich dann nochmals an etwas anpassen, welches Über-Ich genannt wird.

Natürlich paßt dies nicht auf alle Thalamus-Stimmungen. Zum Beispiel gehst du ganz harmlos deines Weges, plötzlich steht einer mit erhobener Faust vor dir und will dich schlagen. Du duckst dich blitzartig. Du denkst nicht, du tust es einfach. Der Vorgang ist: die Meldung von den Sinnesorganen geht an den Thalamus, der reagiert aus Selbsterhaltungsinstinkt mit dem Befehl: Cortex, mach, daß der Körper heil davonkommt. Der Befehl durchbricht die Zensurstellen und wird durchgeführt.

Nun die gleiche Situation, aber der Mann ist weiter weg von dir. Du duckst dich nicht gleich, aber du spürst deine Angst. Angst ist ein Gefühl. Es ist der bewußt wahrgenommene Alarmzustand des Thalamus im Dienste des Selbsterhaltungsinstinktes. Bewußt wahrgenommene Instinkte erscheinen in unserem Bewußtsein als Gefühle.

Eine dritte Möglichkeit: du bist sehr verstandesbetont, oder der mögliche Angreifer ist noch weiter entfernt: du spürst ganz kurz die Angst, wenn sie dir bewußt wird, du zwingst sie aber nieder: etwa mit der Überlegung, daß es gesetzlich verboten ist, dich einfach niederzuschlagen, daß es Polizei gibt, daß du den Mann nicht kennst, er folglich jemand anderen meinen wird. Zuerst hast du ein reflektiertes Gefühl gehabt, das heißt, du hast dein eigenes Gefühl wahrgenommen, es wurde aber anschließend durch deinen Verstand zurückgewiesen. Diese Zurückweisung erfolgt oft so schnell, daß man den Vorgang gar nicht bemerkt bzw. verdrängt.

Damit sind wir bei dem Problem der psychosomatischen Krankheiten, unter denen die Menschheit so entsetzlich leidet. Man kann sie nämlich nicht erkennend beeinflussen, weil sie einem nicht bewußt werden. Ich gebe euch ein Beispiel: ein schwächlicher Mann hat viele Schulen besucht, und er ist intelligent, fortschrittlich und zivilisiert. Er hat einen Chef mit lauter Stimme und von großer Kraft. Er könnte den kleinen gebildeten Mann mit der Faust erschlagen. Jedesmal, wenn der Kleine den starken Chef sieht, wenn also dessen Umrisse von den Sinneszentren dem Thalamus gemeldet werden, reagiert der mit Alarmstimmung, aktiviert daher Hypophyse und Hypothalamus entsprechend, damit sich der Körper zur Flucht vorbereitet. Die Rückenmuskeln spannen sich, damit er schnell weglaufen kann, der Herzschlag erhöht sich, damit eine möglichst schnelle Verteilung der Nährstoffe durch das Blut in die Zellen gelangt, der Blutdruck steigt, die Zuckerreserven aus der Leber werden abgebaut und in das Blut abgesetzt, Adrenalin wird ausgeschüttet, Darm und Blase entleeren sich schlagartig, damit der Körper für eine Flucht erleichtert ist. So weit, so gut, biologisch sind das die notwendigen Vorbereitungen zur Flucht.

Aber, und das ist das Schlimme, unser kleiner, schwacher Mann lebt unter zivilisierten Verhältnissen. Da darf und wird der Chef ihn nicht zusammenschlagen. Die Neocortex des Kleinen weiß das natürlich. Daher läßt die Zensurstelle der Cortex die Meldung Furcht und den Befehl zur Flucht nicht über die Bewußtseinsschwelle. Deshalb läuft unser kleiner Mann auch nicht vor seinem Chef davon. Der zur Flucht vorbereitete Körper kann sich also nicht abreagieren. Das heißt zum Beispiel: die Rückenmuskeln bleiben verkrampft (denn die Alarmstimmung bleibt, und es gab kein Davonlaufen), er bekommt durch die dauernde Verkrampfung Kreuzschmerzen. Der Blutdruck sinkt auch nicht, denn weder hört die Alarmstimmung auf noch wird gerannt. So entstehen permanente Kopfschmerzen. Seine plötzlichen Darm- und Blasenentleerungen nennt der Kleine Darm- und Blasenkatarrh. Die dauernden, nicht durch eine tatsächliche Flucht abgebauten überstarken Zuckerausschüttungen führen zu Diabetes.

Das sind nur ein paar Beispiele. Man könnte noch viele andere aufzählen. Hinzu kommt noch: durch das ständige Abbauen der Kraftreserven zur Vorbereitung einer Flucht wird der Körper erschöpft, schwach und nicht mehr zu einer erfolgversprechenden Flucht fähig. Das wird dem Thalamus rückgemeldet. Der wird dadurch noch mehr alarmiert und versucht noch energischer, die letzten Reserven des Körpers zu aktivieren. Hinzu kommt noch, daß Alarmstimmungen Schlaflosigkeit und Unterdrückung des Hungergefühls verursachen. Die permanente Alarmstimmung hindert dadurch die Zufuhr neuer Nährstoffe und die Regeneration durch Schlaf. Und der ganze Vorgang ist unserem kleinen, schwächlichen Mann nicht bewußt. Denn das Gefühl der körperlichen Furcht vor dem Chef wird von der Bewußtseinsschwelle zurückgewiesen. Er bemerkt nur seine Beschwerden. Mit denen geht er von Arzt zu Arzt und nimmt die verordneten Medikamente ein. Aber der – ihm unbewußte – Grund dieser Beschwerden wird nicht behoben. Der kleine Mann denkt ja nicht daran, seinen gutbezahlten Posten aufzugeben. So läuft der ganze Vorgang immer wieder ab. Unser kleiner Mann ist auf dem besten Weg, einen totalen Zusammenbruch zu erleiden. Er wird den Vagustod sterben, das heißt, durch die Daueralarmierung kann der Körper nicht mehr ausruhend aufbauen: der Körper stirbt an Erschöpfung, den Vagustod. Auch wenn nun kein solcher Chef da ist, genügt das Leben in den Städten, um solche Beschwerden hervorzurufen. Reizüberflutung nennt man das. Und dieses Wort bedeutet nichts anderes, als daß die ständigen Reize, denen der Thalamus ausgesetzt ist, eben diese körperlichen Vorgänge mehr oder weniger ausgeprägt auslösen.

Immer mehr Menschen leiden unter diesen Beschwerden. Ich glaube schon», wendet er sich direkt an mich, «ihr meint es sehr oft gut, und auch wir wollen den Fortschritt. Aber – können wir ihn ertragen? Ihr hattet Jahrhunderte Zeit, euch zu adaptieren. Trotzdem hörte ich, daß etwa ein Drittel aller Bewohner von städtischen Ballungszentren seelisch erkrankt sind, einer Behandlung bedürfen. Und die Zahl scheint auch bei euch noch zu steigen. Wie sollen dann wir mit diesen Dauerbelastungen fertig werden? Wir, die wir sie noch weniger gewöhnt sind? Die Zensurstelle, die nicht alles ins Bewußtsein läßt, war für das erste Reptil, welches sich für das Baumleben entschied, gewiß von Vorteil. Aber oft denke ich, daß die Evolution die Zensur übertrieben hat. Würden wir unsere Angst und vegetative Belastung bewußt empfinden, wir würden die Verhältnisse ändern, zurückkehren in biologisch gesunde Lebensbedingungen. So aber sitzen wir in einer tödlichen Falle. Speziell wir, die wir uns im Tempo eines Düsenflugzeuges akkulturieren wollen. Auch deshalb schicke ich dich immer wieder in den Ferien zum Großvater ins Dorf zurück», wendet er sich an seinen Sohn, dann setzt er fort:

«Diese Zensurschwelle, die die Instinktstrebungen nicht einfach so zur Verwirklichung durchläßt, sondern über ihre Vertretbarkeit richtet, die entscheidet, ob das, was man tun will, gut oder schlecht ist, funktioniert leider auch nicht immer zum besten. Dort entsteht auch die Heuchelei, nicht nur die Verwandlung in etwas Gutes. Nehmen wir ein Beispiel: Da ist Dr. B., der Zahnarzt, zu dem du nicht mehr gehst, weil es bei ihm so schrecklich weh tut. Das könnte so sein: der Mann mag es, wenn Menschen schreien und sich winden und von ihm gequält werden. Das ist der abwegige Wunsch seines krankhaften Thalamus. Der gibt der Cortex den Befehl: ‹quäle Menschen, denn das freut mich›. Die Zensurstelle läßt diesen Befehl in dieser Weise nicht durch. Aber der Wunsch ist zu stark, um unterdrückt zu werden. Daher lügt sich seine Cortex vor, daß er als besonders ordentlicher Zahnarzt lieber das Loch noch näher zum Nerv bohrt, als es notwendig ist, damit ja nichts Faules mehr bleibt. Dr. B. macht sich also vor, daß er seine Patienten zu deren eigenem Besten so behandelt. Er belügt nicht die anderen Menschen. Er belügt sich selbst. Seine Zensurstelle macht das.

Da siehst du, auch mit einer guten Sache kann man schlimme Dinge machen», wendet er sich an seinen nachdenklich gewordenen Sohn, «und viel Schlimmes geschah auf diese Weise in der Welt. Viel Blut und viele Tränen flossen deshalb. Wenn deine Lehrer dich in Geschichte unterrichten, zähle einmal zusammen, wieviel Unglück angerichtet wurde, wieviel Grausamkeit. Und doch fand die Cortex immer einen Grund, all dieses Blutvergießen als etwas Gutes, Ideales hinzustellen. Ein Land befrieden, sagten sie, und töteten jeden, der sich ihnen entgegenstellte. Wenn das wahre Instinktziel so getarnt wird, daß es moralisch akzeptierbar scheint, dann entstehen die großen Menschenverfolgungen. Aus falschem Idealismus. Soviel und so Wichtiges ist also jedem von uns bewußt und wirkt und wirkt. Man hat dieses Wirken lange nicht beachtet. Aber die neuen Forschungen der Psychologen sind jetzt dabei zu entdecken, was unsere Alten schon lange wußten.»

Mein neuer Bekannter hält einen Moment inne, holt sich seine Tasche vom Rücksitz und beginnt sie auszupacken. Sie enthält unglaublich viele Papiere. Er wühlt und wühlt. Schließlich zieht er triumphierend ein Buch heraus. Es ist von D. S. Halacy und heißt *Man and Memory*.

«Vor ein paar Tagen nahm ich es von zu Hause ins Amt und dann packte ich es in die Tasche. Ich wußte überhaupt nicht, warum ich es tat. Aber nun finde ich das sehr gut. Denn wenn ich Ihnen und diesem Burschen nur erzählen würde, dann würdet ihr mir doch nicht glauben. Wartet, ich schlage auf, was ich meine.» Er blättert eine Weile, nickt dann befriedigt und tippt auf die fragliche Stelle: «Hier im Kapitel VII könnt ihr es selbst lesen. Die Irokesen, müßt ihr wissen, sind ein Indianerstamm, der als besonders zurückgeblieben und nicht akkulturierbar gilt. Ich stelle sie mir vor wie die Turkanas. Nun hört einmal, wie sehr es stimmt, daß alte Dinge wieder modern werden. Halacy erwähnt hier Dr. Anthony Wallace vom Eastern Psychiatric Research Institute in Philadelphia. Er veröffentlichte im April 1958 im *American Anthropologist* und zählte auf, in welchen Punkten die Waganga dieser Irokesen und der geniale Psychiater Sigmund Freud übereinstimmen: Beide, die rückständigen Irokesenwaganga und der moderne Forscher Sigmund Freud sind einig, daß es einen seelischen Bereich gibt, der einem nicht bewußt ist. Beide sind sich einig, daß im Unbewußten diejenigen Triebe und Wünsche liegen, die das Bewußtsein nicht kennt oder unterdrückt. Weiter wissen Freud und die Alten – wir brauchen nicht bis zu den Indianern zu gehen –, daß Träume Zeichen eines solchen Zensurvorganges sind.» Zum Sohn gewendet: «Freilich, Großvaters Bruder kennt den Ausdruck Zensurvorgang nicht, aber die Sache selbst ist ihm bekannt. Er sagt nämlich, genau wie Freud und die Waganga der Irokesen, daß der Träumende seine Träume nicht selbst erklären kann und dazu einen Experten oder Weisen benötigt. Wallace war der Ansicht, daß die Lehren Freuds und der Irokesen nicht weiter auseinanderlagen als die psychoanalytischen Theorien von Freud und seinem berühmten Kollegen C. G. Jung. Hier, lest es selbst nach, wenn ihr mir nicht glaubt. So schätzen wirklich moderne Forscher die Weisen des Dorfes, über die ihr Grünschnäbel lacht! Alte Dinge werden wieder modern! Wie oft soll ich es dir noch sagen!»

«Aber die Waganga machen doch noch anderes! Sie fallen in Trance. Da kann doch nichts herauskommen, wenn man so den Verstand ausschaltet. Das tun die Psychiater nun wirklich nicht», zweifelt der Sohn.

«Meinst du? Dann höre einmal dies», antwortet der Vater. «Wenn unsere alten Waganga *Dinge sehen wollen*, versetzen sie sich mitunter in einen schlafähnlichen Zustand. Das tun jetzt ganz moderne Psychologen auch! Auf der Tagung der *Association for the Psychological Study of Sleep* 1969 berichteten die Psychoanalytiker Dr. Edward S. Tauber, Dr. Maurice R. Green und Dr. Herbison-Evans vom William Alanson White Institute of New York über eine für Weiße völlig neue Art der Analyse. Sie fanden, daß Träume, also von den Zensurstellen der Neocortex abgewiesene Einfälle, intuitive Einsichten enthalten, die dem logischen, bewußten Denken überlegen sind. Daher verwendeten sie – ganz wie die immer noch häufig verlachten Dorfweisen, die Waganga – ihre eigenen Träume, um die Probleme ihrer Patienten zu lösen. Bis dahin ließ man nur den Patienten träumen und deutete diese Träume in der Psychoanalyse. Jetzt also macht man es auch umgekehrt. So weit, so gut.

Wie entstehen nun aber diese geheimnisvollen Zensurstellen, die die Psychoanalytiker das Über-Ich nennen? Durch Assoziationen natürlich. Also durch ein Zusammenspiel der durch das Hirnmark verbundenen verschiedenen Erlebniszentren. Denken wir an unseren Bwana Krego. Als kleiner Bub wurde er von den Alten einer großen Familie belehrt: ein Mann läuft nicht vor seinem Feind davon, das ist feig, und das ist eine Schande. Damit bildete sich eine Assoziation zwischen Vor-dem-Feind-Weglaufen und Verachtetwerden. Des weiteren sagte man ihm: wer nicht den Mord eines Verwandten rächt, ist nicht wert, ein Familienmitglied zu bleiben. Er wird ausgestoßen. Damit bildete sich eine Assoziation zwischen: einen Mord nicht rächen und ohne Hilfe der Familie ein verachtetes Leben führen müssen. Ganz bestimmt eine schreckliche Sache! So hat unser Bwana das Gut und Böse gelehrt bekommen, das in seinem Kulturkreis üblich ist. Die Summe von Anweisungen, was man tun soll und was man bleiben lassen muß, erhält ein Kind gleichzeitig mit der Androhung und Belobung. «Das hast du brav gemacht!» sagt man und streichelt das Kind. Oder man sagt: «Das war schlecht von dir» und wendet sich weg. So bilden sich Beziehungen zwischen einer Tat und Furcht vor der Strafe. Diese Furcht vor Strafe alarmiert dann den Thalamus. Die Alarmstimmung geht durch die Bewußtseinsschwelle und wird in das Gefühl *schlechtes Gewissen* verwandelt. Kultureller Überbau nennen das manche Psychologen. Nebenbei: es gibt noch ein anderes Gewissen. Das spricht, wenn man ganz allgemein etwas gegen den Sozialinstinkt tut: man braucht nicht erst lernen, daß man seine Kinder liebhat und seine Freunde verteidigt. Ich spreche jetzt aber von dem Über-Ich, das aus dem jeweiligen kulturellen Überbau gebildet wurde. Auch mit diesem kann man recht gut leben, obwohl man sich manche Wünsche versagen muß. Schließlich braucht man sich nur an die erlernten Regeln halten. Bwana Krego erschlägt aber den Mörder seines Onkels nicht. Krego besuchte nämlich die Schule. Hier baute man ihm ein zweites, ganz anderes Über-Ich. Es entstand aus folgenden Verknüpfungen: man muß seine Feinde lieben. Wer seine Feinde liebt, kommt in den Himmel, wer seine Feinde totschlägt, kommt in die Hölle und erleidet dort fürchterliche Qualen, die nie enden.»

Jetzt rebelliert der Sohn offen und unterbricht seinen Vater: «So heißt es in der einen Stunde. Und dann kommt der Geschichtsunterricht, und wir lernen die Jahreszahlen von den Kriegen und Schlachten, die diese Leute untereinander führten.» Provokant beginnt er, Zahlen herunterzuleiern. «1337-1453, Hundertjähriger Krieg zwischen England und Frankreich, 1483-98: Karl VIII, vergeblicher Versuch, Neapel zu erobern, 1514: Schlacht von Novara...» «Schon recht, schon recht, ich weiß, daß du gestern diese Jahreszahlen gelernt hast», winkt der Vater ab, «aber was ich dir vorhin erklärt habe, das hast du noch nicht begriffen. Der Widerspruch, der dich so ärgert, ist vorhanden. Ganz zweifellos. Aber diese Leute sind nur scheinbar heuchlerische Betrüger, die dich dumm machen wollen und von dir etwas verlangen, was sie nicht selbst einhalten. Der Widerspruch, der dir so klar ist, wird von den Angehörigen dieses Kulturkreises überhaupt nicht bemerkt. Er wurde verdrängt, wie der geniale Freud sagen würde. Dies verursacht ebenfalls die Zensurstelle, über die ich dir vorhin erzählte. Boß Thalamus würde sich sehr alarmiert fühlen, wenn er die Tatsache zur Kenntnis nehmen müßte, daß da ein Widerspruch zwischen Tun und Sagen herrscht. Daher wird dieser Widerspruch einfach nicht bewußt. Er wird eben verdrängt. Willst du nun weise werden, dann mußt du diesen seelischen Abwehrmechanismus in seiner Dynamik begreifen, statt dich zu empören. Was ich dir freilich nicht übelnehme. Denn seit wann sind junge Leute weise? Und nur wenige Alte werden es. Wie dem auch sei, unser Bwana Krego hat das Über-Ich seiner Familientradition und das neue, zweite Über-Ich, welches er in der Schule bekommen hat.

Dieses zweite Über-Ich verlangt also genau das Gegenteil von dem, was das erste Über-Ich sagt. Beide Male wird mit Strafe gedroht, einmal dafür, daß man etwas nicht tut, einmal dafür, daß man es tut. Jetzt ist der Thalamus doppelt alarmiert.

Aber, ohne die Bewußtseinsschwelle zu durchbrechen – hat Bwanas Thalamus versucht, den Konflikt zu lösen: Dadurch, daß der Thalamus dem Hypothalamus und der Hypophyse eine Darmentleerung empfahl, mußte Bwana diesem Bedürfnis plötzlich nachgehen. So konnte er weder Muchai erschlagen, noch mußte er freundlich an ihm vorbeigehen. Wegen einer Sünde konnte ihn also keines seiner beiden Über-Ichs bestrafen. Jedoch – es hat ihn auch keines gelobt: Weder sein traditionelles Über-Ich, denn er erschlug jenen nicht, noch das andere, denn er hat Muchai ja nicht verziehen. Daß er kein Lob bekam, daß keines seiner Über-Ich mit ihm zufrieden ist, verursacht Bwana nun ein schleichendes Unbehagen. Daher treten die Erscheinungen psychosomatischer Erkrankungen ein, sobald er den Muchai sieht. Langsam siecht er dahin.

Nun geht er zu einem Dorf-Weisen, zu seinem Mganga. Dem vertraut er. Und der Mganga vertraut seiner eigenen Kunst. Daher gibt der Mganga dem Bwana Krego etwas. Und das heilt ihn, denn nun fühlt er sich sicher: so meldet sein Thalamus der Hypophyse und dem Hypothalamus, daß es keinen Grund mehr zur Fluchtvorbereitung gibt. Der Körper beruhigt sich. Ob deshalb, weil der Mganga ihn *von Thalamus zu Thalamus* behandelt, ob die Epiphyse mitspielt oder weil Bwana Krego nun etwas mit sich trägt, ist in unserem Falle gleichgültig. Langsam jedenfalls genest Bwana Krego, der sonst den Vagus-Tod gestorben wäre.»

Das alles entspricht dem Stand der gegenwärtigen Forschung, ist zwar lebendig, aber korrekt vorgetragen. Noch ganz benommen von dem unerwarteten Ausbruch einer hörsaalreifen Vorlesung, die weit über das Veterinärmedizinische hinausgeht, erlaube ich mir die Frage, woher er, der Veterinär, sein psychologisches Wissen hat. «Jede Spezies hat ihre Eigenarten. Wie wollen Sie Primaten verstehen, wenn Sie nicht die Weiterentwicklung kennen?»

Darauf läßt sich nichts erwidern. Auch Konrad Lorenz, Nobelpreisträger und Lebensweiser, erklärte einem Besucher barsch, der von Tierpsychologie sprach: «Es gibt nur eine Psychologie.» Konrad Lorenz ist nicht nur Verhaltensforscher, auch Humanmediziner und Psychiater. «Ja, aber», bohre ich nach, «wo haben Sie die Literatur her? Was lasen Sie außer D. S. Halacy? Das alles klingt so nach A. T. W. Simeons *Man's presumptuous brain*. Selbst der Aufbau Ihres Vortrages erinnert mich an dieses mein Lieblingsbuch. Gewiß, heute ist das, was Sie sagten, unzweifelhaftes Wissensgut. Aber trotzdem, *das geistige Band*, welches Sie aufzeigten ...» Mein afrikanisches Gegenüber schaut mich verblüfft an. «Sie wußten all das? Habe ich Ihnen nichts Neues erzählt, nur dem Buben da?»

«Wie nun», frage ich, «wie ist es möglich, daß Sie über den neuesten Stand der Gehirnphysiologie informiert sind und gleichzeitig so in der Tradition Ihrer Ahnen haften? Gerade in diesem Punkt, meine ich, sehe ich keinen Zusammenhang.»

Eine energische Handbewegung wischt meinen Einwand weg. «Man muß die Dinge im Zusammenhang sehen! Unsere Ahnen wußten nichts von Neocortex und Diencephalon? Meine Liebe, unsere Ahnen kannten diese Begriffe nicht. Das dynamische Funktionieren hatten sie empirisch beobachtet. Unser sogenanntes magisches, primitives Weltbild unterscheidet sich nicht wesentlich vom naturwissenschaftlichen. Nur eure Zwischenperiode, die unterscheidet sich. Der urzeitliche Jäger fühlte sich verwandt mit den Tieren. Er achtete sie. So war es begreiflicherweise auch bei den frühen Ackerbauern und Viehzüchtern. Später jedoch, als die Stadtbevölkerung sich zu entwickeln begann und von jedem direkten Kontakt mit den Tieren abschnitt, ging die Achtung verloren. Und damit wuchs die Anmaßung des Menschen. Eine große Kluft tat sich auf. Erst als Darwins Abstammungslehre das Denken zu beeinflussen begann, rückten Menschen und Tiere wieder näher. Das Gefühl der Verwandtschaft zwischen Mensch und Tier, das dem Jäger selbstverständlich war, wurde durch das moderne naturwissenschaftliche Erkennen neu belebt. So schließt sich der

Kreis, und alte Dinge werden wieder modern. Lesen Sie Desmond Morris' *The Human Zoo*. Es sind gute Gedanken, ich freute mich, als ich sie gedruckt las. Es macht mich optimistisch, wenn das bewährte alte Wissen in einem neuen Wort-Gewand wieder erscheint.»

«Warum eigentlich», frage ich, «lehnt ein so großer Teil der Menschheit diese alt-neuen Erkenntnisse so vehement ab? Warum wollen die Leute durchaus diesen Teil der Naturwissenschaften nicht anerkennen?»

Kaum wahrnehmbar bildet sich eine nachdenkliche Falte zwischen den Augenbrauen meines neuen Freundes. Zögernd, nach einigem Schweigen erst, beginnt er zu sprechen. «Das ist wohl, weil die modernen Naturwissenschaften, ich meine jetzt hauptsächlich die Gehirnforschung, noch im Werden sind. Man kennt erst die eine Hälfte der Sache. Nach der Meinung unserer Alten besitzt jedes Geschöpf nicht nur eine Seele. Es besitzt mehrere Seelen. Eine dieser Seelen ist an den Atem gebunden, sie läßt fühlen und denken. Sie ist sterblich. Dann gibt es noch andere Seelen. Jedes Geschöpf hat auch eine, die ist nicht an den Atem gebunden. Sie ist unsterblich. Sie vergeht nicht, sie geht an einen anderen Ort und …» Seine Worte werden immer leiser, ich kann sie nicht mehr verstehen. Es sind Worte, die mein Bekannter wie zu sich selbst spricht. Dann ein Stocken. Ein Verstummen.

Ich wage die vorsichtige Frage: «Wie nennt man diese verschiedenen Seelen? Wie ist die unsterbliche beschaffen? Unter der sterblichen Seele, unter der, die an den Atem gebunden ist, die uns fühlen und denken läßt, verstehen Sie wohl die leib-seelischen Funktionen, die Sie soeben wunderbar lebendig beschrieben?» Der Afrikaner lehnt sich zurück. Will er mit der räumlichen Distanz die gefühlsmäßige ausdrücken?

«Wir Afrikaner sprechen nicht gern mit Weißen über diese Dinge. Eines Tages werdet ihr von selbst entdecken, daß es sich um ein Scheinproblem handelt. Ihr kennt nur die eine, die sterbliche Seele. Nicht die andere. Nicht die, die überlebt. Die schafft euch das Problem. Es wäre ein leichtes, wenn die übrige Menschheit begriffe, daß es neben der sterblichen Seele, die – modern ausgedrückt – nichts als das Funktionieren der Gehirnteile ist, noch eine andere gibt. Jedes Geschöpf will überleben. Instinktfunktion. Entstanden im Diencephalon. Daher die verzweifelte Abwehr des weißen Mannes gegen die Ergebnisse seiner eigenen Wissenschaft. Von allen Seelen kennt er nur die sterbliche. Er wünscht so sehr, sie wäre unsterblich, daß er die

Einsicht in seine Instinkte, die ja Produkt seines sterblichen Zwischenhirnes sind, ablehnt. Dann bleibt er ein Spielball eben dieser Instinkte. Eine ziemlich bedrohliche Situation, wenn man seine Begabung zum Erfinden tödlicher Waffen bedenkt.» Fasziniert von der Einfachheit dieser Überlegung, die, publik gemacht, so viel Unheil verhüten könnte, frage ich nach Details. «Sie sind noch zu neu in diesem Land, um diese Dinge wirklich verstehen zu können», erhalte ich als Antwort, «auch sprechen wir nicht gern über diese Dinge.»

Da ist sie wieder, diese Wand. Unbegreiflich und frustrierend: Diese scheue Verschlossenheit, hinter der eine unberechenbare Aggressivität zu lauern scheint. Dieses Sich-in-sich-selbst-Zurückziehen. Dieses Überzeugtsein, daß es nur Gelächter, Blamage und Mißverständnisse geben wird. Warum war ich bloß so unvorsichtig, nach diesen Dingen zu fragen! Und warum, aus welchem Reflex heraus, verschließt sich dieser Mann plötzlich? Dieser Mann, der noch vor einer halben Stunde einen blendend formulierten Vortrag über Gehirnphysiologie hielt. Reflex? Bedingter Reflex etwa? Bedingt durch bittere Erfahrung?

Der Retter meines sonst verdorben gewesenen Sonntags schlägt mühelos einen leichten Konversationston an. «Es wird Zeit», meint er, «wir müssen ja auch Ihren Wagen abschleppen.»

Mit der sinkenden Sonne erreichen wir die Stadt. Sohn und Vater verabschieden sich herzlich und offen. Aber es erfolgt keine Einladung. Es war so ein schöner Tag gewesen! So viel habe ich gelernt. Aber statt für das dankbar zu sein, was ich bekommen habe, war ich gierig gewesen. Gierig und hastig nach noch mehr Erklärungen und neuem Wissen. Gierig und dumm wie die große gelbe Somalispinne hatte ich mir alles verdorben. Ich spreche, was ich gehört hatte, noch am Abend aufs Tonband, damit nichts verlorengeht. Aber ich bin ein wenig traurig dabei.

Später, sehr viel später, erfahre ich die Namen der sterblichen und der unsterblichen Seele. Ein uralter Mganga und Dorfweiser einer ganz anderen Gegend verrät sie mir. Die sterbliche Seele nennt er Tö, die unsterbliche Szoo. Und er erlaubte mir sogar, darüber zu sprechen. Das war, nachdem ich die Existenzberechtigung *der Wand* schon längst verstanden hatte: Allmählich, im Laufe unmerklicher Veränderungen verstummt man gegenüber denen, die nicht mit Kopf und Leber denken. Die Nüchternheit des Afrikaners? Die Nüchternheit, welche verhindert, daß er je hochfliegende philosophische, weltverbessernde Ideale und Pläne hatte? Die Unsachlichkeit des Afrikaners, die verhinderte, daß er je zum sezierenden Analytiker wurde? Oder ist es nicht vielleicht seine Ganzheit? Die Tatsache, daß bei ihm Herz und Leber * nicht auseinandergerissen sind? Die schlichte Tatsache, daß er – eine unzerstörte seelische Mitte hat? Ein bißchen fürchte nun auch ich mich vor denen, die nur analysierender Kopf sind, und vor den anderen, die nur Leber besitzen und daher unberechenbar in ihren Ausbrüchen fürchterlicher Pogrome sind. Wer seine Mitte verlor, wirkt ein wenig unheimlich, wie ein Gespenst. *Anders* eben. Ist's da so sonderbar, wenn man verstummt! Und doch entschloß ich mich viel später, diese Berichte zu schreiben. Vielleicht, daß sie bei einigen Leber und Kopf wieder näherbringen könnten?

---

* Bei der Korrektur dieser Worte fällt mir auf, daß ich ganz selbstverständlich von *Kopf und Leber* sprach. *Leber* bedeutet für den Afrikaner den Sitz der Gefühle, also das, was der Nichtafrikaner *Herz* nennt.

3. Reise in das Inferno

If you hear a low knock
On your door
Never, never, never answer
For Death
Is watching you
M. Sinda, Kongo

Nun habe ich mich schon richtig eingelebt. Europa ist fern, ein unruhiger, wirrer Traum. Ich habe jetzt andere Sorgen, andere Freuden und Freunde und vor allem, ganz, ganz andere Dinge sind mir wichtig.

Zu den Askaris fand ich sofort eine innere Beziehung. Mag sein, daß mir ein freundliches Geschick das richtige Mienenspiel, die richtigen Bewegungen und die richtigen Worte gab. Intuition nennt man das wohl. Ich denke, man bekommt das irgendwie geschenkt. Es ist keine eigene Leistung. Wie sonst käme es, daß die Askaris ausgerechnet zu mir, der Landfremden, Vertrauen fassen? Freilich, einiges weiß ich von meiner Großmutter her: zum Beispiel wann man Eier eines weißen Huhnes auf eine Weggabelung legt, wann die eines roten oder schwarzen Huhnes. Ich glaube zu diesem Zeitpunkt nicht an diese Dinge, jedoch scheinen sie die Askaris zu interessieren. Wir tauschen manches Wissen aus. Nicht gerade weltbewegende Sachen, aber immerhin. Dann beginnt das Fragen nach dem *jemand, der aussieht wie jemand, es aber möglicherweise nicht ist*. Unendlich vorsichtig deute ich an, daß man diesen Jemand sehen sollte, um etwas über ihn sagen zu können.

Schließlich ist es soweit. Dort, wo der Park in die Massai-Ebenen übergeht, sind die Jemands: merkwürdige Zebras. Eine weiße Schabracke hat eines auf dem Rücken, das andere hat Flecken wie ein Felide, ein katzenartiges Tier. Grund genug, um beunruhigt zu sein. Ich verspreche, daß ich die Tiere beobachten werde. Das ist kein leeres

Versprechen. Es könnte sich möglicherweise um eine Mutation handeln. Wie wäre dann der Erbgang verlaufen? Würden die Tiere auch ein abweichendes Verhalten zeigen? Ich versuche gar nicht erst, den besorgten Askaris meine Gedanken zu erklären. Im Grunde ist das auch bedeutungslos. Diese Zebras sind jedenfalls *jemand, die aussehen wie jemand, aber nicht ganz, und möglicherweise etwas anderes sind*. Mutation heißt ja Änderung, nunmehr Anders-Sein.

Ich fahre nach Nairobi zurück, um wegen einer Beobachtungsgenehmigung anzusuchen. Ämter sind immer so eine Sache. Besonders im Ausland. So trage ich mein Problem zunächst einmal meinem väterlichen Freund vor, der mit Rat und Hilfe meine ersten Schritte in Afrika überwachte, korrigierte und ausglich.

Also gut, meint er, er gehe für mich zum Amt, wenn ich mich nun einmal so vor Ämtern fürchte. Ich hatte das nicht erwähnt, aber es stimmt, ich komme mir immer ein wenig wie in einem Kafka-Roman vor, habe ich mit Ämtern zu tun.

Ich bin so überglücklich, vom Gang zum Game-Office befreit zu sein, daß ich eines meiner Armbänder abstreife und ihm für seine Frau schenke. Mag sein, das wird der Beginn eines neuen Lebens. Die Armbänder stammen noch von meiner Großmutter. Es sind drei schmale Golddrähte. Sie hätten Bedeutung, hieß es in unserer Familie. Für ein neues Leben gibt man ein Stück altes Leben. So gehört es sich. Wir verstehen uns. Während mein väterlicher Freund im Game-Office vorspricht, fahre ich in den Nationalpark und treffe auf eine Gruppe von sieben Hadada-Ibissen. Sie faszinieren mich so, daß ich beschließe, sie zu beobachten und ihre Sozialreaktionen zu protokollieren. Wegen meiner Zebra-Genehmigung muß ich ohnedies warten, ich versäume also nichts. An das verschenkte Armband dachte ich nicht mehr.

Ein paar Tage vergehen. Nichts unterbricht den ruhigen und doch so interessanten Ablauf meiner Tage, der sich ganz dem Rhythmus der Hadada-Ibis-Gruppe anpaßt. Eines Abends komme ich vom Park und putze mir vor dem Abendbrot die Zähne. Die elektrische Lampe brennt, von draußen dringt der Lärm des Abends ins Zimmer. Es ist eine ganz alltägliche Situation. Mehr zufällig schaue ich in den Spiegel. Und was ich sehe, ist so unglaublich, so fürchterlich, so erschreckend, so außerhalb jeder Möglichkeit, daß ich mich nicht mehr bewegen kann. Also muß ich sehen und erleben. Schließlich hört *es* auf. Ich bin um so verstörter, als ich nie an Magie, Parapsychologie oder wie immer man diese Phänomene nennen will, geglaubt habe. Einem normalen Menschen widerfährt solches nicht, das war meine feste Überzeugung. Und ich bin ein normaler Mensch. *Es* hatte mich also völlig überrascht. Nachdem ich wieder ruhig geworden bin, frage ich mich, unter welchen Bedingungen ein derartiges Erlebnis möglich sein kann.

Ich zwinge mich zur Systematik und überlege alle in Frage kommenden Ursachen*:

Kann es eine plötzliche Geisteskrankheit sein? Nein, denn Geisteskrankheiten überfallen einen nicht von einer Minute auf die andere! Sie sind meistens auch erblich. In meiner Familie aber ist niemand irre, hysterisch oder auch nur absonderlich.

Eine Fiebervision? Ein Blick auf das Thermometer zeigt, daß ich auch kein Fieber habe. Ein außergewöhnliches Erlebnis, das mich verwirrt hat? Nun, die Beobachtung von sieben Hadada-Ibissen kann man kaum besonders nervenzerrüttend nennen.

Siedelt sich ein Parasit im Gehirn an? Auch das würde nicht plötzlich ausbrechen. Vorher träten Kopfweh, Augenflimmern, Ohrensausen usw. auf.

Den Beginn eines Alkoholdeliriums kann ich ausschließen, denn ich trinke keinen Alkohol, außer einem gelegentlichen Bier.

Drogeneinwirkung? Ich nehme keine Drogen, ich nahm nie welche. Also ist das ebenfalls ausgeschlossen.

Habe ich etwas Vergiftetes gegessen oder getrunken? Doch alles hatte ich selbst gekauft, nur Verpacktes, und allein im Wagen während des Protokollierens gegessen.

Ein harmloses Medikament, welches eine allergische Reaktion hervorrief? Aber ich hatte kein Medikament genommen.

Hypnose oder posthypnotischer Zustand? Jede Minute der vorhergehenden Tage gehe ich durch. Da ist keine Minute, an die ich mich nicht erinnern könnte. Keine Erinnerungslücke. Alles ist klar und einfach. Ich finde keinerlei Erklärung. Die Sache ist und bleibt ein Rätsel. – Einstweilen.

Denn Jahre später erfahre ich, daß das verschenkte Armband in un-

---

* Diese Überlegungen sollte jeder in ähnliches Verwickelte zunächst anstellen, bevor er sich für die in Kapitel 7 beschriebenen Methoden entschließt. Denn z. B. gegen eine beginnende Schizophrenie hilft keine noch so gekonnte Rufe-Es-Methode, sondern die Einnahme von Neuroleptika.

rechte Hände und nicht in die der Mutter der Söhne meines väterlichen Freundes gekommen war...

Die nächsten Tage vergehen mit Hadada-Ibis-Beobachtungen, alles verläuft normal. Ich esse, trinke und schlafe wie gewöhnlich. Ich fürchte mich noch nicht einmal mehr. Was man nicht ergründen kann, darüber soll man nicht nachdenken, so meine ich. Weiß Gott, was immer es gewesen sein mag. Vermutlich gab es für die ganze Sache eine harmlose Erklärung, die mir nur nicht einfiel.

Da, mitten im Protokollieren der Ibisse kommt *Es* wieder. Anders diesmal, aber wieder grauenhaft und am hellen Tag! Weit und breit ist niemand als die Ibisse und Peter, das Krokodil. «Verdammter Dreck», fluche ich, als ich hinterher feststellen muß, daß mein Tonband ungefähr 10 Minuten leer gelaufen ist. Wieder und wieder kommt *Es*. Unvermutet, inmitten eines gesunden, normalen Lebens.

Warum ich nicht meinen väterlichen Freund um Rat fragte? Da war sie, diese *Wand*. Die Wand, die an jenem schönen Sonntag zwischen dem afrikanischen Veterinär und mir entstand, als ich nach spezifisch Afrikanischem fragte. «Wir Afrikaner sprechen nicht gern über diese Dinge», hatte er damals formuliert. Da war sie also wieder, diese Wand. Nur stand diesmal ich auf der anderen Seite.

Mein väterlicher Freund ist Biologe, Hamit und Muslim. Dieses *Es* gehört nicht in seine Welt. Ich hatte einfach Angst, von ihm zu hören, daß alles Geschwätz sei, Askari-Phantasien. Ich hatte Angst vor der Kränkung und – ich war überzeugt, daß, wo kein Verstehen ist, auch keine Hilfe erwartet werden kann. Es ist doch absolut unglaublich, auf Horrortrips zu geraten, ohne den geringsten Grund dafür finden zu können.

Wieder denke ich nach. Nein, in meiner Familie hatte niemand irgendwelche Visionen. Gut, Großmütterchen *wußte einige Dinge*, aber auch sie war eine realistische, verständige Frau. In meiner Familie gab es keine Dantes, Rilkes oder Georg Trakls. Und irgendwie sind wir sogar stolz darauf. Ausgerechnet in diesem schönen Land muß das passieren, denke ich mir, in diesem schönen Land, wo ich schon so interessante Menschen kennenlernte. Da fällt mir mein Nachbar im Flugzeug ein. Plötzlich sehe ich in einem ganz anderen Licht, was er über Waganga und ihre Gegner, die bösartigen Schwarz-Magier sagte! Was weiß ich schon von Afrika, daß ich mir anmaßen kann zu glauben, dieser hochgebildete Mann hätte mir nur «ethnisch interessante Dinge» erzählt? Schließlich läge in dieser Richtung eine Erklärung. Denn alle anderen schließen sich aus. Mag sein, vielleicht gibt es solche Dinge wirklich, so ungefähr denke ich. Und ich beschließe, dieser Spur nachzugehen. Aber so einfach ist das wieder nicht. Da ist wieder *die Wand*! Und wen sollte ich fragen? Einen Afrikaner etwa? Der würde es mir gewiß nicht sagen. Für den stünde ich ja als Weiße *auf der anderen Seite der Wand*.

Not macht erfinderisch. So verbreite ich betont harmlos, daß ich mich für Ethnologie sowie vom Studium her für Psychologie interessiere und gehört habe, daß Waganga ganz ausgezeichnete Psychotherapeuten seien. Ich wäre dankbar, wenn ich erfahren dürfte, wo ein guter Mganga zu treffen sei. «Sind die Hadada-Ibisse schon langweilig geworden?» fragt man ein wenig spöttisch. Das kränkt mich, aber ich zeige es nicht. Ich lächle nur ein bißchen. Das Lächeln spiegelt sich in der Fensterscheibe wider. Es ist das charakteristische Lächeln eines Bantu-Boys, der von seinem weißhäutigen Dienstgeber bei etwas ertappt wurde, das er verbergen will ...

4. Der Kamba-Mganga

Listen more to things
Than to words that are said.
The water's voice sings
And the flame cries.
Birago Diop, Senegal

Am anderen Tag bin ich schon unterwegs. Neben meinem Sitz liegt eine handgezeichnete Karte. Der Mganga ist nicht eben leicht zu finden. Seine Behausung liegt abseits der Straße. In meiner Begleitung ist der Shamba-Boy der befreundeten indischen Familie, ein Kamba wie der Mganga selbst. Endlos dehnt sich die Fahrt. Bald halten wir hier, bald halten wir dort. Der Boy hat unzählige Verwandte und Bekannte. Überall gibt es ein Palaver. Ja, wir sind auf dem Weg zum Mganga.

Endlich sehen wir den Compound. Der Mganga ist ein Mann zwischen 40 und 50 Jahren. Sehr kluge Augen, ein pockennarbiges Gesicht über dem gutgewachsenen Körper. Hühner, Ziegen, Kinder und Patienten. Das übliche Durcheinander. Wir werden begrüßt. Aber der Mganga muß noch etwas erledigen. Vor seiner Hütte warten wir.

Dann werden wir in den Raum gebeten. Es ist ein einfacher Raum, vollgestopft mit Behältern, in denen er Pulver, Salben und Musähnliches aufbewahrt. Kräuterbüschel hängen herum. Auf dem Boden liegen Federn verstreut. Noch ist das für mich neu und verwirrend. Inmitten dieser Ansammlung verschiedenster Dinge der Mganga, ohne jede Spur von Nervosität, beobachtend, ruhig und selbstsicher. Ein undeutbares Lächeln spielt um seine Lippen.

Der Boy wartet, was er übersetzen soll. Der Mganga wartet, was er hören wird. Und ich – da ist wieder die verfluchte Wand! Was ist, wenn der Boy erzählt, was ich hier sage? Wie werden seine modernen Dienstgeber hinter meinem Rücken tuscheln und lachen, wenn der Boy nicht seinen Mund hält!

Umgekehrt: wenn Afrikaner diese Dinge machten, können nur Afrikaner sie wegbringen. Tief hole ich Atem und wende mich an den Boy: «Wenn du darüber sprichst, was ich hier erzähle, soll es dir gleich ergehen. Das sage ich. Das geht die nichts an, die mit Gabeln essen.»

Dann beginne ich, zu beschreiben, was mir passierte. Der Mganga macht einen zuverlässigen Eindruck. Er zeigt kein Erstaunen über meine Geschichte. Ein paarmal nickt er, stellt eine kurze Zwischenfrage, ansonsten hört er zu. Der Boy, wohl noch beeindruckt von meinem Schweigegebot, übersetzt Satz für Satz. Endlich bin ich fertig. Und nun beginnt der Mganga, mir Fragen zu stellen. «Seit wann bist du in Afrika? Warum bist du nach Afrika gekommen? Was hast du in Europa geträumt? Was träumtest du bisher in Afrika? Beschreibe deine Träume! Konnten deine Eltern, Schwestern oder Brüder Dinge sehen, die nicht jeder sieht? Beschreibe mir deine Arbeit. Was hast du am Tag, bevor *es* zum erstenmal kam, getan? Was hast du da erlebt? Ist dir etwas auf den Kopf gefallen? Hast du viel geweint? Bist du vor etwas erschrocken?»

Es ist eine regelrechte, sehr sorgfältige Anamnese, die der Mganga aufnimmt. Im Ordinationszimmer eines Psychiaters wäre das alltäglich. Aber hier? Ich bin maßlos erstaunt. Schon kommt mir der phantastische Gedanke, daß der Mganga in Wirklichkeit ein Arzt ist, der sich nur als Mganga ausgibt. Gleich darauf verwerfe ich diese Vermutung. Der Mganga lebt seit je in diesem Compound, schon die Eltern des Boy kennen ihn. Die Situation wirkt absurd. Je nüchterner der Mganga fragt, desto verwirrter werde ich. Da unterbricht er seine Fragen. Nein, er habe nie eine Schule besucht, er spräche nicht einmal Swahili. «Mein Blut sagt mir, daß ich so fragen muß», sagt er. «Und ich will es dir erklären. Aber das braucht Zeit. Kannst du einige Tage hierbleiben?» Gern sage ich zu. Abgesehen davon, daß ich Hilfe erhoffe, glaube ich, daß man nicht alle Tage einen traditionellen Heiler findet, dessen Intuition ihm ermöglicht, analog der ihm fremden westlichen psychiatrischen Methode vorzugehen. Ich bin mehr als gespannt, was ihn sonst noch *sein Blut lehrte*. Nach der Siesta kommen noch Patienten und Ratsuchende. Dann hat er für mich Zeit.

«Ich habe nicht immer so viele Leute zu heilen wie heute. Dann finde ich Zeit zum Jagen und Fischen. Von den Fischen habe ich eine wichtige Sache gelernt. Nämlich, daß ein guter Mganga nicht alles mit Schwarzer Magie erklären darf. Man muß da genau unterscheiden, was aus Schwarzer Magie entsteht und was andere Gründe hat. Da werden manche Leute vom Unglück verfolgt. Alles geht ihnen schief. Sie werden krank, das Vieh stirbt, die Frauen sind unfruchtbar. Natürlich kommen die dann zu mir und wollen etwas gegen die Schwarze Magie, die auf ihnen liegt. Warum muß gerade ich das Unglück haben? fragen sie. Da muß doch ein Grund sein, daß es gerade mich trifft! Das kann sich nur mit Schwarzer Magie erklären. Und nun erwarten sie, daß ich ihnen einen starken Gegenzauber mache. Aber so einfach ist das nicht! Das haben mich die Fische gelehrt. Warum geht der eine ins Netz und nicht der andere? Es gibt so viele Fische bei uns. Warum trifft gerade den das Pech, daß er gefangen wird und sterben muß?

Dieses Warum läßt sich nicht erklären. Es ist keine Schwarze Magie. Ich müßte es ja wissen, wenn ich auf einen Fisch Schwarze Magie lege. Aber ich tue es nicht. Trotzdem: der eine entkommt, er hat Glück, der andere nicht. Genauso ist es mit den Menschen. Manche Leute haben Glück, andere nicht. Man muß unterscheiden können, was als Ergebnis von Schwarzer Magie und was *einfach so* als Unglück geschieht, wie dem Fisch, der sich im Netz fängt.»

«Ja, aber wie unterscheidest du das?» frage ich den Mganga.

«Das ist Erfahrungssache. Ich sah meinem Vater zu, wenn er Dinge machte. Langsam lernte ich es. Es ist ein Gefühl. Ein Gefühl», setzt er hinzu, «und so manches andere.»

«Dein Beispiel mit den Fischen verstehe ich sehr gut, ich habe auch schon ähnliches beobachtet. In Europa kenne ich einen Lehrer. Wenn er eine mündliche Prüfung abhalten will, schreibt er die Fragen auf, jede kommt in einen Briefumschlag. Die Schüler ziehen ihre Fragen und müssen sie dann beantworten. Manche ziehen leichtere Fragen, manche schwere. Ja, es gibt Schüler, die ziehen immer wieder die schweren, und auch sonst sind sie richtige Pechvögel. Auch dieser Lehrer hat sich oft gefragt, warum manche immer wieder Pech haben und bei anderen alles gut verläuft. Mit der Religion kann es nichts zu tun haben. Von den Pechvögeln gehen etwa gleich viele in die Kirche wie von denen, die stets Glück haben. Nervosität kann auch nicht im Spiel sein, denn welchen Umschlag sie ziehen, hat nichts mit Nervosität zu tun. Und in unserem Distrikt gibt es keine Magie, weder gute, wie du sie treibst, noch schlechte. Daran kann es also auch nicht liegen. Es ist einfach wie bei den Fischen.»

«Ja», antwortet der Mganga nachdenklich, «das wird wohl überall in der Welt so sein.»

«Aber, kannst du mir nicht sagen, wie du unterscheiden kannst, ob der Mann mit Schwarzer Magie belegt ist, oder ob es dieses unerklärliche Pech ist, das ihn verfolgt?»

Mein Mganga-Lehrer denkt einige Zeit nach, wie er das erklären soll. Dann beginnt er: «Man muß immer mit dem Leichtesten beginnen. Welches sind die leicht einsehbaren Gründe, weshalb jemand Unglück hat? Neulich kam einer zu mir, der glaubte, daß er seine Arbeit verloren habe, weil Schwarze Magie auf ihm liege. Nun ließ ich den Mann erst einmal reden, reden, reden. So, wie ich dich reden ließ. Dabei stellte sich bei ihm heraus, daß er selbst den Chef verärgert hat, weil er ihm unhöflich antwortete. Und er war so unhöflich, weil er sich selbst über etwas geärgert hatte. Das Unglück war also aus einer momentanen Sache entstanden. Natürlich gab ich dem Mann etwas. Aber das war kein Zauber, sondern eine Medizin aus Wurzeln, die ihn ruhiger macht. Und ich sagte ihm: Nimm die Medizin drei Tage lang, nachdem die Sonne untergegangen ist. Am dritten Tag opfere drei weiße Hühner. Mit einem vierten weißen Huhn gehst du dann zu deinem Boß. Du bringst ihm das weiße Huhn, bittest ihn um Entschuldigung und sagst, daß es dir leid tut. Der Mann tat so – und nun arbeitet er wieder dort.

Es gibt aber», setzt der Mganga fort, «auch Fälle, bei denen es nicht so leicht ist, jemandem zu helfen. Da war zum Beispiel ein Schüler. Der neigte überhaupt dazu, unhöflich und vorlaut zu sein. Ich habe es beobachtet, während ich ihn warten ließ. Der Bub mußte immer widersprechen. Der Lehrer war verärgert. Er konnte ihn nicht mehr leiden und stellte ihm schwierige Fragen. Er beurteilte ihn wohl auch zu hart. Alles ging schief. Der Vater des Buben bringt mir den Knaben. Beide sind überzeugt, daß alles das Ergebnis von Schwarzer Magie ist. Ich hatte aber inzwischen erkannt, warum keiner den Buben leiden konnte. Es war sein eigener Fehler. Und es war fast unmöglich, den beiden begreiflich zu machen, daß keine Schwarze Magie, sondern ihre Art, sich falsch aufzuführen, die Schwierigkeiten verursachte. Du glaubst das nicht? Nun, ich habe beobachtet, daß jeder, aber wirklich jeder Mensch eines nicht will: nämlich die Schuld bei sich selbst suchen und zugeben, daß er einen Fehler gemacht hat oder daß er gar immer wieder die gleichen Fehler macht. Da das allen Menschen so geht, ist es nur normal. Aber – es ist gefährlich! Es ist gefährlich, weil man dadurch nicht aus seinen Fehlern lernt. Man macht sie wieder und wieder und erntet wieder und wieder die gleichen Mißerfolge und

Schwierigkeiten mit den Leuten; deshalb der Gedanke, mit Schwarzer Magie belegt worden zu sein. Der Betroffene geht nun von Mganga zu Mganga. Aber keiner kann ihm helfen. Denn der Mganga, wenn er nicht über diese Sache nachgedacht hat, wird ihm ein gutes Mittel geben, welches ihn gegen Zauber schützt. Er hat ihm aber nicht seine Fehler weggenommen. Da jedoch die Schwierigkeiten aus dem Mann selbst kommen, hilft keine magische Medizin. Das wäre so, als wenn du ein Bauchwehmittel gegen Husten einnimmst. Nun verliert der Mann auch noch den Glauben an die Macht der Waganga. Du kannst dir vorstellen, wie traurig sein Leben weitergehen wird. Deshalb beobachte ich die Leute erst, um zu sehen, ob ihr Mißgeschick vielleicht von ihnen selbst verursacht wurde.»

«Und was dann? Was tatest du in diesem Fall?» fragte ich.

«Ich gab den beiden den Rat, ein Schaf zu opfern und zu bitten, daß die Ahnen die vorlaute, freche Art des Buben wegnehmen. Vielleicht taten sie es. Ich weiß es nicht. Ich hörte nichts mehr von ihnen. Sie kamen von weit her.» Er fährt fort: «Es gibt da noch andere Vorkommnisse, die aussehen, als ob sie durch Schwarze Magie verursacht wären, und die man doch ganz anders behandeln muß. Auch das habe ich wieder bei den Tieren beobachtet. Da sah ich einmal eine Grantgazelle, die hatte einen kurzen Fuß. Nicht so schlimm, daß sie gleich gefressen worden wäre, weil sie nicht davonlaufen konnte, aber immerhin, ein Fuß war kürzer. Und das Junge von der Grantgazelle war auch mit einem kurzen Füßchen auf die Welt gekommen. Bestimmt stand keines der Tiere unter einem Zauber. Denn der Jäger, der den Zauber auf die Gazelle gelegt hätte, hätte sie dann ja getötet. Die Sache ist von der Mutter auf das Junge gekommen. So ist das auch bei manchen Familien. Da gibt es zum Beispiel Leute, die sind anders als alle anderen im Dorf. Natürlich kann man die nicht mit einem Zauber gegen Schwarze Magie heilen. Deshalb», er lacht mich an, «habe ich dich ja gefragt, ob deine Brüder und Schwestern auch Dinge sehen. Aber», er bewegt den Finger hin und her zum Zeichen der Verneinung, «in deinem Clan scheint das nicht der Fall zu sein. Also muß ich nach einer anderen Ursache suchen.

Dann gibt es noch etwas, auf das man aufpassen muß. Nehmen wir zwei Leute, die essen das gleiche. Aber dem einen wird schlecht, er bekommt Bauchweh, der andere geht vergnügt zur Jagd. Wenn beide aus dem gleichen Topf gegessen haben, erklärt sich das nur so, daß der eine einen schwachen und der andere einen guten Magen hat. So ist es auch mit anderen Sachen. Einem brennt seine Hütte ab, und er ist ganz traurig und kann sich gar nicht wieder beruhigen. Der andere ist auch traurig, aber nach ein paar Tagen baut er eine neue Hütte und denkt nicht mehr an den Vorfall. Der, der traurig und verzweifelt bleibt, wird zu mir kommen und etwas erbitten, weil ihm vorkommt, ein Feind habe ihn mit Schwarzer Magie geschlagen. Da denke ich, daß ein anderer Mann die Sache überwunden hätte, er aber nicht. So, wie einer einen schwachen Magen hat, ist sein Leberinneres schwach, deshalb kann er das Unglück nicht überwinden. In dem Fall gebe ich ihm natürlich etwas. Aber nicht gegen Schwarze Magie, sondern bestimmte Kräuter, die sein Leberinneres fröhlicher und stärker machen.

Erst nun, wenn ich alle diese Dinge beobachtet und überlegt habe, und nichts paßt zu dem Fall, dann denke ich an Schwarze Magie und gebe dem Mann etwas, das ihn dagegen beschützt.» Der Kamba korrigiert sich: «Nein, dann auch noch nicht. Erst probiere ich noch etwas anderes. Wenn nämlich der Mann aus der Stadt kommt und einem anderen Stamm angehört. In so einem Fall schicke ich ihn zu seinem eigenen Mganga. Das tue ich deshalb, weil jeder Stamm seine eigenen Traditionen und Gebräuche hat. Der beste Helfer gegen einen Schwarzmagier der Kikuyu beispielsweise ist und bleibt der Kikuyu-Mganga. Der kennt seine Stammesspezialitäten und weiß, was man dagegen unternimmt. Überhaupt kommt mir vor, daß die Leute in den Städten viel mehr unter solchen Dingen leiden. Es sieht aus, als ob sie verzaubert wären. Aber doch wieder irgendwie anders.»

«Ich weiß, was Sie meinen», antworte ich, froh, nun auch einmal einen Gedanken beitragen zu können, «das hängt damit zusammen, daß ein Stadtleben überhaupt für das Leberinnere * nicht gesund ist: Daher begehen auch viel mehr Städter als Dorfbewohner Selbstmord. Und das ist überall so. In Europa, den USA und auch zum Beispiel in Japan. Ich glaube, auch ein Mann mit einem recht schwachen Magen kann ohne Bauchweh leben, wenn er immer seine gewohnte Speise bekommt. Ist er aber plötzlich gezwungen, Dinge zu essen, die er nicht gewöhnt ist, wird ihm bestimmt sterbensübel. Genauso ist es mit dem Leberinneren. Auch wenn er ein schwaches Leberinneres hat: dort, wo er in seiner gewohnten Umgebung aufwuchs, das Leben seinen normalen Gang geht, so wie es Vater und Großvater kannten, da wird er trotzdem ganz glücklich dahinleben. Wenn er aber in eine Stadt kommt, wo

* *Leberinneres* ist des Mgangas Wort für Psychisches.

54

alles anders ist, wo er andere Dinge tun muß, wo seine Nachbarn aus fremden Stämmen stammen, die er nicht versteht, da kann es sein Leberinneres nicht aushalten. Es erkrankt. Und seine Beschwerden sind ganz gleich wie die, die von Schwarzer Magie verursacht werden: er kann nicht mehr schlafen, er hat keinen Appetit mehr, dafür aber Kopfschmerzen und Leberkribbeln, sein Magen tut weh, er bekommt Durchfall …»

«Ja, ja», unterbricht mich der Mganga, «ich kenne das. Solche kommen häufig aus Nairobi zu mir. Du mußt nämlich wissen, daß die Leute mich kennen. Nicht nur auf diesem Platz. Sogar du, die Musungu, bist gekommen. Ja, man muß ihnen eine Medizin geben, damit ihr Leberinneres ruhiger wird. Aber viel hilft es nicht. Das muß ich dir sagen.» Der Mganga schaut nachdenklich ins Feuer und schweigt. Dann, mit der psychischen Robustheit eines Menschen, der mit sich im Einklang ist, gähnt er herzhaft, ruft einen Halbwüchsigen herbei, der uns zeigt, wo wir schlafen sollen und geht selbst zur Ruhe.

Den ganzen folgenden Tag hat der Mganga keine Zeit für mich. Aber ich beobachte ihn. Besser gesagt, ich beobachte seine Art, Menschen zu beobachten. Ich folge den Bewegungen seiner Augen, richte die meinen darauf, worauf er die seinen richtet, und versuche, den Vorgang zu erlernen. Ich verstehe noch nichts von der Arbeit eines Mganga. Aber mir kommt vor, dieser Mann kriecht in die Ratsuchenden, *wird sie*, und trotzdem bleibt er er selbst, Herr der Lage, Beobachtender und Beobachter zugleich.

Da ist zum Beispiel ein Mann, scheinbar ein kleiner Postbeamter oder ähnliches. Der stellt immer wieder und wieder neue Fragen. Ich verstehe seine Sprache nicht. Aber ich höre den bohrenden, fragenden Tonfall. Ruhig und überlegt gibt der Mganga Antworten. Es scheinen Erklärungen zu sein. Aber immer wieder kommt eine Frage. Schließlich macht der Mganga eine abschließende Geste mit beiden Händen, so, als ob er einen Schlußstrich zöge, gibt dem Mann etwas Eingepacktes und verabschiedet ihn. Am Abend sprechen wir dann über den Fall. Mich interessiert so sehr, was da vor sich ging.

Der Mganga lächelt ein bißchen, räuspert sich und beginnt: «Dieser Mann ist nicht mit Schwarzer Magie belegt, er hat auch kein schwaches Leberinneres, er hat eine Krankheit, die bei uns sehr selten ist. Der Mann denkt zuviel, er fragt zuviel, er möchte für alles einen Grund wissen. Hast du es beobachtet? Er ist nicht ganz Afrikaner. Sein Vater war Musungu, Weißer. Ich glaube, von dem hat er diese Krankheit.

Nun höre einmal zu: wenn irgend etwas merkwürdig ist, glauben wir Afrikaner zunächst an Magie. Das ist unsere Erklärung. Wir geben uns damit zufrieden, gehen zu einem Mganga, der gibt uns etwas Starkes. Das Problem ist gelöst, wir denken nicht mehr lange herum, wir leben unser normales Leben weiter. So sind wir. Da haben mich auch die Tiere etwas gelehrt. Wenn ein Schakal einfach so durch die Gegend laufen würde ohne zu denken, würde er bald verhungern oder in eine Schlinge laufen. Aber das tut er nicht. Bei jedem Knacken oder Knistern stellt er die Ohren auf und will den Grund für das Geräusch herausfinden. Ist's etwas zum Fangen oder etwas zum Davonlaufen? Er geht der Sache nach, und dann tut er, was für ihn richtig ist. Je mehr er die Gründe findet, je dicker und älter wird er, um so mehr Kinder kann er bekommen. Genauso ist's mit den Jägern. Wenn sie sehen, daß sich ein Busch bewegt, müssen sie überlegen, was der Grund ist. Hat sich dort eine große Schlange versteckt oder ein Wildschwein? Über solche Sachen soll man also nachdenken. Wie etwas geschieht, was es verursacht und dergleichen.

Ihr in euren kalten Ländern müßt noch viel mehr nachdenken, um das Richtige tun zu können. Ihr müßt euch gegen die Kälte schützen und aufpassen, daß euch die Vorräte nicht durch das Eis verderben, und für euer Vieh sorgen, weil es im Winter nichts zu fressen hat. Ich weiß schon, wie es bei euch zugeht. Ich habe davon gehört. So seid ihr also gewöhnt, ständig nach einem Grund zu suchen, damit ihr ihn ändern könnt, um überleben zu können. Ich denke mir, das ist so eure Gewohnheit geworden. Weil ihr es jetzt aber nicht mehr nötig habt, über praktische Sachen nachzudenken, denkt ihr über alles mögliche andere nach. Zum Beispiel warum man lebt, welchen Sinn das oder jenes hat, warum die Bäume grün sind und weshalb die Leute krank werden. Mir kommt vor, ihr könnt gar nicht mehr aufhören mit diesem Denken. Und das ist wie eine Art Krankheit. ‹Warum, warum, warum› hat der Mann mich immer wieder gefragt, und er konnte sich nicht zufriedengeben? Warum lebe ich? fragte er. Und warum ist meine älteste Tochter so und nicht anders? Und was ist der Sinn von alledem? Ich habe ihm eine Medizin gegeben, damit sein Leberinneres ruhiger wird. Aber was hätte ich ihm antworten sollen? Was hättest du ihm geantwortet?»

Er schaut mich fragend an. Ich zucke die Achseln: «Wir nennen das Grübelzwang. Aber das ist nur ein Wort, es sagt auch nicht mehr aus als das, was du beschrieben hast. Wenn es zu stark wird, ist es die krankhafte Übersteigerung von etwas an sich Nützlichem. Du warst sehr geduldig mit dem Mann», setze ich hinzu, «und ich bin es auch. Ich warte nämlich immer noch, was du mit mir machen wirst.»

Er geht zum Regal und nimmt etwas Eingepacktes herunter. «Nichts von dem, worüber wir gesprochen haben, trifft auf dich zu», sagt er, «ich gebe dir hier dieses Eingepackte. Ich kenne den Stamm der Männer, die dich geschädigt haben, nicht. Es waren nämlich zwei. Und eine Frau hat sie beauftragt. Das war eine weiße Frau. Sie selbst kann gar nichts verursachen. Aber die beiden sind stark. Trage das Eingepackte immer bei dir. Achte darauf, als ob es dein eigenes Kind wäre.»

Ich nehme das Etwas entgegen, die linke Hand auf die rechte gelegt, so, wie es sich gehört. Denn wer würde schon etwas mit der unreinen, der linken Hand, berühren, wenn er es ehren will? Ich gebe noch meine mitgebrachten Geschenke ab und fahre zurück. Dankbar für das Gelernte und voll Erwartung, was nun geschehen wird mit diesem *Es*…

5. Die Verwirrung der Begriffe

And the spirits watched
Over the breath
Of my nostrils
L. S. Senghor, Senegal

Kurz vor Nairobi beginnt mein Wagen zu stottern. «Das wird länger dauern», meint der Mechaniker, und so benutze ich meinen autofreien Tag, um endlich das Museum zu besuchen. Es liegt ganz in der Nähe von Westlands, der Gegend, in der ich wohne. Ein hübscher Weg führt an einer parkähnlichen Anlage vorbei. Sorglos schlendere ich dahin. Aber da: ein ungutes Gefühl, ich drehe mich um, sehe zwei überfallbereite Halbwüchsige und hebe den Arm zur Abwehr. An dem hängt meine Tasche. – Hing, denn der eine streift sie ab, und schon sind die beiden zwischen den Bäumen verschwunden.

Geld trage ich nicht viel mit mir, wohl aber Paß, internationalen Führerschein und das eingepackte Etwas vom 'Mganga. So schnell wie möglich eile ich zur nächsten Polizeistation, erzähle von meinem Mißgeschick und werde dem unenglischsten Engländer vorgeführt, den ich je traf. «Eigentlich bin ich für Ihren Fall nicht zuständig», meint er, «denn ich bin Superintendent vom Criminal Headquarter of Kenya, Mr. R.», stellt er sich vor und setzt fort: «Da Sie nun aber einmal da sind, werden wir den Fall besprechen. Wieso gingen Sie zu Fuß? Von wo kamen Sie, wohin wollten Sie gehen?» Ich berichte, daß mein Wagen beim Mechaniker steht und ich den Tag dazu benützen wollte, das Museum zu besuchen. Wo der Mechaniker ist? Ich nenne den Platz. «Das ist die Ausfallstraße nach Mombasa, kommen Sie von dort?» Nein, ich hätte die Kambagegend besucht, dort sei ich über eine Böschung gerutscht, und das hätte wohl meinem braven VW nicht gutgetan, berichte ich. «Ja, was um alles in der Welt taten Sie bei den Kambas? Sie sollten doch im Nationalpark sein!» Jetzt habe ich mich selbst in eine Falle geredet und muß Farbe bekennen. Ich interessiere mich von der Psychologie her für Waganga-Methoden, bekenne ich, und bemühe mich, dabei einen wissenschaftlich-skeptischen Ton anzuschlagen. Denn da ist wieder *die Wand*. Dieses *Wir-sprechen-nicht-gern-über-solche-Dinge* und – wenn es unumgänglich ist, betonen wir unseren fortschrittlichen Skeptizismus. Aber mein Gegenüber, der so unenglisch wirkende Engländer, ist überraschenderweise ganz anderer Meinung. «Ich bin Gälenabkömmling, ziemlich unvermischt, und lebe seit langem in Afrika. Ich habe beruflich mit den Opfern solcher Manipulationen und den Verursachern selbst zu tun. Tatsache ist, daß Menschen unter Umständen durch derartiges so geschädigt werden können, daß sie völlig zusammenbrechen und sterben. Einige dieser Einflüsse gehören in das Gebiet der Parapsychologie. Das ist kein Hokuspokus. Viele ernst zu nehmende Wissenschaftler und Universitätsinstitute forschen in den USA, in Europa und im Ostblock auf diesem Gebiet. Man zweifelt heute nicht mehr an der Existenz solcher Phänomene, man versucht vielmehr zu erkennen, nach welchen Gesetzen sie vor sich gehen.

Ich hoffe, Ihr Besuch bei dem Kamba hat Sie wenigstens befriedigt. Nicht alle Waganga sind große Könner, nicht alle Schwarzmagier sind es. Aber auch die, die keine großen Könner sind, richten genug Schaden an. Auch wegen ihnen sterben Menschen.

Es gibt negative Erlebnisse, die einen unvermutet überfallen. Das sind echte – wenn auch bösartige – telepathische Fernübertragungen. Aber sie sind selten. Viel häufiger kommt es vor, daß dem Opfer vorausgesagt wird, ihm würde etwas passieren. Natürlich erwartet der Mann nun, daß ihm etwas Unangenehmes widerfährt. Er wird unsicher und nervös, fürchtet sich, kann nicht mehr schlafen und hat keinen Appetit mehr. Aus Unsicherheit und Nervosität begeht er Fehler. Die verstärken den Eindruck, daß das prophezeite Unglück ihn wirklich verfolgt. Der Kreis ist geschlossen. Der Mann ist gesundheitlich ruiniert – und das durch einen Menschen, der überhaupt keine magischen Fähigkeiten – weder gute noch böse – hat. Es kann aber auch eine positive, heilsame, rettende Wirkung von einem Menschen ausgehen, der sich als Mganga fühlt, tatsächlich jedoch keine besonderen Fähigkeiten besitzt. Die Voraussetzung ist freilich, daß er über einen gewissen Einfluß auf Menschen verfügt. Der sozial wertvolle, aber magisch unbegabte Mganga würde etwa so vorgehen: der sich verfolgt Glaubende kommt zu ihm. Der Mganga ist davon überzeugt, daß er einen erfolgreichen Gegenzauber weiß. Er wendet ihn an. Da er nicht nur von der Effektivität seiner Maßnahme überzeugt ist, sondern auch überzeugend wirkt, kann er den Teufelskreis durchbrechen. Das Opfer fühlt sich wieder sicher, verliert seine Nervosität, begeht daher keine Fehlleistungen mehr und kann wieder normal essen und schlafen. Sein Leben ist gerettet. Beide Male wirkt natürlich das Gesetz der erfüllten Voraussage.»

«Dann war das alles nur ein Scheingefecht, und nichts Reales geschah dem Mann?» werfe ich ein.

«Das verstehen Sie falsch», antwortet mein Gesprächspartner, «Sie unterschätzen die Wirkung des Einflusses seelischer Zustände auf den Körper. Negative Voraussagen können die Körperfunktionen wie tatsächliche Gifte herabsetzen. Wir nennen das den Angst-Tod. Es ist perfekter Mord. Denn wir können einen bösartigen Menschen, der sein Opfer auf diese Weise tötet, nicht wegen Mordes anklagen. Umgekehrt aber können positive Voraussagen das gestörte Gleichgewicht des Stoffwechsels wieder ausgleichen und das Opfer retten.»

«Ich glaube zu verstehen, was Sie andeuten. Nicht anders ist es mit der Placebowirkung von Medikamenten. Früher sah man die Wirkung von Medikamenten als ausschließlich auf chemischen Vorgängen beruhend an, also rein stofflich. Heute hingegen kann man experimentell nachweisen, daß Medikamente ohne pharmakologische Wirkung der Stoffe an sich sehr wohl nicht nur subjektive, sondern auch objektive Zustandsveränderungen hervorrufen. Es handelt sich um keine Spielerei, denn: manche Medikamente schädigen zum Beispiel die Leber, wenn sie dauernd eingenommen werden. Hier ist es angezeigt, auf Placebopräparate überzugehen. Dieser Placeboeffekt zeigt sich übrigens nicht nur bei positiver, sondern auch bei negativer Erwartung, so wie bei den von Ihnen erwähnten nicht parapsychologisch begabten Schwarzmagiern bzw. Waganga.»

«Was Sie über Placebowirkung sagen, ist sehr interessant», meint Mr. R. «So bestätigen also die medizinischen Forschungen, was ich praktisch beobachtete.»

Ich ergänze einschränkend: «Der Placeboeffekt tritt allerdings nur dann voll ein, wenn der Arzt überzeugt ist, daß das zu verabreichende Mittel auch chemisch wirksam ist. Deshalb arbeitet man mit Doppelblindversuchen, bei denen der Arzt nicht weiß, daß er eine unwirksame Substanz verabreicht. Er, der Arzt selbst, muß also fest an die Wirksamkeit seiner Maßnahme glauben. Genau wie der Witch-doctor an seine Maßnahmen glauben muß – unabhängig davon, ob er echte parapsychologische Fähigkeiten hat oder nicht.»

Mr. R. unterbricht mich: «Ich liebe den Gebrauch der Bezeichnung Witch-doctor, Hexendoktor, usw. nicht sehr. Diese Bezeichnungen verwischen die Grenze zwischen dem sozial nützlichen Mganga und dem Schwarzmagier. Es herrscht viel Verwirrung auf diesem Gebiet unter den Landfremden in Afrika – oder unter denen, die sich den Traditionen dieses Landes entfremdet haben. Der Witch-doctor heilt und behandelt die Opfer der Schwarzmagier und Hexen. Er ist eine geehrte Person, der Hexendoktor ist nicht mehr eine Hexe, als ein Kriminalinspektor ein Krimineller ist. Er ist der Feind der Hexen und Schwarzmagier, er erfüllt wertvolle kulturelle Aufgaben, indem er Sicherheit vermittelt, sei es durch seine parapsychologischen Fähigkeiten, sei es durch die eben von Ihnen erwähnten Placeboeffekte. Unglücklicherweise wurden vom Gesetzgeber die Begriffe des Schwarzen Magiers und des Hexendoktors nicht auseinandergehalten. Daher drohten in Uganda jedem Hexendoktor, also Mganga, fünf Jahre Gefängnis. In Tanganjika betrug die Strafe ein Jahr Gefängnis oder 50 Englische Pfund für den, der über okkulte Mächte oder solches Wissen verfügte, und in Kenia wurde jede Person bestraft, die über übernatürliche Kräfte verfügte. Wir bestraften also sowohl den Schwarzmagier als auch den Hexendoktor, den Mganga. Daher hielten uns die Afrikaner für Helfer des Bösen. Denn der als Hexendoktor bezeichnete Mganga arbeitet offen und war daher leichter zu verfolgen als der Schwarzmagier, der im geheimen arbeitet. Ich frage mich oft, ob es nicht ungefährlicher wäre, jede Magie, die Heilende wie die Schwarze, einfach lächerlich und unglaubwürdig zu machen, den Menschen zu suggerieren, daß es derartiges nicht gibt. Stoßen nämlich verschiedene Kulturen zusammen, so fürchtet jeder des anderen Art der Parapsychologie, und es entstehen Menschenverfolgungen, die nicht mehr zu bremsen sind. Ich meide die Ausdrücke Hexe und Hexendoktor wie die Pest! Denn sie sind so gefährlich wie Pest», setzt Mr. R. fort. «Wie früher in Europa gibt es heute in Afrika Anhänger alter, traditioneller sogenannter ‹heidnischer› Religionen. Im frühen europäischen Mittelalter entstand eine Art Konkurrenz zwischen der neuen Religion, dem Christentum, und den alten, traditionellen Religionen. Die Anhänger der letzteren erschienen den Missionierenden suspekt, sie glaubten irrtümlich, daß Dämonen und teuflische Wesen angebetet würden. Damit begann damals die gleiche unheilvolle Begriffsverwirrung, die für afrikanische Verhältnisse eine ähnlich katastrophale Entwicklung hervorrufen könnte. Wie lange noch wird Afrika in der glücklichen Lage sein, daß kein Mensch klaren Sinnes behauptet, die afrikanischen Anhänger nichtchristlicher Religionen wären Teufelsdiener, Hexen oder Hexer? Natürlich gibt es auch unter den sogenannten Heiden Kriminelle, wie in allen Gruppen, gleichgültig welcher Hautfarbe, Nation oder Religion sie angehören.

Übrigens herrschte im mittelalterlichen Europa die gleiche Verwirrung der Begriffe wie heute in Afrika. Vielleicht kann ich Ihnen die komplizierte Entwicklung an dem Erlebnis eines Sachbearbeiters deutlich machen. Mr. W., auch ein Engländer, ist im Mombasa-Stadtmagistrat Richter für Verkehrsdelikte und kleinere Bagatellfälle von Nötigung usw. Er lädt einen Mann vor, von dem sein Nachbar behauptet, er habe ihm Schaden gestiftet. Bei der Personalaufnahme fragt Mr. W. auch nach der Religionszugehörigkeit. Den Ausdruck Religionszugehörigkeit versteht der Angeklagte nicht. Mr. W. fragt: ‹Zu wem betest du? Wem opferst du?› Der angebliche Übeltäter, ein verschüchterter, einfacher Mensch, antwortet schlicht und harmlos: ‹Ich opfere dem Teufel.› Mein cholerischer Kollege wird nicht schlecht gebrüllt haben, denn er nahm das für einen üblen Scherz. Unentwegt beharrt der Vorgeladene darauf, ja, er verehre den Teufel. Schließlich versucht Mr. W. auf einem anderen Weg, den Tatsachen auf den Grund zu kommen. ‹Wie nennst du denn den Teufel, zu dem du betest und dem du Hühner opferst?› Der Mann nennt den Namen einer wohlwollenden Stammesgottheit, die weit davon entfernt ist, Böses anzurichten. Mein Kollege wundert sich. ‹Dann opferst du also dem … und nicht dem Teufel! Warum sagst du erst solchen Unsinn? Du bringst dich ja selbst ins Gerede!› Der harmlose Mann erklärt: ‹Aber mein Nachbar sagt, in der Kirche nennen sie ihn devil, Teufel. Das ist das Wort der Weißen für ihn. Daher habe auch ich so gesagt.›

Ich hoffe, jetzt wird Ihnen die gefährliche Konsequenz der Begriffsverwechslung klar: wie in allen Gruppen gibt es auch in Afrika und dort u. a. auch bei den Anhängern alter, sogenannter heidnischer Religionen Bösartige, die über parapsychologische Fähigkeiten verfügen. Das sind die tatsächlichen, wirklichen Hexen und Schwarzmagier. Ihnen wirkt der Witch-doctor, der Hexendoktor, der Medizinmann bzw., wie man hier sagt, der Mganga entgegen. Nun wurde die afrikanische Tradition durch die Weißen überlagert. Missionare nannten die ihnen fremden, unbekannten Götter Teufel; und die tatsächlich harmlosen, ehrenwerten Anbeter der fremden Götter wurden von ihnen als Teufelsanbeter bzw. Hexen diskriminiert. Einfach, um sich verständlich zu machen, gebrauchte der Vorgeladene das Wort Teufel für seinen Stammesgott.

Da hätten Sie ein Beispiel für ein freiwilliges, ungezwungenes Geständnis während der Massenverbrennungen der sogenannten Hexen und Hexer des europäischen Mittelalters. Es sind die grauenhaften Konsequenzen möglicher Massenmorde an Andersgläubigen letztlich wegen einer tragischen Begriffsverwechslung.»

Ich nicke. «Danke für Ihre Erklärungen, ich habe das Problem nun wirklich begriffen.»

«Und wenn Sie das Land lieben, sollten Sie dieses Wissen weitergeben, wann immer Sie können. Denn die nunmehrige politische Unabhängigkeit der afrikanischen Staaten löst das Problem nicht. Leider! Statt des Missionsgeistlichen ist es nun der afrikanische Geistliche, der von der Kanzel verkündet, die alten Götter wären Teufel, und wer sie anbete, sei eine Hexe oder ein Hexer. Unsere tragische Schuld ist, daß wir die Erfahrungen, die wir in dieser unheilvollen Periode unserer Geschichte gemacht haben, nicht ehrlich weitergeben, daß wir sie vor uns selbst verleugnen, aus verständlicher Scham verdrängen. Eine psychische Entwicklungshilfe hingegen wäre das freimütige Einbekenntnis mit der Bitte, aus unseren Fehlern zu lernen.»

Sehr ernsthaft geben wir uns die Hand, ich verspreche, in dieser Hinsicht mein Bestes zu tun …

6. «Kwa heri, bibi!»

I am the man whose dreams
are manyfold as the stars
B. B. Dadié, Elfenbeinküste

Nach meinem Gespräch im Criminal Headquarter gehe ich wegen meines geraubten Passes zur Botschaft. Nur ein Afrikaner hält sich im Vorraum auf. Ist es der Portier? Eine Schreibkraft? Ein Wächter? Ich weiß es nicht. Jedenfalls sitzt er hinter einem Pult und blättert in seinen Papieren, blickt auf und findet wohl, daß er ein paar freundliche Worte zu der wartenden Dame sagen muß. Es sind die üblichen Fragen, wie mir das Land gefällt, ob das Klima für mich erträglich ist, usw. Ich bemühe mich, auf sein Geplauder freundlich zu antworten, obwohl ich mich irgendwie unbehaglich fühle, denn das *Etwas* vom Kamba-Mganga wurde ja auch geraubt. Das *Etwas*, an das nicht recht zu glauben mir mein Bewußtsein vorgespiegelt hatte. Ich denke, daß mein Veterinärbekannter das als ein gutes Beispiel für die Alarmierung des Thalamus anführen könnte. Der ganze hirnphysiologische Ablauf, auf dem diese innere Unruhe beruht, ist mir gut bekannt. Trotzdem reagiere ich fast explosiv, als der freundliche Mann mich fragt, ob ich schon in Mombasa war. Ich erinnere mich, daß ein afrikanischer Bekannter einmal gesprächsweise erwähnt hatte, Mombasa sei ein bekannter Platz für jede Art von Magie, dort käme Unwahrscheinliches vor. Mombasa ist also etwas Gefahrdrohendes. Ein mit negativen Valenzen beladenes Reizwort, würden Psychologen sagen. «Genau! Mombasa! Mehr habe ich nicht mehr nötig! Denken Sie, ich bin so dumm, in den aufgesperrten Rachen einer Hyäne zu rennen? Das fehlte mir noch! Mombasa...»

Mein Gegenüber sieht mich erst vollkommen verblüfft, dann verwirrt und schließlich fragend und interessiert an. Der Wechsel seines Mienenspiels muß mich wohl zur Besinnung gebracht haben. Aber ich finde keinen Übergang. Wir sehen uns stumm an.

«Sind Sie schon lange im Lande?» bricht der Afrikaner endlich unser Schweigen. Sein Tonfall ist nicht mehr «maridadi», smart und weltgewandt, es schwingt eine leise Teilnahme mit. Eine Teilnahme, die durch Taktgefühl oder Vorsicht gedämpft ist. «Lange genug, um zu wissen, daß man besser nicht nach Mombasa geht, wenn man ohnedies in Dinge verwickelt ist», antworte ich, immer noch irgendwie aufgebracht. Dinge, das ist so ein bequemes Wort, wenn man etwas in Schwebe lassen will. Und ich bin natürlich nicht geneigt, einem Unbekannten meine Schwarzmagier-Probleme zu erzählen. Ist es Zufall? Mein afrikanisches Gegenüber rückt an seinem Hemd, ein eingepacktes Etwas wird sichtbar. Ich weiß nun, daß ich Verständnis finden werde. «Meines wurde zusammen mit Paß und Führerschein geraubt!»

«Auch das noch!» Jetzt ist ehrliche, offene Besorgnis in den Augen des Afrikaners zu sehen. Er ist nicht mehr der verbindliche Büroangestellte einer auswärtigen Botschaft. «Das ist schlimm», sagt er, «wer gab es Ihnen?»

«Ein Kamba», antworte ich, zeichne eine Art Landkarte und zeige sie ihm: «Hier wohnt der Mann.»

«Von diesem Mann habe ich schon Gutes gehört. Er weiß sehr viel über Kräuter, er kann ausgezeichnete Medizinen bereiten. Er ist überhaupt sehr klug.» Ich werde in das Sekretariat gerufen.

Als ich wieder herauskomme, möchte ich noch einige belanglose Freundlichkeiten mit dem Afrikaner wechseln. Er aber, als ob wir nie unterbrochen worden wären, sagt wie abschließend: «Man kann nichts erzwingen. Vielleicht ist es Ihr Schicksal, daß das Gegebene Ihnen geraubt wurde. Es muß nicht unbedingt ein böses Schicksal sein, es kann auch etwas Gutes bewirken. Man weiß das nie vorher. Man muß abwarten. Kwa heri, bibi.»

Er vermeidet die Anrede «Madam», die für Landfremde üblich ist. Er sagt auch nicht «Memsaab», wie es für weiße Frauen, die im Land ansässig sind, passend wäre. Er sagt «Kwa heri, bibi», «Fröhlichkeit mit dir, Schwester», wie zu einer Afrikanerin.

Ich habe verstanden, was der Angestellte andeuten wollte, als er sagte, der Kamba-Mganga wisse sehr viel von Kräutern und sei sehr klug. Er erwähnte nicht, daß der Mganga auch über starken Gegenzauber verfüge. Dieses Nichterwähnen war gewiß nicht zufällig, denke ich. Ich verstehe den Wink und beschließe, den Mganga nicht noch einmal zu besuchen. Ich will abwarten, warum mein Geschick mich das eingepackte *Etwas* nicht behalten ließ.

7. Die «Rufe-Es-Methode»

Mein Leben verläuft wieder in ruhigen Bahnen. Ich besitze einen neuen Paß, meine europäische Mitarbeiterin hat das Wunder eines postwendend zugesandten neuen Internationalen Führerscheins zustande gebracht, mein braver VW ist repariert.

Die Ibisse sind als Gruppe zusammengeblieben. Es macht mir viel Freude, sie zu beobachten. Über meine parapsychologischen Horror-Trips denke ich jetzt auch ruhiger. Wenn es hier Menschen gibt, die abscheuliche Imaginationen schicken können, so muß ich mich eben damit abfinden. Aber unmerklich beginnt etwas Neues: Was wäre, wenn ich, statt nach Westlands zu fahren und mein Abendbrot zu essen, weiterführe? Weiter nach Westen, zu den Wäldern jenseits der Grenze. Aus dem harmlosen Gedankenspiel wird Verlangen. Das Verlangen wird so stark, daß ich meine ganze Vernunft aufbringen muß, um mein Alltagsleben fortzusetzen. Nach Westen, zu den Wäldern jenseits der Grenze! Zu den Wäldern? Aber ich fürchte mich ja vor den Wäldern! Wir sind seit Generationen Menschen des offenen Landes. Wir fühlen uns nur wohl, wenn wir überblicken können, was um uns her vorgeht. Das verbindet uns seelisch mit Nomaden und Seefahrern. Was also soll ich in den Wäldern? Ich mag sie nicht. Für mich sind Wälder nicht bergend, sondern verbergend.

Mein Großvater erzählte, daß man früher glaubte, die Katzen fürchteten sich deshalb vor dem Feuer, weil sie etwas zwinge, ins Feuer springen zu müssen. Ich hielt das für dummen Aberglauben. Nun kann ich diese Ambivalenz nachfühlen. Eines Abends finde ich mich – ohne Geld, ohne Visum, mit einem halbleeren Tank! – auf der Ausfallstraße nach Westen *hin zu den Wäldern jenseits der Grenze*. Ich reiße das Lenkrad herum, wende und fahre zurück. Das erfordert die gleiche psychische Kraft wie damals, als ich vom Sog der Ebbe weit ins offene Meer getragen worden war und zurück an die Küste zu schwimmen versuchte.

In der Nacht kommt *Es* wieder.

Ich beschließe, etwas Entscheidendes zu unternehmen. So geht das nicht weiter! Am anderen Morgen packe ich meine Bilanz ein. Vor ein paar Tagen hatte sie mir eine Mitarbeiterin aus Europa geschickt. Es ist eine erfreuliche Bilanz. Außerdem hatte man mir ein altes Foto nachgesandt, das man beim Aufräumen gefunden hatte: Eine Presseaufnahme, die mich als Teilnehmerin bei einem Bergrennen für Motorräder zeigt. Beides packe ich in meine Tasche und gehe zu meinem väterlichen Freund. Es ist mir jetzt ganz gleich, ob er einen anderen kulturellen Hintergrund hat oder nicht. Ich brauche einen Rat, ich brauche eine Erklärung, ich muß Klarheit haben.

«Ich bin nicht verrückt! Verrückte können keine Motorradrennen fahren. Verrückte haben kein Geschäft mit solchen Bilanzen!» sagte ich ihm statt jeder Begrüßung und werfe Bilanz und Bild auf den Schreibtisch.

«Wer sagt denn, daß Sie verrückt sind?» ist die erstaunte Gegenfrage.

«Ich sage es!» und höre meine vor Erregung überlaute Stimme. Und dann bricht alles heraus. Nichts verschweige ich. Alles wird wieder lebendig. Das blau glosende Feuer an meinem Hals, die fratzenhafte Krankenschwester mit den Apparaten im Hintergrund, ich als Tote, die lebendig wird und doch wieder nicht. Alles, alles, alles. Auch die Wände, die mich unerbittlich einschließen. Die Wände, die eigentlich Baumstämme, zugleich aber auch etwas Maschinelles sind. Und immer wieder das *Es*, welches alles dirigiert. Auch von den Wäldern spreche ich. Von den Wäldern, die ich fürchte und zu denen es mich gegen meinen Willen hinreißt, hinreißt wie das Feuer die Katze hinreißt, so daß sie mit vor Angst gesträubten Haaren hineinspringen muß. Ich berichte auch von gestern, wie ich nicht aufpaßte und mich plötzlich weit weg von Nairobi wiederfand, daß ich dem *Es* folgen mußte, weil es mich dazu zwang. Nun habe ich alles gesagt und fühle mich leer und ratlos. Leer, ratlos und zugleich unbeschreiblich zornig darüber, daß ein Unbekannter sein boshaftes Spiel mit mir treibt und ich keinen faßbaren Feind finde, gegen den ich mich wehren kann.

Mein väterlicher Freund hat meinen Ausbruch schweigend angehört. Noch heute kann ich mir den Ausdruck seines Gesichtes vergegenwärtigen. Es war der gleiche Ausdruck, den er bei der Beobachtung eines kranken Tieres zeigte: sehr ernst, sehr aufmerksam, sehr wach und sehr mitfühlend.

«Warten Sie, ich muß denken», sagt er, bietet mir eine Zigarette an, und, sich zurücklehnend, raucht er selbst schweigend. Schließlich richtet er sich auf und spricht langsam und jedes Wort betonend: «Ich würde nicht jedem diesen Rat geben. Aber Sie sind furchtlos, intelligent und gleichen sehr meinem verehrten Vater. Auch er bewahrt trotz seines Jähzornes stets kühlen Kopf. Eigentlich gehören Sie zu uns Hamiten. Wir wachsen über uns hinaus, wenn wir uns bedroht fühlen. Auch wir helfen uns am besten selbst. Wie wir, die wir ganz Zorn gegen die Angreifer sind und doch gleichzeitig mit kaltem Kopf handeln, sollten auch Sie die Gefahr allein bewältigen. Nun hören Sie genau zu: fahren Sie jetzt nach Mombasa. Aber Sie sollten nicht in der Stadt in einem Hotel übernachten. Sie sollten an der Küste Ihr Zelt aufschlagen und dort einige Tage völlig allein verbringen. Wenn das Ding oder das Wesen oder wie immer Sie es nennen wollen, wiederkommt, sprechen Sie es höflich, aber bestimmt an. Haben Sie keine Angst, geraten Sie nicht in Panik und verlieren Sie nicht den Kopf vor lauter Jähzorn. Sprechen Sie so zu ihm: ‹Ich sehe dich, ich fühle dich. Sage mir jetzt mit klaren Worten, was du von mir willst. Sage es in so klaren Worten, daß ich es verstehen kann.› Wenn Sie so sprechen, müssen Sie ganz bereit sein, mit ihm in Kontakt zu treten. Sie sollen mit Ihrer ganzen Intelligenz und der ganzen Stärke Ihres Gefühles verlangen – nicht erbitten, wohlgemerkt! –, sondern strikt verlangen, daß Es näher kommt und sich Ihnen erklärt. Sie werden dann erleben, daß alles gut wird. Ich sage Ihnen nicht, was geschehen wird, nachdem Sie *Es* gerufen haben. Ich gebe Ihnen keine anderen Anweisungen. Ich tue das deshalb nicht, weil Sie ganz auf sich allein gestellt handeln müssen. Alles andere wäre Suggestion, Beeinflussung. Wenn Sie mir vertrauen, folgen Sie meinem Rat.»

Ich fahre heim, packe meine Sachen, am Abend bin ich in Mombasa. Ich erreiche noch die letzte Fähre und schlage mein Zelt in der Nähe der Twigga-Lodge auf. In der Nähe der Lodge, aber doch weit genug entfernt, um allein und ungestört meine Bewährungsprobe bestehen zu können.

Einige Tage vergehen, und nichts Außergewöhnliches geschieht. Ich bin eine sichere Schwimmerin und liebe es, auch nachts zu schwimmen. Eines Nachts schwimme ich in Richtung der Riff-Barriere. Da taucht *Es* wieder auf. Es ruft mich ins offene Meer. Jetzt ist die Entscheidung da. Das weiß ich. Nicht laut, sondern in Gedanken sage ich sehr ruhig und sehr entschlossen: «Während des Schwimmens kann ich nicht mit dir sprechen. Ich schwimme jetzt an den Strand zurück. Dort erwarte ich dein Kommen. Du sollst kommen und mir mit klaren Worten sagen, was du von mir willst. Du sollst es so sagen, daß ich es verstehen kann!» Da ist nichts anderes auf der Welt als der Entschluß, jetzt eine Entscheidung zu erreichen. Ich schwimme zurück, aufmerksam die Wellen beachtend, denn ich möchte jetzt auf keinen Fall durch Unachtsamkeit von einer Welle überspült werden und nach Luft ringen müssen. Das wäre ablenkend. Ich fühle nichts. Ich warte und blicke in die Richtung, von der *Es* auftauchte, um mich zu rufen. Nichts geschieht. Ich bin ganz bereit zur Entscheidung.

Vergeblich. Die Nacht vergeht, nichts Außergewöhnliches geschieht. *Es* kam nie mehr wieder. Die Imaginationen verfolgten mich nicht mehr. Auch der Drang, «in den Westen zu den Wäldern» fahren zu müssen, war erloschen. Die Rufe-Es-Methode hatte sich als wirksam erwiesen. Ich lasse noch einige Tage vergehen. Gleichsam als Sicherheit, um dem *Es* Gelegenheit zu geben, doch noch aufzutauchen. Nichts geschieht. Während der Nacht vor meiner Abreise warte ich noch einmal am Strand. Nichts. Die Entscheidung war gefallen, alles ist endgültig vorbei.*

Nach Nairobi zurückgekehrt, brauche ich meinem väterlichen Freund nicht mit vielen Worten zu berichten. Es genügt zu sagen: «Ich danke für den besten Rat, den ich je in meinem Leben erhielt. Ich bin wieder ich, ein freier Mensch, der ein neues Leben beginnt!»

«Und was werden Sie mit diesem, Ihrem neuen Leben anfangen?» fragt mein väterlicher Freund nachdenklich.

«Ich glaube nicht, daß ich mit meinem Leben etwas unternehmen

---

* Später versuchten hin und wieder andere, ähnliche Phänomene bei mir hervorzurufen. Es genügte stets, die *Rufe-Es-Methode* anzuwenden, um eine negative Beeinflussung unwirksam zu machen. Der Ablauf war dann durchaus undramatisch, ähnlich der Ausschaltung einer unliebsamen Störung bei der Arbeit: man stellt die schrillende Telefonklingel ab und wendet sich Wichtigerem zu.

werde, ich glaube vielmehr, daß mein Leben mit mir etwas unternommen hat. Ich wurde mit einer neuen Erfahrung konfrontiert. Ich werde sie nicht einfach abtun, zufrieden, daß meine persönliche, individuelle Gefahr vorbei ist. Ich werde diesen Dingen nachgehen, Waganga besuchen, versuchen, ihre Techniken zu erlernen, und wenn mein Geschick es erlaubt, werde ich Klarheit über einige Dinge gewinnen.»

«Sie wollen also das Gebiet der afrikanischen Magie erforschen? Als Wissenschaftlerin?»

«Als Wissenschaftlerin ganz gewiß nicht», antworte ich, «ich will diese Wege gehen, um Menschen, die sich in ähnlichen Schwierigkeiten befinden, sagen zu können, wie sie sich und ihren Freunden helfen können. Nicht für jeden ist die *Rufe-Es-Methode*, die mir half, gut. Sie sagten es selbst. In ihren Traditionen verwurzelte Afrikaner werden meine Erkenntnisse nicht brauchen. Im sicheren Stammesverband hat man seinen Mganga, der Schwarzmagie bekämpft. Was aber ist mit denen, die in den Städten leben? Wie können die sich helfen, in deren Nähe kein fähiger Mganga ist?»

«Das ist wahr», erwidert mein väterlicher Freund, «selbst der Beruf des Mganga beginnt kommerziell zu werden. Es gibt zahllose sogenannte Waganga in den Städten. Aber viele sind reine Geschäftsmänner. Ich glaube, das Interesse an Geld vermindert ihre Fähigkeiten. Auch schwindet die Tradition mehr und mehr. Die Söhne des Mganga gehen in die Stadt, sie werden Chauffeure oder kleine Büroangestellte. Sie schämen sich ihrer Herkunft. Sie bemühen sich, die Tradition ihrer Väter zu vergessen, um fortschrittlich und modern zu werden. Wem können sie noch helfen? Aber wie wollen Sie, die Weiße, bewerkstelligen, dieses Gebiet zu erlernen? Ich sehe da keine Möglichkeit!»

«Es gibt ganz unzweifelhaft etwas, das man Geschick nennt. Aber eigentlich sagt das Wort nicht ganz das, was ich meine. Ich möchte Ihnen ein Beispiel dafür geben ...»

Nun erzähle ich von meinem Besuch bei dem Mganga der Wakamba, daß mir geraubt worden war, was er mir zum Schutz gegeben hatte, wie ich mich nach dem Gespräch mit dem Afrikaner in der Botschaft entschlossen hatte, von dem Mganga keinen neuen Schutz zu erbitten, sondern abwartete, wie sich alles weiterentwickeln würde. «So erfuhr ich durch Sie von der ‹*Rufe-Es-Methode*›, wurde selbst mit dem Problem fertig und bin nun bereit, diesen Dingen nachzugehen, um mit diesem Wissen dann anderen helfen zu können. Es besteht nämlich ein Zusammenhang zwischen diesen Ereignissen. Sie führen mich zu einem Ziel. Ich hatte dabei eigentlich nichts zu tun, zu planen, zu organisieren. Ich hatte nur der Entwicklung passiv zu folgen. Obwohl ich andererseits glaube, nie in meinem Leben aktiver gewesen zu sein, als in jener Nacht, als ich das *Es* erwartete. Aber ...»

«Aber es ist eine andere Aktivität und eine andere Passivität, als die, die Sie kannten, bevor Sie nach Afrika kamen», fällt mir mein väterlicher Freund ins Wort, «deshalb gibt es in europäischen Sprachen auch kein passendes Wort dafür. Sie empfinden nach meiner Meinung ganz richtig, daß die Begriffe Geschick, Aktivität und Passivität nicht ganz den Kern der Sache treffen. Vielleicht wird Ihnen das passende Wort einmal in einer anderen Sprache begegnen. Wenn Ihr Geschick es will», setzt er lächelnd hinzu, «aber ich kann mir immer noch nicht ganz vorstellen, wie Sie mit den Waganga in Verbindung treten könnten! Ganz sachlich gesprochen: es handelt sich um Berufsgeheimnisse. Niemand wird Ihnen diese Dinge verraten. Man kann sie nicht kaufen. Weder durch Geld noch durch Schmeichelei.»

«Ich muß Ihnen etwas gestehen», sage ich, «meine Großmutter konnte Handlesen. Sie starb früh, aber mein Großvater lehrte es mich. Meine Eltern waren fortschrittliche Menschen, sie lachten über die alten Dinge. Daher habe ich auch Handlesen und ähnliches für Aberglauben gehalten, mit dem man sich in Verruf bringen kann. In Afrika nun, vielleicht weil ich in diese Schwarzmagie verwickelt wurde und daher, mir selbst nicht bewußt, meinen Standpunkt änderte, fing ich an, Ihren Askaris handzulesen. Verstandesmäßig lehne ich nach wie vor den Glauben an das Handlesen ab. Aber jedenfalls, es klappt. Und Ihre Askaris sind der festen Überzeugung, daß ich ein Mganga Musungu, ein europäischer Mganga bin. Allerdings einer, der nur sehen, nicht aber Schutz gewähren kann. Immerhin, sie sind überzeugt, daß ich sehr gut sehen kann.»

«Daher also die Gerüchte über Sie», lacht mein väterlicher Freund, «okay, okay, jetzt sehe auch ich den Zusammenhang. Wenn die Askaris Urlaub haben und ihre heimatlichen Stämme besuchen, werden sie Sie mitnehmen wollen, um den Verwandten auch handzulesen. Dann wird der jeweilige Mganga interessiert werden, denn diese Art des Voraussehens kennt man im Busch nicht. Damit haben Sie alles, was Sie brauchen: den Tauschartikel, den Mganga und einen Übersetzer, der niemals wagen würde, zwischen zwei Waganga falsch, nachlässig oder bruchstückhaft zu übersetzen. Da können Sie sicher sein, daß er Wort für Wort übersetzen wird. Denn wer wagt schon, sich den Zorn von gleich zwei fähigen Waganga zuzuziehen? Ihre Idee ist gut, der Weg scheint mir solid ...», und er ruft in den Vorraum, «..., wenn ... übermorgen auf Urlaub geht, kann er Dr. .... mitnehmen. Sag ihm, ich habe es erlaubt!» Zu mir gewandt wie zu einem Sohn, der Mdjihad, Krieger für eine gute Sache, geworden ist: «Viel Glück. Solange Sie mit meinen Männern gehen, wird Ihnen nicht viel zustoßen. Aber das wird nicht immer sein. Sie haben einen langen Weg vor sich, er wird beschwerlich sein.»

Anmerkung des Verfassers:

1. Im Gegensatz zu der von meinem väterlichen Freund vertretenen Ansicht, daß die *Rufe-Es-Methode* nur manchen dafür Disponierten Erfolg verspricht, bin ich der Meinung, daß sie von jedem einigermaßen Robusten, Klardenkenden und Widerstandsfähigen erfolgreich angewandt werden kann. In Teil IV und V gebe ich Beispiele dafür. Die Schädigung durch negative Einflüsse sollte aber nicht so weit fortgeschritten sein, daß der seelische Kern des Betreffenden bereits angegriffen ist.

Die seelische Einstellung bei Anwendung der *Rufe-Es-Methode* sollte sein: Beobachtung (bei Anspannung aller Sinnesorgane) der Umwelt, jedoch gleichzeitig: absolute Abwesenheit jeglichen Gefühles (also gefühlsleerer, gefühlsentleerter Zustand. D. h., man darf keine Angst, keine Erwartung, keine Unsicherheit oder sonst irgendein Gefühl haben); außerdem soll man auch abwägendes, interpretierendes Denken unterlassen. Zum Beispiel: Man hört ein Geräusch. Nun denke man nicht etwa: Da ist ein Geräusch – Was mag das wohl sein? – Ob das *Es* jetzt erscheint? – Hoffentlich verhalte ich mich richtig. – Auch das ist falsch. Richtig wäre: Man hört das Geräusch und wartet, ob man noch anderes hören, sehen oder sonstwie wahrnehmen wird. Man wartet. Nicht: man erwartet! Man muß also so konzentriert beobachten, wie etwa ein traditioneller, alter Jäger oder ein Nomade.

2. Das *Es* wurde von mir nicht visuell wahrgenommen, etwa in Gestalt eines Wesens oder Dinges. Am ehesten ließe sich die Wahrnehmung seiner Existenz so beschreiben: mitunter hat man das untrügliche und gleichzeitig sehr unangenehme Gefühl, daß man von jemandem angestarrt wird, der hinter einem geht. Dreht man sich unvermutet um,

bestätigt sich die Richtigkeit dieses Eindruckes. Viele werden auch schon erlebt haben, daß sie sich gedrängt fühlten, jemanden anzurufen. Die Telefonnummer war besetzt. Man legte den Hörer auf. Der Betreffende ruft einen nun selbst an. Es stellt sich im Gespräch heraus, daß er selbst einen gerade anrufen wollte, und daher sein Anschluß besetzt war. Das sind Alltagserlebnisse, die wohl jedem geläufig sein dürften. Dramatischer und seltener ist das untrügliche Gefühl, jemand sei im Zimmer, und es stellt sich heraus, daß sich wirklich ein Einbrecher in ihm befindet. Dies ließe sich noch mit instinktiven, nicht bewußt wahrgenommenen Sinneseindrücken erklären. Jeder Tropengewohnte wird aber schon erlebt haben, daß er nachts die Anwesenheit einer Gefahr fühlt, vorsichtig das Moskitonetz zurückschlägt, Licht macht und über sich eine Spinne oder ein anderes Tier sieht. Kombiniert man das Gefühl des Sich-zu-etwas-gedrängt-Fühlens (Telefonbeispiel) mit dem des Bedrohtseins durch etwas visuell nicht Wahrnehmbares (Einbrecher, Spinne) mit der szenisch ablaufenden Bildwahrnehmung, so ergibt sich eine annähernde Beschreibung der Vorgänge in sachlicher Formulierung.

3. Zu der theoretischen Frage, was das *Es* nun wirklich war: Ich habe die Erscheinung und die Wirkung beschrieben. Die Frage nach der Ursache kann ich ehrlicherweise nicht beantworten. Die Spiritisten unter den Psychologen werden Geister vermuten, gläubige Anhänger des Islam Djinadi, Tiefenpsychologen westlicher Provenienz mögen andere Deutungen bevorzugen.

Prof. K. Lorenz beschrieb ein ähnliches Erlebnis und spricht von «Geistereffekt der eingeschliffenen Assoziationsbahnen», Lama Kazi Dawa-Samdup würde sagen: «Es genügt vollends, daß du weißt, daß diese Schemen deine eigenen Gedankenformen sind», Lama Govinda zitiert in ähnlichem Zusammenhang die Lankavatara Sutra: «Durch die Tätigkeit des unterscheidenden Bewußtseins entsteht Irrtum und eine *objektive Welt* und mit ihr die Vorstellung eines *Ich*.»

Die Animisten unter den Parapsychologen hingegen hielten für evident, daß es sich um eine negative Stimmungs- und Bildübertragung auf dem Wege der Telepathie handelt.

Soweit ich mit der Materie vertraut bin, kann keine der vielfältigen Interpretationen bewiesen werden. Sie bleiben einstweilen Hypothesen. Ich maße mir nicht an, über ihre Wahrscheinlichkeit zu urteilen. Mein Beitrag zu dem Problemkreis beschränkt sich auf die Beschreibung der Phänomene, soweit sich nonverbale Erlebnisse überhaupt formulieren lassen, und auf die Beschreibung der mir bekannt gewordenen Gegenmaßnahmen, deren subjektive Wirksamkeit – und damit deren sozialen Nutzen – ich erprobte, ohne mich der einen oder anderen hypothetischen Interpretation anzuschließen.

8. Wie eine Totem-Mythe entstand

I want to leave these cement villages
And go with him, the heaviest of lives
Made powerful and lonely and swift
Th. Heidlebaugh

«Der Büffel», sagt der Bobo-Fing Sanou, «ist unser Ur-Ur-Ur-Großvater und ...»

Eintretend hört Josephe diese Worte und fällt ihm ins Wort: «Es ist doch eine zynische Herabwürdigung der Würde des Menschen, wenn man ein Tier als Ahnen seines Clans annimmt. Wie könnte ein Tier für Menschen Vorbild und Lehrer sein?» Zu mir gewandt: «Kulturbringer nennen Sie das wohl? Speisetabus sind unsinnig, denn der Gedanke eines tierischen Ahnen ist unsinnig. Ebenso unsinnig sind die Maskentänze, in denen sich Menschen und Tiere identifizieren, angeblich eins werden. Tiere haben keine Seele, daher können sie nicht die Ahnen von Menschen sein. Mit dieser Überlegung fällt das System des Totemismus zusammen! Und Maskentänze sind nur gut als Touristenattraktion.»

Der Bobo-Fing sieht mich fragend an. Was wird die Weiße dazu sagen? «Zunächst einmal», antworte ich und bemühe mich, so einfach wie möglich zu formulieren, «sollte man mit Ausdrücken wie *Totem* vorsichtig sein. Das ist wissenschaftliches Glatteis. Der Begriff des Totemismus wurde meines Wissens von Ethnologen eingeführt, die in Afrika eine Ähnlichkeit mit dem Totem-Begriff der Indianer gefunden zu haben glaubten. Der Einfachheit halber wird das Wort Totem nun weiter verwendet. Man muß sich aber immer darüber im klaren sein, daß es in Afrika eigentlich nicht ganz den Kern der Sache trifft. Nun zu Ihrem Einwand, daß ein Tier keine Seele habe.» Ich vermute, daß unser hübscher Josephe vermutlich bereits von einem ebenso hübschen

Mädchen erwartet wird und daher wenig Lust hat, die Wiederholung jener Ausführungen, die ich in Kapitel 2 beschrieb, über sich ergehen zu lassen. Daher beschließe ich, mich so kurz wie möglich zu fassen und frage: «Sind Geistes- und Gemütskrankheiten Erkrankungen des Geistes und der Seele?»

Josephe: «Ja.»

«Also muß, wer an einer Geistes- oder Gemütskrankheit leidet, notwendigerweise das besitzen, was Sie Seele nennen?»

«Selbstverständlich.»

«Wenn es nun Medikamente gibt, die diese Krankheiten heilen, so heilen diese die Seele?»

«Natürlich!»

«Wenn nun die Wirkung dieser Medikamente an Tieren ausprobiert würde, da Tiere auf sie ähnlich reagieren wie Menschen, müßte man dann nicht sagen, daß auch Tiere eine Seele haben?»

Josephe hat es eilig. Wegen seiner Freundin oder weil er nicht hören mag, daß er unrecht hat? Ich kann ihm gerade noch nachrufen: «In jeder Apotheke können Sie Zusammenfassungen über psychiatrische Pharmakotherapie zum Einblick erbitten. Oder Sie lassen sich den Beipackzettel irgendeines beliebigen Psychopharmakons geben. Sie werden dort lesen, daß ein Psychopharmakon eine Substanz ist, für die nach kurzfristiger oder langfristiger Verabreichung in methodisch einwandfreien Untersuchungen an Tieren und Menschen zweifelsfrei ein psychotroper Effekt – das ist ein Einfluß auf das Seelenleben – nachgewiesen worden ist.» Aber Josephe ist schon zur Tür hinausgegangen, und ich spreche nur noch zu Sanou.

Sanou: «Also haben die Tiere etwas, was ihr Psyche und Verhalten nennt. Wie aber ist es mit der Seele und dem Psychopharmakon?» Sanou spricht das Wort mühsam aus. Trotzdem denke ich mir, daß ich sehr froh wäre, wenn ich Arabisch, Kiswaheli und ein paar andere afrikanische Sprachen so gut beherrschen würde wie er Französisch.

«Das chemische Psychopharmakon wirkt auf die Psyche durch seine Chemie», antworte ich. «Aber schon vor Jahrhunderten erkannte ein großer Mann, Reinhardus Lorichius aus Hadamar, daß Psyche und Seele das gleiche ist. Sie kann nicht nur durch chemische Substanzen geheilt werden, sondern auch durch Unmaterielles. Er schrieb ein Buch, *Psychopharmakon hoc est: medizina animae*. Das bedeutet: Psychopharmaka sind Medizinen der Seele, und es war eine Sammlung von Trost- und Sterbegebeten.»

Sanou: «So, wie es unsere Heiler tun? Die verwenden auch Kräuter und beschwörende Worte. Wie aber ist das mit dem Büffel, von dem wir glauben, es sei unser Ur-Ur-Ur-Großvater und er habe uns gelehrt?»

«Ich kann dir über diesen Fall keine Meinung sagen, denn ich war damals nicht dabei. Aber ich will dir erzählen, was ich einmal selbst erlebt habe. Das war auch in Afrika, aber weit weg von hier, im Osten, in einem Lande mit Namen Kenia, im Nationalpark von Nairobi. Alle waren damals sehr besorgt, weil die Tierreservate nationalisiert werden sollten, und niemand wußte, wer seinen Posten behalten würde. Am Abend machen wir die letzte Patrouille, um gewiß zu sein, daß alles in Ordnung ist. Der Direktor des Nationalparks mit einem seiner Assistenten und ich in meinem Wagen treffen zufällig beim Hyena-Damm zusammen. Und wir sehen dort ein weißbärtiges Gnu. Wildebeest nennen wir unter uns solche Tiere. Es ist ein männliches Wildebeest. Vor ihm steht geduckt eine Löwin, nur etwa vier Meter von seinem Kopf entfernt. Neben dem Wildebeest befindet sich eine zweite Löwin. Sie berührt das Wildebeest mit der Schnauze dort, wo die Rippen aufhören und die Gedärme nur durch Haut und Muskeln geschützt sind.» Sanou greift unwillkürlich zu seinem Leib. Fasziniert von meiner Erzählung, scheint er selbst die drohende Löwenschnauze an den ungeschützten Weichteilen zu spüren. Ich setze fort: «Du hättest Angst vor der Löwin gehabt, wenn sie so nahe bei dir gestanden und dich schon berührt hätte. Das Wildebeest aber nimmt keinerlei Notiz von der Löwin, die schon die Schnauze an seiner Flanke hat. Selbst seine Haut zuckt nicht bei der Berührung. Es ist ganz auf die in einiger Entfernung sprungbereit lauernde Löwin konzentriert. Seine Hörner hat es gesenkt. Aber die Vorderfüße sind nicht gebeugt, wie man es in einer solchen Situation bei einem Wildebeest erwarten sollte. Plötzlich macht es scheinbar einen Schritt zur lauernden Löwin hin. Dabei entfernt es sich aber von der nahen Löwin nicht so weit, daß diese – Löwen töten ja im Springen – zuspringen kann. Dann dreht sich das Wildebeest um, macht ein paar Sätze in entgegengesetzter Richtung und richtet wieder den Kopf auf beide nunmehr entfernt lauernden Löwinnen. Setzt eine von denen zum Sprung an, prellt das Wildebeest scheinbar zum Angriff vor, dreht sich unvermutet um, gewinnt wieder etwas Distanz. Dann stehen die drei Tiere wieder regungslos. So geht es lange Zeit. Wir greifen nicht ein. Wir sind wie gebannt. Ein neuer Scheinangriff auf die Löwinnen – dann dreht es endgültig ab. Es flüchtet. Keine der Löwinnen folgt ihm. Langsam beginnen wir, aus dem Bann zu erwachen.

Niemand von uns hat das Wildebeest je vergessen. Wir nennen es das ‹Wunderbare Wildebeest› und sind davon überzeugt, daß wir ein Beispiel bekommen haben. Ein Beispiel dafür, wie man in gefährlichen Situationen reagieren soll. Stets wenn einer von uns in einer schwierigen Lage nervös, unsicher und planlos zu werden drohte, sagten wir: ‹Erinnere dich an das Wunderbare Wildebeest.›

Geschah es, daß sich einer von uns von den Ereignissen mitreißen ließ, nicht mehr Herr, sondern Spielball der Umstände zu werden Gefahr lief, fiel ihm das Wunderbare Wildebeest ein, welches gegenüber zwei hungrigen Löwinnen die Situation beherrschte. Auch heute noch trage ich ein Foto von einem Wildebeest bei meinen wichtigsten Papieren. Es ist mir Vorbild dafür, wie man sich in der Gefahr verhalten soll. Es ist für mich Zeuge und Beweis, daß auch ein Schwacher, ein ganz gewöhnliches Wesen, stärker als ein Löwe sein kann, wenn man einen klaren Kopf behält und sich nicht fürchtet. Es ist viel mehr als ich. Ich versuche, ihm nachzueifern. Sind meine Schwierigkeiten überstanden, danke ich dem Herrn Aller Weltenbewohner, daß ich damals von dem Wildebeest lernen durfte.»

Sanou hat gespannt zugehört. Scheu blickt er auf das Foto, das ich ihm zeige. Er wagt nicht, es zu berühren. «Wer, denkst du, war das Wildebeest?» fragt er.

«Ich will nicht behaupten, was ich nicht beweisen kann», sage ich, «real, zu filmen, wenn wir es gewagt hätten, war das Wildebeest. Und es benahm sich anders als seine Artgenossen. Wer es war? Warum es so gehandelt hat? Ob es geschickt war? Wer es schickte, wenn es geschickt war? Hier beginnt der Glaube. Mein Glaube ist, daß der Herr Aller Weltenbewohner alles erschuf: Tiere, Menschen, Pflanzen und Steine. Daher steht es ihm frei, einen Menschen durch ein Tier, einen Baum oder anderes belehren zu lassen. So denke ich. In Indien hingegen würden 320 Millionen Hindus anderer Meinung sein. Denn sie glauben, daß jedes Wesen wiedergeboren wird, und zwar in ganz verschiedenen Formen. Ein Mensch kann als Elefant wiedergeboren werden, ein Fisch als Gott. Die 200 bis 700 Millionen würden überzeugt sein, das Wildebeest wäre ein echter Gott in Tiergestalt gewesen. Viele Afrikaner werden diese Meinung teilen. Sei dem, wie es sei. Jedenfalls wurden wir durch das Wunderbare Wildebeest belehrt.

Auch Weiße können so etwas erleben. Zum Beispiel der Herzog von

Guienne, der am Hofe des französischen Königs lebte. Bertrand war ein recht leichtfertiger Herr und hatte nur die Jagd im Kopf. Da erschien ihm ein wunderbarer Hirsch. Der trug ein strahlendes Kreuz zwischen seinem Geweih. Der Herzog nahm seine Belehrung an und änderte sein Leben. Er wird noch heute von Katholiken als Heiliger Hubertus verehrt.»

«Freilich», sagt Sanou, «in diesen Ländern gibt es ja keine Wildebeest, Elefanten und Büffel, so war es eben ein Hirsch. Aber zwischen deinem Wildebeest und unserem Büffel ist doch ein Unterschied. Du wirst bestimmt kein Wildebeest essen, das ist für dich tabu.»

Ich nicke: «Natürlich esse ich kein Wildebeest.»

Sanou setzt fort: «Aber du hast nur ein Foto von deinem Wildebeest, du hast keine Maske von ihm, oder?»

«Nein, ich habe keine Maske von ihm. Aber ich könnte mir vorstellen, wie es weitergegangen wäre, wenn das Wildebeest nicht uns, sondern jemandem in alten Zeiten erschienen wäre. Nehmen wir an, in diesen alten Zeiten sah jemand, wie sich das Wunderbare Wildebeest durch seine Kaltblütigkeit und Überlegtheit vor den beiden Löwinnen rettete. Natürlich erzählte er das Erlebnis in seiner Familie. Wenn sich die Kinder vor etwas fürchteten und kopflos davonliefen, sagte er ihnen, daß man seinen Gegner ganz kühl beobachten muß und keine Angst haben darf. Die Kinder hörten immer wieder über das Wunderbare Wildebeest: Auch jemand, der etwas ganz Gewöhnliches sei, so wie das Wildebeest, könne mit einem Starken, Mächtigen fertig werden, könne ihm überlegen sein.

Damals gab es keine Fotoapparate. Der Vater will aber den Kindern das Erlebnis recht deutlich machen. Was tut er? Er formt ein Abbild von dem Wildebeest. So lernen die Kinder vom Vater und werden Männer. Als Männer zeugen sie Söhne, denen sie das vom Vater Gelehrte lehren. Auch diese Kinder bemühen sich, so zu werden, wie damals das Wunderbare Wildebeest. Da sie sich ernsthaft bemühen, überstehen sie manche Gefahr. Die Wildebeest-Tradition bewährt sich. Andere, die nichts vom wunderbaren Wildebeest wissen, bestehen die Gefahren nicht so gut. Die Wildebeestgruppe wird daher immer größer, stärker und mächtiger.

Das erste Abbild ist schon lange zerfallen. Doch bevor es zerfiel, hat ein ältester Sohn ein neues geschnitzt. Auch das wurde schon lange durch ein anderes ersetzt. Ein Vater will nun die Erzählung recht deutlich machen, er will zeigen, wie das Wildebeest sich bewegte, wie es angriff und auswich. Er nimmt das geschnitzte Gebilde auf den Kopf und macht alles vor. Das hat eine große Wirkung auf die Kinder. So beginnt es: sie tanzen damit den Maskentanz. Man will so sehr dem Wunderbaren Wildebeest ähneln. In Gefahr ruft man es. Es ist der Helfer in Not, der Spender der Sicherheit. Solange man ihm vertraut, kann einem nicht viel geschehen.

Nun sind schon viele Jahrhunderte vergangen. Jeder Sohn und jeder Enkel hat die Tat des Wildebeest noch schöner erzählt. Denn Menschen schmücken, was sie lieben. Unmerklich ändert sich die Einstellung. Man denkt nicht mehr: Ich muß kaltblütig sein wie das Wunderbare Wildebeest, man denkt vielleicht Wildebeest, Wunderbares Wildebeest, hilf mir in der Not. Man nimmt die Maske nicht mehr wie ursprünglich als Abbild, damit wir, die Nachkommen, uns so verhalten, wie uns sein Beispiel lehrt! Eher verschmelzen Wildebeest und Urahne zu einem, eben zu der verehrten Maske.»

Sanou unterbricht mich: «Wie du das beschreibst, klingt es sehr vernünftig. Aber du hast etwas zu sagen vergessen, oder du weißt es wirklich nicht. Du stellst das so dar, als ob das Wildebeest ein ganz gewöhnlicher Schullehrer gewesen wäre, der vom Inspektor in ein Dorf geschickt wurde, um dort Kinder zu unterrichten. Aber ganz so ist das nicht. Es ist ...» Sanou unterbricht sich, er sucht nach Worten: «Das mit dem Maskentanz zum Beispiel, das beschreibst du falsch. Man bekommt nicht nur das Gefühl, sozusagen irrtümlich ...» Wieder sucht Sanou nach Worten, um mir in der ihm fremden Sprache begreiflich zu machen, was er meint. Ich glaube zu verstehen, was er andeutet.

«Ich glaube, ich weiß, was du sagen willst. Man hat beim Maskentanz nicht nur das Gefühl, daß man Urahn und Wildebeest wird, man wird es wirklich und tatsächlich. Das ist sehr schwer in Worte zu fassen. Weiße nennen es Identifikation. Aber das ist nur das Wort. Ein Wort ist kein Erlebnis. Bevor ich in Afrika die Erlebnisse hatte, verstand ich in Wahrheit keines der Bücher, die dieses Gebiet behandeln. Man wird eins mit dem Bewunderten, Geliebten, Verehrten. Nur wenige sind begnadet, es zu erleben. Sind es Christen, nennt man sie Mystiker, Sufi, Derwisch oder Fakir im Islam, bei den Juden sind es die Chassidim; bei Begnadeten traditioneller, alter Religionen sind es die Maskentänzer, die ihre Tänze wirklich erfühlen. Allen ist gemeinsam, daß sie mit dem Höheren eins werden, verschmelzen. Man wird es einfach. Habe ich das richtig verstanden?»

Sanou: «Ich glaube schon. Ein kleiner Unterschied mag darin liegen, daß der Maskentänzer nicht mit dem Höchsten Wesen eins wird, sondern mit dessem Abgesandten. Wir gehen nicht zum Ministerpräsidenten, wir wenden uns an unseren Distriktsprecher, den Abgeordneten. Der Ministerpräsident ist für uns zu weit weg. Vielleicht ist das die schwarzafrikanische Demut? Unser Sklavensinn?»

War das ein Scherz oder Bitterkeit? Ich kann es nicht entscheiden, denn Sanou setzt bereits seinerseits meine Geschichte fort:

«In Frieden lebt die Familie, das Dorf und der Stamm, der die Tradition übernommen hat, tanzt seine heiligen Tänze, bringt die Opfer, und der Herr Aller Weltenbewohner, den jeder Stamm mit einem anderen Namen benennt, wird – so glaube ich – von fern, von ganz weit weg, seine Freude daran haben, daß die Menschen das Wildebeest in Ehren halten. Ich denke, so könnte es gewesen sein. Mit dem Büffel meines Clans zum Beispiel.»

Sanou schweigt. Nachdenklich blickt er vor sich hin. Nach einer Weile fragt er: «Was wurde eigentlich aus deinem Boß? Der, der das Wildebeest auch gesehen hat und es so bewunderte wie du. Was geschah mit ihm?»

«Das ist eine sehr traurige Geschichte», antworte ich.

«So war es ein böser Mensch?» fragt Sanou.

«Nein, das stimmt gewiß nicht. Er war für uns alle wie ein gütiger Vater. Er erklärte es uns, wenn wir etwas falsch gemacht hatten. War jemand ganz unbelehrbar und wollte überhaupt nicht gehorchen, schimpfte er zwar, aber oft hat er mir hinter dem Rücken des Sünders zugeblinzelt, um zu zeigen, daß alles nicht so ernst gemeint war.»

«Hat er vielleicht zuwenig gebetet, oder verstand er die Lehre vom Wildebeest nicht und hat sich nicht danach gerichtet?»

«Auch so war es nicht. Er betete die vorgeschriebenen Gebete, und der Lehre des Wildebeest folgte er auch. Er war ein klar denkender, mutiger und sehr frommer Mann. Und trotzdem war es ein trauriger Lebensweg, den er später gehen mußte.»

«Und du hast so ein schönes Leben», meint Sanou, «wie ist das möglich? Warum hat euer Gott dir soviel Angenehmes gegeben, und der Mann, der soviel besser als du war, das hast du ja selbst gesagt, muß traurig leben?»

«Ich weiß es nicht», sage ich. «Ich kenne einen Ort in Spanien: es ist der Montserrat. Das ist ein heiliger Platz. Ich sah Hunderte von Kranken, die dort aus ganzem Herzen um ihre Genesung beteten. Nur manchmal geschieht ein Wunder, und einer von den zahllosen Hoffenden wird geheilt. Das berichten dann alle Zeitungen der Welt.»

Sanou nickt: «Das ist scheinbar so wie mit unseren Masken und Fetischen. Viele von ihnen werden verstoßen, weggeworfen, verächtlich behandelt, verkauft. Nichts geschieht. Aber manchmal wehrt sich eine, und der Schänder erhält eine fürchterliche Bestrafung. Da war zum Beispiel einmal ...»

«Allah hilft, wem er will und wann er will! Gepriesen sei Allah der Allerbarmer» sagt Mr. Diallo, ein befreundeter Muslim, der mich abholen will, damit ich mit seiner Familie Abendbrot esse. Er war von uns unbemerkt eingetreten und hatte einen Teil unseres Gespräches mitangehört. Sein Koran-Zitat schien ihm der passende Abschluß unseres Gespräches.

9. Über Gri-Gris, Amulette, Ju-Ju, Fetische und ähnliches

At least her soul must have been flying. For she felt as light as a feather. She had lain asleep under the protecting arms of God's tree. Surely that have been Mumbi – a gentle touch that went right through her body

J. Ngugi, Kenia, «The Fig Tree»

«Das war ein schöner Abschluß des Gespräches», sage ich zu Mr. Diallo, als wir die Straße entlanggehen.

«Ich bewundere den Mut, mit dem Sie als islamischer Priester zugeben, daß es für die metaphysische Frage der unbegreiflichen Schicksalsverschiedenheiten keine uns einleuchtende Begründung gibt. Sie vertrösteten nicht auf den Ausgleich im Jenseits, Sie versuchten nicht, Unerklärbares zu erklären.»

Mr. Diallo erwidert: «Sie müssen zwischen den Ebenen unterscheiden. Glauben ist etwas, wofür man sterben kann, so überzeugt ist man davon. Wissen hingegen ist, wenn man etwas dadurch beweisen kann, daß man das Experiment vor dem Ungläubigen wiederholen kann. Ich glaube, uns wurde die Wahrheit offenbart. Dafür bin ich bereit, als Märtyrer zu sterben. Beweisen aber kann ich es nicht. Denn ich kann die Situation des damaligen Offenbarungsvorganges nicht vor Zweiflern wiederholen. Sanou stellte eine sachliche Frage. Er erwartete eine Antwort auf der Ebene des Beweises. Dafür bin ich nicht zuständig. Meine Ebene ist der Glaube, nicht die Forschung nach den kausalen Einzelheiten eines individuellen Schicksals wie etwa des von Ihnen erwähnten Mannes. Anders wäre ich vorgegangen, wenn es sich um einen Verzweifelten gehandelt hätte. Als Priester ist man ja auch Helfer der Leidenden, Psychotherapeut.»

«Ihre Worte geben mir den Mut, Ihnen zu berichten, wie ich begann, religiös zu werden», antworte ich. «In Kenia litten wir im Jahre 1973 unter der fürchterlichen Dürre. Ich sah, daß die Blätter auf dem Standplatz der Hyrax (Klippschliefer) abfielen und die Tiere in Gefahr waren, verhungern zu müssen. Ich bat den Warden, in der Nähe noch vorhandene frische Blätter pflücken zu dürfen, um die hungernden Tiere zu füttern. Er erlaubte es nicht. Ich war sehr enttäuscht. Der sonst so gütige Warden schien mir grausam und gefühllos. Er sah das wohl meinem Gesicht an. Denn er erklärte seine Entscheidung. Die Tiere würden nun Hunger leiden. Daran sei nicht zu zweifeln. Aber weiter unten, bei dem Athi-River sei noch genügend frisches Laub. Ein Intelligenter der Gruppe würde von der Not getrieben diese Bäume entdecken, die anderen ihm folgen, und so wäre die Gruppe gerettet. Würde ich hingegen durch das Füttern die Tiere zähmen, bestünde die Gefahr, daß sie von Wilderern gefangen und getötet werden. Ich begriff, daß der Entschluß des Warden nicht grausam, gefühllos oder gleichgültig gegen fremdes Leid war, sondern dem Wohle der ihm anvertrauten Tiere diente. Wie nun wäre es, so dachte ich weiter, wenn die Klippschliefer wüßten, daß ich ihnen helfen wollte, der Warden es mir aber verboten hatte? Sie würden – wie gerade zuvor ich – den Warden für grausam und gleichgültig gegenüber ihrer Not halten. Denn was verstehen Klippschliefer von der Organisation eines Nationalparks, die das Eindringen von Wilderern bestimmt nicht verhüten kann? Das ausgebliebene Wunder der plötzlich vorhandenen Nahrung würde sie enttäuschen, daran zweifeln lassen, daß man es mit ihnen gut meint. Und von ihrem Standpunkt aus hätten sie recht. Denn sie können ja nicht das Ganze überblicken. Nein, es war keine großartige Vision, es war keine plötzliche Erleuchtung, die mich religiös machte. Es war der schlichte Analogieschluß, daß wir Menschen auf unserem kleinen Planeten, auf diesem kleinen Planeten, der so bedeutungslos im Vergleich zum gewaltigen Kosmos ist, uns möglicherweise in einer sehr ähnlichen Lage wie die Klippschliefergruppe befinden. Wir wissen von der Organisation dieses Kosmos so viel, wie die Klippschliefer über die World-Life-Organisation. Es mag sein, über all dem wacht ein Warden, dessen Pläne wir sowenig begreifen können, wie die Klippschliefer die Überlegungen des Warden. Ich will nicht in einen optimistischen Analogieschluß ausweichen und damit die unbegreiflichen Schrecklichkeiten der Weltgeschichte verniedlichen, indem ich behaupte, all das Leid wäre zu unserem Besten. Ich meine nur, wir, unwissend wie Klippschliefer, sollten uns weder anmaßen zu sagen, es sei zum Beispiel ungerecht, daß der Warden traurig endete und ich ein gutes Leben genieße, noch daß wir versuchen sollen, mit unserem notwendigerweise beschränkten Wissen Erscheinungen zu interpretieren, zu deren Deutung wir nicht in der Lage sind. Denn wir sind nicht der Warden, wir haben den Nationalpark nicht eingerichtet, wir leben nur in ihm.

‹Du gleichst dem Geist, den du begreifst, nicht mir›, ließ einer unserer größten Denker, Goethe, ein übernatürliches Wesen zu einem Menschen sagen. Damals habe ich diese Worte nur verstandesmäßig begriffen. Nach dem Klippschliefererlebnis hingegen fühlte ich diese Wahrheit in ihrer ganzen Bedeutung.»

In Gedanken setze ich hinzu: Es geht mir wie vielen Menschen. Gelesenes wird als Faktum cortical gespeichert. Unanschaulich wie es ist, erreicht es jedoch nicht die diencephalären Gehirnzellen. Daher *erfühlt* man es nicht. Erst ein Schlüsselerlebnis stellt die Einheit zwischen Cortex und Diencephalon, Verstand und Gestimmtheit her: Dann erst wird es gefühlte Wahrheit. Ich erinnere mich an den Agnostizismus Gautama Buddhas im Majjhima-Nikaya: «Unnütze Spekulationen sind Erwägungen, ob die Ansicht besteht oder nicht besteht, daß die Welt ewig ist oder zeitlich, endlich oder unendlich …» «unweise Erwägung die Fragen: Bin ich wohl in der Vergangenheit gewesen? Oder bin ich nicht gewesen? Werde ich wohl in der Zukunft sein? Oder werde ich nicht sein? Was werde ich wohl in der Zukunft sein? Woher ist mein Ichwesen gekommen? Wohin wird es gehen?» Nun begreife ich, warum der Erhabene Buddha so sprach. Ob die eigentümliche Ferne zum Höchsten Wesen, die ich bei manchen afrikanischen Religionen beobachtete, eine ähnliche Wurzel hat? Es ist doch merkwürdig, daß Angehörige so verschiedener Kulturkreise zu dem gleichen demütigen Ergebnis kommen.

«Einem jeden Volke haben wir fromme Gebräuche verordnet, welche sie beobachten. Lasse sie daher darüber nicht mit dir streiten. 22. Sure, Vers 68», unterbricht Mr. Diallo meine Gedanken. Wir haben sein Haus erreicht, und er wendet sich einem etwa 16jährigen Wartenden zu. Zwischen beiden entspinnt sich folgendes Gespräch: «Du hast nicht umsonst gewartet, ich habe dir den Koranspruch geschrieben. Wasche nun die Tinte ab und trinke sie so, wie ich es dir gesagt habe. Dann wird dich nichts mehr beunruhigen. Keine noch so starke Schwarze Magie wird dir etwas zuleide tun können.»

Der Schüler nimmt das Geschenk zwar ehrerbietig entgegen, bleibt aber unsicher. Er fragt: «Ob es wirklich helfen wird?»

Diallo: «Du sollst dich nicht aus falsch verstandener Fortschrittlichkeit schwächen! Glaube an das dir nun Gegebene! Glaube daran, und es wird dir Kraft geben! Du mußt nur die Kraft annehmen, die es ausstrahlt. Ich gebe dir ein Beispiel: wenn du ein großer, starker Mann werden willst, mußt du nahrhafte Speisen essen. Läßt du aber das gute Essen stehen, dann wirst du schwach. Genauso ist es mit Amuletten und ähnlichem! Wenn du den Glauben daran zurückweist, kann es dir keine Kraft geben, und du bleibst schwach. So, wie du körperlich schwach bliebest, wenn du das Essen wegschiebst. Freilich mußt du an IHN», Diallo weist nach oben, «Allah, den Allerbarmer, glauben. Denn wenn du nicht an IHN glaubst, bleibt das Amulett ein totes Stück Metall. Und was ich dir jetzt gab, bleibt nichts als ein Stück Papier und Tinte. Glaubst du aber, dann geschieht das Wunder der Verwandlung in etwas sehr Starkes. Es mag ja sein, daß der Mann, der Schwarze Magie auf dich legte, sehr starke Fähigkeiten hat. Aber du bist auf jeden Fall stärker. Denn der Schwarzmagier kann sich nicht mit IHM verbinden. Du aber hast nun zwei Kraftquellen: dein Amulett und deine Verbindung zu Allah, dem Allerbarmer, Preis sei Ihm! Bitte deinen Vater, daß er einen Armen kleidet. Halte die Stunden des Gebetes und sei ruhig. Nichts wird dir mehr geschehen.»

«Friede mit Euch und danke», sagt der Schüler und geht beruhigt fort.

Zu mir gewandt fährt Diallo fort: «Was ich über den Koranspruch und das Muslim-Amulett sagte, gilt freilich gleichermaßen für einen Rosenkranz, ein Heiligenbild, ein Gri-Gri, Jou-Jou, Fetisch oder sonstiges. Die Dinge haben Kraft. Das ist kein Aberglauben! Sie haben Kraft und geben Kraft, wenn der Träger diese Kraft seelisch annimmt!»

«Aber», wende ich ein, «das dürfen Sie als Imamu doch nicht sagen! Erstens entstammen die anderen Dinge doch nicht Ihrer Religion, und zweitens ist es für mein Gefühl eine Herabwürdigung Ihrer Muslim-Amulette, wenn Sie auch ihnen nur eine autosuggestive Wirkung, gleichsam eine Placebowirkung, zubilligen.»

Imamu Diallo antwortet nun etwas ungeduldig: «Erstens haben Sie das Zitat Vers 68, Sure 22, vergessen! *Einem jeden Volk haben wir fromme Gebräuche verordnet, welche sie beobachten.* Warum sollten also Heiligenbilder und Fetische nicht helfen? Zweitens ist es gleichgültig, ob Allah, Preis sei Ihm, einem Menschen dadurch hilft, daß er die chemischen Abläufe des Gehirnes per Placebowirkung (er betont das

Wort etwas spöttisch und kopiert meinen skeptischen Tonfall) beeinflußt oder auf magische Weise, das heißt auf einem von euch bis jetzt noch nicht entdeckten Wege, den man Wunder nennt. Ein Wunder ist und bleibt es auf jeden Fall. Oder ist eine Vagusumstimmung durch ein Amulett etwa kein Wunder?» Ich hatte Mr. Diallo die in Kapitel 2 erwähnten gehirnphysiologischen Gesichtspunkte erzählt. Nun spielt er darauf an, wohl um auf meine Denkweise einzugehen.

«Natürlich, so ist es!» rufe ich befreit und glücklich dem erstaunten Mr. Diallo zu, «deshalb also wirkt nicht nur eine bestimmte Methode, sich dem Herrn Aller Weltenbewohner – oder, nach Sanou, einem seiner Deputierten – zu verbinden. Es wirken alle. *Einem jeden Volk haben wir fromme Gebräuche verordnet, lasse sie darüber nicht streiten*. Deshalb kann man ein weißes Huhn opfern oder ein rotes oder gar kein Huhn opfern, einen armen Mann bekleiden oder Kerzen anzünden, und alles, alles ist richtig. Denn jedes Volk hat seinen Brauch verordnet bekommen. So einfach ist das!»

Ich freue mich so, daß ich – eine dumme Gewohnheit – laut zu lachen beginne. Imamu Diallo ist zu höflich, um seine Verwunderung über meine Überschwenglichkeit zu zeigen. «Jedenfalls», sagt er und sieht mich sehr ernsthaft an, «das Wesentliche ist nicht die Art der Ritenausführung – rotes, weißes oder überhaupt kein Huhn –, sondern die – wie Sie gegenüber Sanou selbst erwähnten – Begabung und Fähigkeit, die mystische Einheit mit dem Verehrten erleben zu können. Bitte, erinnern Sie sich jedoch immer an die Tatsache, daß Glaube notwendigerweise eine andere psychische Ebene betrifft als experimentelles Nachweisen objektiver Gegebenheiten. Sonst ergeht es Ihnen wie manchen Regenmachern unseres Landes: sie sind überzeugt, daß sie auf einer Leiter zu den Wolken steigen und den Regen holen. Ich zweifle keine Sekunde, daß diese Menschen keine Unwahrheit sagen. Sie steigen eine Leiter hinauf und holen den Regen. Aber sie und die Leiter befinden sich auf einer anderen Ebene als der klassischen Physik, der Mechanik. Sie befinden sich auf einer anderen Ebene als der des uns aus dem Alltagsbewußtsein her Bekannten. Man darf die Ebenen nicht verwechseln», betont er noch einmal.

Vorbemerkung zu Kapitel 10

Das nun zu besprechende Problem wird für den nicht mit Afrikanischem Vertrauten schwer einfühlbar sein. Für sein besseres Verständnis möchte ich daher ein fiktives Beispiel aus seinem eigenen Kulturkreis geben:

Es ist üblich, daß die auf dem Schlachthof geschlachteten Jungschafe u. a. sonntags im Familienkreis verzehrt werden, ohne die geringsten moralischen oder ethischen Bedenken dabei zu empfinden. Ich fügte absichtlich das Wort «sonntags» ein, denn man pflegt sonntags die Heilige Messe zu besuchen. Dort fällt das Wort «nun ist das Lamm geschlachtet», und die Gläubigen machen sich zum Kommunizieren bereit. Soweit geht alles den ethnisch gewohnten Gang. Nun nehmen wir an, sonderbare Menschen würden die heilige Handlung dadurch unterbrechen, daß sie ein Lamm in die Kirche zerren und es dort wirklich schlachten. Auch als religiös Neutraler würde man über diese Handlung heftige Unruhe spüren, sich vielleicht fragen, wieso die Leute nicht in eine Psychiatrie eingeliefert werden. Man würde sich überlegen, welchen Zweck sie mit ihrem absonderlichen Tun verfolgen und was sie noch alles planen. Vielleicht würde man ungefähr so denken: Was ist das für eine Zvilisation, in der etwas so Abwegiges ungeahndet bleibt? Man würde zu zweifeln beginnen, ob eine derart laxe Exekutive einem selbst wohl Schutz vor anderen Absonderlichkeiten bietet, wenn sie sich gegen einen selbst wenden.

Ähnliche Erwägungen beschäftigten mich bei der Beobachtung des in dieser Gegend ungebräuchlichen Opfervorganges, den ich im Folgenden beschreiben werde.

10. Über das Opfern
roter und weißer Hühner

You have concealed and preserved
Dredful secrets
Unrevealed.
What was past is present
The present is the past
The future is past.
Nothing remains
But deathless fascination
A. Kassam, Kenia

Ich fühlte mich nach Mr. Diallos Worten deshalb so erleichtert und froh, weil sie eine mir selbst unbewußte psychische Krise beendet hatten, die durch sehr ähnliche Ursachen ausgelöst wurde wie bei Afrikanern und die im städtischen Afrika sehr häufig ist. Sie begann an einem Sonntag, als ich mit Amadou und dessen Bruder zu den Heiligen Silluren ging, um, selbstopfernd, möglicherweise mit Opfernden in Verbindung treten zu können.

Der Opferplatz ist zwar keine Touristenattraktion, aber auch nicht mehr so geheim, daß ihn nur Eingeweihte kennen. Der Einfluß der nahen Stadt macht sich bereits bemerkbar. Immerhin: Es werden bestimmte Opferstunden eingehalten. Und man opfert dem dortigen Brauch gemäß weiße Hühner. Wir aber bemerken eine Familie, die ein rotes Huhn zum Opfern bringt. Amadou stößt mich heimlich mit dem Ellbogen an und weist mit dem Kinn auf die Familie. «Das müssen komische Leute sein, oder sie müssen absonderliche Wünsche haben! Man opfert doch keine roten Hühner! Man opfert doch weiße! Ob das wohl gutgeht?» So ungefähr flüstert er mir zu. Auch ich hatte gelernt, daß den Silluren auf diesem Platz weiße Hühner geopfert werden. Wieso brachte die Familie ein rotes Huhn? Im Gegensatz zu seinem

Bruder spricht Amadou noch tagelang über diese Absonderlichkeit. Auch ich bin befremdet und verwundert. Am Abend schlafe ich schwer ein, bekomme eine Allergie – für mich etwas Außergewöhnliches, denn ich neige nicht zu Allergien –, ich beginne mich unruhig zu fühlen, mit mir *ist irgend etwas los.* Werde ich krank?

In Kapitel 2 beschrieb ich den kleinen schwachen Mann, der die Furcht vor dem Chef aus seinem Bewußtsein verdrängte und daher an für ihn selbst unerklärlichen körperlichen Beschwerden litt. Genau wie er, vermute auch ich für meine schlechte körperliche Verfassung keine psychische Ursache, bringe sie nicht mit dem Erlebnis der absonderlichen Opferung des roten Huhnes in Zusammenhang.

Die einfache Erklärung des Mr. Diallo, daß Gott einem jeden Volk seine Gebräuche verordnete, daß die «sonderbaren Leute» also von Gott verordnet bekamen, rote Hühner zu opfern, fegt jedoch mit einem Schlag meine ungute Stimmung und in der Folge sämtliche körperlichen Beschwerden hinweg. Ich begreife, daß ich auf dem Weg war, eine für akkulturierte Afrikaner charakteristische Neurose zu entwickeln.

Daher möchte ich deren Mechanismus beschreiben: In Nairobi hatte ich mich entschlossen, den Problemen afrikanischer Parapsychologie nachzugehen und Maßnahmen gegen Schwarze Magie zu erlernen. Ich begann, diesen Dingen tatsächlich nach-zu-gehen. Ich zog das unmittelbare Erlebnis dem Studium einschlägiger Literatur vor. «Aus Kochbüchern kannst du nicht kochen lernen, schau erst zu; dann koche selbst; danach sind die Kochbücher zu etwas nütze», pflegte meine Großmutter zu sagen. Ich verallgemeinerte diesen Rat und wandte mich stets erst nach dem Sammeln praktischer Erfahrungen den Theorien zu. Nun war es immer *ein* Stamm gewesen, dessen Gebräuche ich gelernt hatte. Vom Nachbarstamm sagte man in der Regel nichts Gutes. Aber mit ihm hatte ich nichts zu tun. Die Freunde *meines* Stammes waren meine Freunde, von ihren Feinden hielt ich nichts. Ich war *eingefügt*, und ich hatte auch kein Bedürfnis, *zu denen da* zu gehen. Der Nachbarstamm hätte mir später auch nie gestattet, zu ihm überzuwechseln, um etwas zu erfahren. War ich auf meinem Platz fertig, ging ich an meinen Standort zurück und begann dann in einer anderen Gegend. Ich war also, genau wie der traditionelle Afrikaner – und das ist ausschlaggebend! – jeweils in der Sicherheit eines Verbandes gewesen, hatte dessen Regeln gelernt und als *das ist dort richtig* übernommen.

Im Rahmen des jeweiligen Verbandes verlief alles nach den Regeln, und das wirkte auch auf mich beruhigend: da waren meine Waganga-Lehrer, die mir alles erklärten. Ich brauchte die Dinge nur aufzunehmen. Das gab mir eine ähnliche Sicherheit wie dem traditionell lebenden Afrikaner.

Nun aber hatte ich zum erstenmal erlebt, daß etwas gegen die dort herrschenden Regeln unternommen wurde. Das Opfern eines roten Huhnes, wenn man das Opfern eines weißen erwartet, lief meinen in Afrika erworbenen Erfahrungen zuwider. Daher hatte es mich nicht nur beunruhigt, es hatte mich gegen diese Leute (es werden zugezogene Stammesfremde gewesen sein, die gewöhnt waren, den Silluren rote Hühner zu opfern) mißtrauisch gemacht. Ich hatte reagiert wie Amadou, den das Rote-Huhn-Problem auch noch tagelang beschäftigte. Das Schlimme war, daß mir – ich verweise nochmals auf den im zweiten Kapitel beschriebenen corticalen Kontrollmechanismus – der ganze Vorgang nicht bewußt war. Mr. Diallos einfacher Hinweis darauf, daß der Herr Aller Weltenbewohner verschiedenen Gruppen verschiedene Gebräuche verordnet hatte, löste die unbewußte innere Spannung dadurch, daß ich nun das Opfern des roten Huhnes nicht mehr als die Bitte um Erfüllung eines bösartigen Wunsches empfand, sondern ganz zwanglos als einen anderen Brauch akzeptieren konnte.

Das Wichtignehmen des Farbunterschieds mag Europäern merkwürdig erscheinen. Es handelte sich aber nicht um den Farbunterschied an sich, sondern um den Verstoß gegen die hier geltenden Regeln. Das ist ausschlaggebend.

Aus diesem meinem eigenen Erleben erfuhr ich also: wenn Angehörige verschiedener Gruppen zusammenkommen, stoßen verschiedene religiöse und kulturelle Eigenheiten aufeinander. Dann beobachtet man den Fremden mißtrauisch. Seine Kultrituale wirken befremdend. Sie lösen Beklemmungen aus. Beklemmung und Mißtrauen schaffen eine mehr oder weniger starke Alarmstimmung des diencephalären Apparates. Diese Alarmstimmung wird nicht bewußt, da sie vom Kontrollzentrum des modern Erzogenen als unbegründet zurückgewiesen wird. Die Neurose entsteht.

Das ist die eine Gefahr. Es ist die individuelle Gefahr des Befremdeten. Gleichzeitig wurde mir – den Mechanismus meines eigenen Unterbewußtseins begreifend – die ungeheure Gefahr für die gesamte Gesellschaft bewußt. Ich machte ein Gedankenexperiment. Was wäre geschehen, wenn ich nicht die Weiße mit einiger Bildung gewesen wäre, sondern jemand, der, in traditionellen Verhältnissen aufgewachsen, das erstemal sah, wie statt des weißen Huhnes ein rotes geopfert wurde? Nehmen wir an, der Opferplatz sei noch so unberührt, daß dies die ersten stammesfremden Leute waren, die ihn besuchten! Ich hätte dann die Opferung des roten Huhnes nicht nur mißtrauisch beobachtet, sondern die Leute zur Rede gestellt, ein Verhör verlangt, damit festgestellt werde, was Merkwürdiges, Außergewöhnliches, Befremdliches, Bösartiges und Gefährliches sie mit dieser Unternehmung bezweckten. Auf ihr Tun aufmerksam geworden, hätte man die Leute geschlagen. In der Hoffnung, der Sache ein Ende zu machen, hätten sie dann irgend etwas gestanden, worauf diese Leute von einer aufgebrachten Menge als Schwarzmagier gesteinigt worden wären. Ich hätte etwas Ähnliches wie ein Inquisitionsverfahren verschuldet.

Käme hinzu, daß zum Beispiel das Stadtviertel, in dem die Brüder Amadou wohnten, niedergebrannt wäre, könnte die Entwicklung noch dramatischer sein. Der Mechanismus liefe dann etwa so ab: Tatsache des Abbrennen des Stadtviertels – man sucht einen Grund für dieses ungewöhnliche Geschehen – der Grund wird in etwas Ungewöhnlichem gesucht – das Ungewöhnliche ist das Opfern des roten Huhnes durch Stammesfremde – Assoziation zwischen zwei ungewöhnlichen Vorkommnissen (dadurch bedingt, daß Ungewöhnlichkeiten mehr bemerkt werden als Alltägliches, denn mit Ungewöhnlichem beschäftigt man sich mehr als mit Gewohntem): das Opfern des roten Huhnes liegt zeitlich vor dem Abbrennen des Stadtviertels – daher wird es als Ursache für letzteres gehalten – Massenverfolgung der Stammesfremden wegen Brandverursachung. Der Mechanismus der Judenverfolgungen im europäischen Mittelalter dürfte nach diesem Schema abgelaufen sein.

In Europa bricht Mitte des 14. Jahrhunderts eine besonders bösartige Form der Pest aus. Man sucht nach einem Grund und findet ihn u. a. in der Anwesenheit der Fremdgläubigen. Das sind die Juden. Sie werden beschuldigt, Brunnen vergiftet zu haben. Soweit sie sich nicht durch Massenflucht in den Osten Europas entziehen konnten, werden sie auf scheußlichste Weise getötet.

Nun zurück zu meinem Gedankenexperiment, was wegen der Opferung des roten Huhnes möglicherweise geschehen könnte:

Ich hätte in ganz gleicher Weise und doch gleichsam unschuldig – ein Pogrom verschuldet. Nicht aus Grausamkeit, nicht aus Sadismus, nicht aus Entartung. Mein Thalamus reagierte völlig richtig mit

Furcht vor dem Fremden. Das ist ein genetisch geprägter Instinkt. Die instinktive Furcht vor dem Fremdartigen hat ihren biologischen Sinn. Sie wird aber zur Fehlhandlung, wenn sich die Umweltbedingungen so ändern, daß einander kulturell Fremde in enge Beziehungen treten, sei es durch Wanderungen oder kriegerische Überlagerung. Hier dürfte eine der Ursachen für die entsetzenerregenden Pogrome liegen, die unabhängig von der kulturellen Höhe der Verfolger auftreten. Europäer verdrängen die Periode der europäischen Massenhinrichtungen während des Mittelalters. Man schämt sich ihrer. Sie wirken um so unbegreiflicher, als zur gleichen Zeit nicht nur die großen gotischen Kathedralen von einem Gipfel europäischer Kultur zeugen. Ich glaube, es wäre besser, wenn man, statt die Existenz dieser Massenverfolgungen zu verdrängen, ihre psychologischen Bedingtheiten erkennen würde: zunächst bereinigte die Kirche ihre inneren Differenzen durch die Auseinandersetzungen mit den Ketzern. Als die innerkirchliche Disziplin hergestellt war, wandte sich die Aufmerksamkeit den inzwischen in den Untergrund gegangenen Anhängern der traditionellen Altreligionen zu. Das dürfte der Grund für das relativ späte Einsetzen dieser Verfolgungen sein. Seit den Forschungen von Prof. Murray ist offenkundig, daß die verbrannten sogenannten Hexen im allgemeinen nichts als Priesterinnen oder harmlose Gläubige ursprünglicher, vorchristlicher Religionen waren. Prof. Murray weist nach, daß diese Gläubigen nicht etwa den christlichen Teufel verehrten, sondern ihren traditionellen Gott. Es war der Gehörnte Gott, der seit dem Neolithikum Verehrung genoß. Ein Gott der Fruchtbarkeit. Ihm zu Ehren wurden Maskentänze veranstaltet und Opfer gebracht. Die religiösen Kulthandlungen mögen denen der heutigen afrikanischen Anhänger alter Religionen sehr ähnlich sein.

Und nun kommt das Tragische und doch psychologisch so Verständliche: Die Anhänger der christlichen Religionen mögen ein ähnliches Mißtrauen gegenüber den ihnen unbekannten Gebräuchen gehabt haben, wie ich es den Opfern des roten Huhnes gegenüber empfand. Die Altgläubigen wurden daher als Teufelsdiener und Hexen mißverstanden. Sie wurden gefoltert und gaben natürlich alles zu, was man sie fragte. Die Inquisition brach aus. Die Höchstzahl ihrer Opfer beträgt nach neueren Schätzungen 9 Millionen. Ich wehre mich dagegen, wenn man die so oft kritisierten Missionare, welche Masken und andere afrikanische Kultgegenstände als Teufelswerk verunglimpfen, allein für die inquisitionsähnlichen Ausbrüche verantwortlich macht.

Gleiches kann geschehen, wenn zwei verschiedene Gruppen traditioneller afrikanischer Religionen zusammenstoßen. Die Folgen sind schrecklich. Jedoch – kann man Menschen dafür moralisch verantwortlich machen, daß sie gemäß ihrer genetisch programmierten Fremdenfurcht im andersgläubigen Fremden Teufelsdiener, Schwarzmagier, Hexer oder Hexen vermuten? Ist es ein Zufall, daß von dem Anwachsen der Furcht vor der Schwarzmagie in den Städten Afrikas gesprochen wird? Ist es nicht u. a. vielleicht die logische Folge des Nebeneinanders verschiedenster Religionen und kultureller Gebräuche im modernen Afrika? Man vergleiche doch einmal die Parallelen zwischen dem mittelalterlichen Europa und dem heutigen Afrika: Während der Völkerwanderung stießen in Europa Angehörige verschiedenster Stämme zusammen; in Afrika prallen sie in den schnell wachsenden Städten aufeinander. Eine neue, die christliche Religion, überlagerte damals die traditionellen Religionen Europas, heute geschieht dasselbe in Afrika. Anschließend spaltete sich die christliche Religion in zahllose Erleuchtungsbewegungen, eben die genannten Ketzer und Häretiker. In Afrika kann man das gleiche heutzutage beobachten. Im damaligen Europa mißtraute jeder jedem, jeder nannte jeden einen Diener des Teufels. Die Scheiterhaufen der Inquisition flammten. Gleichsam «unter anderem» wurden die Anhänger der traditionellen alten Religionen deshalb mit verbrannt, weil man ihren alten Gott mit dem christlichen Teufel verwechselte. Denn die Schwarze Magie betrieben sie wohl nur in seltenen Fällen.

Ich wiederhole: Man kann die Verursacher dieser Schrecklichkeiten nur beschränkt verantwortlich machen. Sie wurden selbst Opfer ihres Instinktes der Furcht vor dem Fremden.

Jedoch: Wenn man die schlichten Worte «einem jeden Volke haben wir fromme Gebräuche verordnet, welche sie beobachten. Lasse sie darüber mit dir nicht streiten» akzeptiert, könnte es möglicherweise als verstandesmäßig erworbene Bremse ähnliche soziale Fehlleistungen verhindern. Ja, durch das Erkennen der psychologischen Abläufe ließe sich vielleicht sogar die dem Einzelmenschen psychosomatisch schädliche Fluchtreaktion mildern.

Er würde – inmitten fremder Gebräuche, fremder religiöser Riten – sicher und befreit von Unruhe und Mißtrauen aufatmen, genau wie ich, als ich die instinktpsychologischen Gründe des *Roten-Huhn-Problems* begriffen hatte.

11. Die Stadtgeister oder der Geist der Stadt?

I lay the other night and dreamt
that we were all being lazed
With a white clay of foreign education,
And it was stifling, stifling the
Sleeping Blackman inside there.
Liberating worms of thought, books, boots –
O, o, what's gnawing me there?
Pinching me at the seat of the brain?
J. Kariara, Kenia

Nach dem Gespräch mit Mr. Diallo verließ ich für einige Zeit die Stadt. Nach meiner Rückkehr besuche ich sofort meine alten Freunde Amadou und seinen Bruder. Beiden geht es gesundheitlich nicht besonders. Amadou klagt über Magen- und Darmbeschwerden, er könne nicht mehr richtig schlafen und habe auch keinen Appetit. Das sei gar nichts, meint der Bruder, ihm gehe es viel schlechter. Mit dem Herz sei er nicht in Ordnung, er habe plötzliche Schweißausbrüche und sei überhaupt wie gelähmt, dabei aber gleichzeitig nervös. Er wage kaum noch, eine Meinung zu äußern, um nichts Falsches zu sagen. Was er fühle, zeige er nicht, denn man könnte ihn mißverstehen. «Und überhaupt, ich kann mich zu nichts mehr aufraffen, keine Entscheidung treffen, nichts mehr unternehmen.»

Die Brüder berichten mir: Amadou sei bei einem Mganga gewesen, der festgestellt habe, daß Schwarze Magie auf ihm liege. Der Gegenzauber habe aber nur kurze Zeit geholfen. Die Beschwerden seien zurückgekommen.

«Genau wie bei mir», meint der Bruder, «ich ging ins Hospital, wo ich eine Medizin bekam. Aber die hat auch nur kurze Zeit geholfen.»

Ich erinnere mich nun, wie erfolgreich der Kamba-Mganga vorging und stelle ungefähr die gleichen Fragen. Aus den Antworten wird klar, daß Amadous Beschwerden unmittelbar nach dem Sonntag begannen, an dem wir die Sillure besucht und die merkwürdige Rote-Huhn-Opferung beobachtet hatten. Der Bruder hingegen litt seit längerer Zeit an seinen Symptomen.

«Ich glaube nicht», sage ich zu Amadou, «daß es unwirksam war, was der Mganga gegen Schwarze Magie unternommen hat. Aber ich vermute, du bist überhaupt nicht mit Schwarzer Magie belegt. Daher konnte dir das vom Mganga Gegebene nicht helfen. Du hast sozusagen die verkehrte Behandlung bekommen. Ein gebrochenes Bein kann man nicht mit einem Abführmittel heilen! Und du», wende ich mich zum Bruder, «bekamst im Hospital eine wirksame Medizin gegen deine momentanen Herzbeschwerden. Aber dieses Medikament kann nicht beseitigen, was dich nervös macht und daher immer wieder von neuem Herzklopfen verursacht.» Ich versuche nun, den beiden die psychosomatischen Zusammenhänge mit ungefähr denselben plastischen Worten zu erklären, wie sie der ostafrikanische Veterinär seinem Sohn und mir erklärt hatte. Dann füge ich hinzu: «Boß Thalamus kann aus verschiedensten Ursachen alarmiert werden und deshalb den Körper auf Aktion stellen. Er kann alarmiert werden, weil es plötzlich laut knallt, weil jemand vor Angst laut schreit, weil die Frauen ständig streiten, weil man Angst hat, seine Arbeit zu verlieren, weil jemand einen mit Schwarzer Magie belegte oder weil man etwas unternehmen muß, dessen Ende man nicht überblicken kann. Aus jedem dieser Gründe könnte der Betreffende zum Beispiel Herzbeschwerden und Schweißausbrüche bekommen.

Ist der Thalamus sehr oft oder gar dauernd alarmiert, wird die ständige Anspannung den Körper nervös und schwach zugleich werden lassen. Daher muß – um die körperlichen Beschwerden zu beseitigen – die alarmierende Ursache gefunden und beseitigt werden. Wie ist das zum Beispiel bei dir, Amadou? Gehst du oft auf den Opferplatz zu den Silluren?»

Amadou: «Nein, ich gehe auf einen anderen Platz. Aber der ist für dich tabu!»

«Damit wird die Sache klar. Du warst – genau wie ich – über die Opferung des roten Huhnes beunruhigt, denn du bist nur an die dir geläufige Art des Opferns gewöhnt. Auch ich bekam ähnliche Beschwerden. Für mich löste sich das Problem durch Verstehen. (Ich erzähle das im letzten Kapitel Beschriebene). Für dich löste sich das Problem nicht, daher blieben die Beschwerden. Der Mganga, der dir die Medizin gegen Schwarze Magie gab, konnte dir auch nicht helfen, denn die Leute waren harmlos. Sie hatten dich nicht verzaubert, also konnte kein Gegenzauber helfen.» Nun wende ich mich zum Bruder: «Im Gegensatz zu deinem Bruder leidest du schon lange an deinen Beschwerden. Sie kamen allmählich, sie schlichen sich gleichsam in deinen Körper ein. Daher, so meine ich, handelt es sich nicht um einen plötzlichen Schock, sondern um die Dauerbelastung eines modernen Lebens, der du nicht gewachsen bist.» Nochmals weise ich beide Brüder auf die Tatsachen hin, die ich in Kapitel 10 beschrieb.

Irgendwie verstehen sie die Zusammenhänge und fragen: «Was können wir dagegen unternehmen? Das ist ja so ähnlich wie im Hospital: du hast jetzt für diesen einen Fall eine Erklärung gegeben, und wir fühlen uns schon wohler. Was aber, wenn später wieder etwas Ähnliches passiert und du nicht da bist?»

«Ich fürchte», meine ich, «daß ihr beiden wirklich unter der Dauerbelastung des Stadtlebens leidet. Daher werde ich euch nun erzählen, wie ein sehr kluger Mganga riet, in solchen Fällen vorzugehen.» Die beiden sind ganz Ohr, als ich berichte, der Mganga sei der Meinung gewesen, daß nicht nur einzelne Menschen, eben die Schwarzmagier, ihre Mitmenschen schädigten, sondern daß es gleichsam bösartige Stadtgeister gäbe, so wie es bösartige Buschgeister und Erdgeister gäbe. Daher könne die Stadt einem Mann mehr oder weniger schaden. Das sei ähnlich wie mit dem Biß einer Spinne, einer stirbt daran, der andere empfindet nur ein wenig Schmerzen. So sei es mit den Stadtgeistern. Mancher leidet nur ein bißchen unter ihrem bösen Einfluß, mancher schwindet einfach dahin. Wenn dem so ist, hilft kein Wenn und Aber, der Mann muß zurück in sein Dorf!

Mein Mganga-Lehrer wußte, daß ich selbst Menschen bei solchen und ähnlichen Problemen zu helfen plante, und von mir, der bald wieder seine Gegend verlassen würde, war keine Konkurrenz zu befürchten. Daher sprach er offen und im Hinblick auf meine künftige Tätigkeit: «Wenn ein wegen der Stadtgeister Erkrankter durchaus nicht in der Lage ist, in sein Dorf zurückzukehren, dann schicke ich ihn zu einem Mganga seiner eigenen Tradition. Wenn du nämlich mit Dingen anfängst, die nicht seiner Tradition entsprechen, vermehrst du seine Leiden. Du schadest ihm mehr, als du ihm hilfst. Mache dem

Leidenden aber ganz klar, daß er seinem Mganga sagen muß: es handelt sich nicht darum, daß er ihm etwas gegen Schwarze Magie gibt, die von einem bestimmten Menschen verursacht wurde, so wie wir das vom Dorf her gewöhnt sind. Er muß den Mann vielmehr alles lehren, was der Stamm weiß: alle Tabus, alle Regeln, alle Gebräuche. Dadurch wird der Mann möglicherweise stark genug, um gegen den Einfluß der Stadtgeister gefeit zu sein. Sage dem Leidenden weiter: nachdem er bei seinem Stammesmganga gelernt hat und in die Stadt zurückgekehrt ist, soll er solche Leute zu Freunden wählen, die aus seinem Stamm sind. Er soll möglichst wenig mit anderen Stammesfremden umgehen. Ist es nun sogar unmöglich, daß der Leidende für einige Zeit in sein Dorf und zu seinem Mganga zurückkehrt, so besteht noch eine letzte Möglichkeit, der bösen Einflüsse der Stadtgeister Herr zu werden.

An dem letzten Tag des Neumonds soll er eine Stunde vor Sonnenaufgang sechs Palmwedel so zusammenbinden, daß sie den Eingang seines Hauses wie einen Bogen umrahmen. Links und rechts beim Eingang soll er einen Federbüschel aus Federn von weißen, roten und schwarzen Hühnern hängen. So auch über dem Feuerplatz. Vor das Haus soll er Stockbündel stellen, und dort, wo man schläft, möge er je einen Beutel aus Ziegenleder legen. In diesem Beutel soll sein: je eine Flöte aus Bambus, ein Ring aus Eisen und ein Kupferring.

Sage ihm, er soll weiterhin Opfer bringen, so wie es seine Vorväter taten. Außerdem soll er früh beim Aufwachen, abends vor dem Einschlafen, bevor er seine Arbeit beginnt und bevor er seinen Arbeitsplatz verläßt, leise folgendes sprechen:

Es ist nun einmal so, daß ich unter Leuten leben muß, die mich nicht verstehen und die ich nicht verstehe ...; ... sei gelobt. Er wird wissen, warum ich solches erleben muß. Diese Leute sind anders als ich; sie mögen bleiben, wie sie sind. Ich bin anders als die Leute, ich bleibe, wie ich bin. Da ich aber ein einzelner unter vielen anderen bin, versuche ich, so gut ich kann, wie sie zu tun, ohne sie zu werden. Sie sind nicht mehr wert als ich, sie sind nicht weniger wert als ich. Sie sind nicht böser als meine Leute, sie sind nicht besser als meine Leute. Sie sind nur anders. Ich fühle mich wie eine Giraffe unter Zebras. Wir sind keine Feinde. Manches weiß ich besser, manches wissen sie besser. Wir leben nebeneinander, wir tun uns nichts zuleide, und wir lieben uns nicht. Weit weg ist mein Stamm, weit weg mein Clan. Dort sind meine Freunde, dort sind die Menschen, die mich etwas angehen. Dort sind die, die ich liebe. Wenn ... es gestattet, werde ich ein-

mal zu meinen Leuten zurückgehen können. Heute aber lebe ich unter Fremden wie die Giraffe unter den Zebras. Gepriesen sei ...*

Der Mganga sagte mir noch, daß der Leidende diese Worte ganz genau auswendig lernen muß, damit er sie nie vergißt. Auch die Zeiten, wann er so sprechen muß, soll ich ihn genau lernen lassen.»

Ein Freund der Brüder kam zwischenzeitlich, hörte zu und wandte ein: «Das bißchen Umstellung vom Dorf zur Stadt kann nicht schaden. Da ging einer auf die Schule, hat etwas gelernt und arbeitet nun in der Stadt. Das kann doch nicht tödlich sein! Wieso soll es einen krank machen, wenn man ins Kino gehen kann, ein Transistorradio besitzt, schöne Kleider trägt und im Büro sitzt, statt sich im Dorf zu plagen? Außerdem gibt es keine Stadtgeister! Das ist dummer Aberglaube!»

Ich antworte: «Das alles macht krank, weil der Mensch nicht dafür gemacht ist. Außerdem ist es gleichgültig, ob man von Stadtgeistern spricht oder vom Geist der Stadt. Das unnatürliche Leben dort schadet jedenfalls.»

Der Besucher verabschiedet sich. Er ist augenscheinlich erstaunt, daß eine Weiße so altmodische Dinge sagt. «Der ist dumm», sagt Amadou, und sein Bruder nickt bestätigend. «Der ist nicht dumm», meine ich, «der ist nur zu spät gekommen, um das zu hören, was heute wirklich moderne Forschungsergebnisse sind. Er hinkt mit seinem angeblich fortschrittlichen Wissen nur um eine Station nach. Denn alte Dinge werden wieder modern. Vielleicht habt ihr einmal Gelegenheit, ihm das zu erklären, was ich euch heute sage. Ich bin aber noch nicht fertig», setze ich hinzu, «das alles hat nämlich nur dann Erfolg, wenn man zu den großen Opferfeiern in sein Dorf zurückgeht und auch in der Stadt die Regeln so gut einhält, wie es eben möglich ist. Wenn dann der Tag kommt, an dem man den Ahnen Speise und Trank opfert, muß man noch in Gedanken hinzusetzen: *Es tut mir leid, daß ich während der vergangenen Zeit nicht alles so einhalten konnte, wie es sich gehört. Auch in Zukunft werde ich es nicht ganz einhalten können. Aber bitte nehmt meinen guten Willen hin.*»

Die beiden sehen einander an, dann holt Amadous Bruder tief Luft und fragt: «Geht das bei allen Stämmen oder nur bei dem, wo du es gelernt hast?»

---

* Dort, wo ich den Namen ausließ, muß der Leidende die ihm vertrauten Namen seiner Götter, seines Gottes oder des sonst ihm Verehrungswürdigen aussprechen.

Ich: «Das geht bei allen Stämmen. Deshalb hat es mich der Mganga auch für alle gelehrt. Und auch ihr beiden könnt die Sache weitergeben, wenn ihr aus euren Schwierigkeiten herausgekommen und wieder stark und gesund seid. Aber erst müßt ihr euch selber helfen. Später könnt ihr dann beginnen, anderen zu helfen.»

«Vielleicht», antwortet Amadous Bruder, «werden wir das tun. Jetzt aber wollen wir erst mit dir die Worte auswendig lernen, die man sagen muß, damit einem die Stadtgeister oder der Geist der Stadt nicht mehr schaden können.»

12. Über Tiere, die keine Tiere sind

Elephants cry, they weep.
I hear them in my dreams.
Th. Heidlebaugh

Er schwieg, nachdem ich mein Erlebnis mit dem Wunderbaren Wildebeest erzählt hatte. Er schwieg und blickte mit alterstrüben Augen zu dem heiligen Kilima Ngaro.

Am anderen Tag fragt er: «Hattest du noch andere Erlebnisse mit Tieren?»

«Nicht ganz so, aber etwas Ähnliches», antworte ich, «das war so: In dieser Gegend fürchtet man das Chamäleon als Bringer der Lepra. Weiße wußten das nicht und schenkten mir einen Ring, der ein Chamäleon darstellt. Ich gehe diese Freunde besuchen und stecke natürlich den von ihnen geschenkten Ring an. Es ist Abend, unterwegs bleibt meine Mobylette stehen. Hinzu kommen einige junge Leute. Sie wirken fragwürdig. Mir wird angst. Städte sind überall unsicher. Auch in Afrika. Die wenig vertrauenerweckenden Leute umkreisen mich. Die Mobylette lehnt am Baum. Ich mache mich für einen Handkantenschlag fertig, indem ich möglichst unauffällig, um überraschend zuschlagen zu können, den Arm angewinkelt hebe und die Finger krümme. Die Endglieder der Hand sind daher nicht mehr sichtbar. Ich fixiere den Anführer, und meine Handkante weist – wie zufällig – rechts zu seinem Hals. Ich sage kein Wort, ich warte. Und der Anführer – dreht sich um und läuft weg. Die anderen folgen. Man deutete mir den Vorgang damit, daß er nicht nur das Lepra bringende Chamäleon sah, sondern meine gekrümmte Hand als symbolische Darstellung der verkrüppelten Hand eines Leprösen deutete.»

«Das stimmt nicht!» sagt mein Mganga-Lehrer sehr überzeugt und bestimmt. «Die liefen nicht wegen dem Chamäleonring weg und nicht wegen deiner Handbewegung. Vergiß nicht, die Leute kannten dich nicht! Einer Weißen traut man keinen Zauber zu. Die Leute liefen weg, weil du ein Wildebeest bist. Es war dieser Eindruck, der stärker als deine Hautfarbe war. So ist es», wiederholt er nochmals nachdrücklich.

«Aber ich bin doch kein Wildebeest, ich habe es doch bloß gesehen. Keiner in meiner Familie war je ein Wildebeest. Die gibt es bei uns überhaupt nicht. Ich war auch nie in der Buschschule. Nein» – ich glaube an einen sprachlichen Irrtum –, «ich bin ganz bestimmt kein Wildebeest.»

Der Mganga: «Und das Wildebeest ist doch dein Tier, und die Kerle haben gefühlt, daß du eines bist. Man übernimmt das normalerweise von den Alten und lernt es, wie du ganz richtig gesagt hast, in der Buschschule. Es ist ganz selten, daß man derartiges, so wie du, geschenkt bekommt. Ich gebe dir ein Beispiel: in Moshe müssen die Leute hart arbeiten, um ein bißchen Geld zu verdienen. Einer aber gewinnt das Große Los. Du hast so ein Großes Los gewonnen, aber du hast es noch nicht begriffen.»

«Aber ich bin doch wirklich kein Wildebeest. Sieh mich doch an! Und ich habe mich auch noch nie in eines verwandeln können! Dabei möchte ich das so gern lernen. Es wäre nützlich. Ich habe die Rufe-Es-Methode gelernt und kann auch mit Stadtgeistern fertig werden. Bei solchen Problemen kann ich den Leuten helfen. Aber ich bin unwissend bezüglich der beleidigten Clan-Tiere oder Clan-Pflanzen. Ich weiß nicht, wie man Leute zu ihnen zurückbringt. Das ist aber nötig, weil sie ohne ihr Verehrungswürdiges unsicher, schwach oder krank werden, denn dadurch sind sie von der kraftspendenden Quelle ihrer Traditionen abgeschnitten. Bitte, zeig mir doch, wie man vorgeht.»

«Das wird schwierig sein», erwidert der alte Man, «du bist ja schon ein Wildebeest. Wie soll ich da dich zu einem machen? Das Wildebeest gehört außerdem nicht mir. Daher kann ich es auch nicht weitergeben. Etwas anderes – Baum oder Pflanze, Stein oder Tier kann ich dir auch nicht geben. Denn du bist ja schon jemand, und das paßt für dich. Da darf man nicht wechseln. Jedoch», er denkt eine Weile nach, geht hin und her, kramt vor dem Haus herum, dann setzt er sich wieder steifbeinig zu mir in den Schatten des Mbuyubaumes, holt tief Atem und sagt dies: «Wenn du ein ganz richtiger Afrikaner wärest, könntest du nur das Wildebeest weitergeben. Aber du bist ja doch eine Musungu, eine Herumwandernde. Vielleicht kannst du auch in diesen Dingen herumwandern? In unsere Buschschule, wo man etwas anderes als das Wildebeest bekommt, gehst du also nicht. Du bleibst bei dem, was du von Mungu, Gott, bekommen hast. Das sagte ich schon. Aber ich will versuchen, dir zu erklären, wie du ein Wildebeest geworden bist, du Kind, das einen Goldklumpen in der Hand trägt und es nicht begriffen hat!

Du selbst hast mir erzählt, daß damals für dich nichts auf der Welt war als das Wunderbare Wildebeest, du sagst, daß du damals ganz vergessen hast, daß du *du* bist. Das ist es! Alles, was du je erlebt hast, war verschwunden. Du hattest zum Beispiel keine Angst um das Wunderbare Wildebeest. Du hast es nicht bedauert und nicht bewundert, das tatest du erst später. Dein Gefühl war also weg von dir. Es war im Wildebeest. Und da dein Fühlen nicht in irgendeinem, sondern in dem Wunderbaren Wildebeest war, hatte dein Fühlen keine Angst und kein Bedauern und erst recht kein Bewundern. Dein Sein-Gefühl hatte Wichtigeres zu tun; es mußte kaltblütig sein. Du hast auch nichts gedacht. Es kam dir zum Beispiel gar nicht in den Sinn zu denken: Hoffentlich geht das gut! Was wird jetzt geschehen? Es sollte jetzt das und das machen. Du konntest das alles nicht denken, denn dein Denken war in dem Wunderbaren Wildebeest. Und da hatte es Wichtigeres zu denken als deine kleinen überflüssigen Gedanken. Schließlich aber hast du auch nichts getan. Weder versuchtest du, die Löwinnen zu vertreiben noch sonst irgend etwas zu unternehmen. Das war, weil dein Tun in dem Wildebeest war. Da nun aber dein Fühlen, dein Denken und dein Tun ganz in dem Wildebeest waren, wurdest du *Ich-Es.*» Der alte Mann legt seine beiden Zeigefinger übereinander. «Nein, so geht es nicht», unzufrieden blickt er herum, geht ins Haus und kommt mit einem alten Bleistift und einem Papierfetzen heraus. Er zieht einen Strich. «Paß jetzt genau auf», sagt er und macht einen zweiten Strich genau über dem ersten. «Jetzt kannst du sehen, was ich meine. Welches ist der erste Strich? Welches der zweite? Da gibt es keine zwei Striche mehr. Nur noch einen, der heißt *Eins von Zwei – Moja ya mbili.*»

Ich: «Ja, ich glaube, ich verstehe, was du sagtest. Und ich verstehe nun auch, was ich erlebt habe. Das heißt in unserer Sprache Identifikation.»

Zufrieden nickt mein tansanischer Mganga-Lehrer. «Jetzt hast du verstanden, was du erlebt hast. Andere müssen es mühsam in der Buschschule lernen.»

Nun geht er zu einigen, die ratsuchend warten. Bald werde ich hören, wie seine magischen Kalabashen sprechen.

Ich frage mich selbst: War die Erklärung des Vorganges *Moya ya mbili* nur ein Vergleich, oder handelt es sich um die intuitive Erkenntnis der Existenz von im Alltag brachliegenden Gehirnfunktionen? Durch das Gespräch wurde mir bewußt, daß auch Afrikaner selten derartige Erlebnisse haben. Wie läßt sich dieser Vorgang deuten? Ich gehe die im zweiten Kapitel beschriebenen Fakten durch. Sie geben mir keine Erklärung für dieses *Es-Ich-Werden*. Im Gegenteil: die Tatsache, daß sämtliche Meldungen den «Boß Thalamus» über die Cortex erreichen und daß umgekehrt die Anweisungen des «Bosses Thalamus» ebenfalls die Cortex – samt deren Zensurstellen – durchlaufen müssen, um eine Verbindung mit der Außenwelt herstellen zu können, diese Tatsache spricht gegen die Möglichkeit des Es-Ich-Werdens. Die Cortex ist ja u. a. auch der Sitz des Ich-Bewußtseins. Und gerade dieses Ich-Bewußtsein scheidet uns von dem Es. ... nur über die Cortex die Außenwelt erreichen? Mir fällt plötzlich der Inhalt einer Veröffentlichung des deutschen Gesundheits-Museums in Köln ein. Ich las sie vor Jahren, begriff ihre Konsequenzen nicht und hatte sie daher vergessen. Der Inhalt war: Es bestehen Verbindungen zwischen den vegetativen Kernen des Zwischenhirns und dem Hypophysenhinterlappen. Daher ist die Bezeichnung «Neurohypophyse» im Gegensatz zur «Adenohypophyse» des Hypophysenvorderlappens durchaus berechtigt. Außerdem sind vegetative, optische Fasern an die Verbindung zwischen Hypophysenhinterlappen und Zwischenhirn (Diencephalon) angeschlossen. Die solchermaßen bestehende Verbindung vom Sehnerv zum Hypophysenhinterlappen ist medizinisch und pädagogisch bedeutsam. Er ergeben sich hier interessante Einblicke in die medizinische Problematik der heute vieldiskutierten Reizüberflutung.

War da der Weg zur Außenwelt unter Ausschaltung des corticalen Ich-Bewußtseins beschrieben? Bedeutet es noch viel mehr als die Erklärung der afrikanischen Tradition der Identifizierung mit Maske, Totem oder Clan-Geschöpf und ähnlichem? Es mag ein ehrwürdiger Verbindungsweg zur Außenwelt sein, möglicherweise noch aus der Zeit stammend, bevor das Reptil begann, die Cortex aus Teilen des Riechlappens zu entwickeln. Blieb dieser Weg vielleicht übrig? Und zwar für außergewöhnliche Extremfälle, die, im Alltagsleben des heutigen Menschen kaum mehr begangen, in Vergessenheit gerieten? Wäre es möglich, daß hier eine Erklärung für indische und afrikanische Tradition zugleich liegt? Wäre es nicht denkbar, daß manche dafür

Begabte gemäß ihrer Tradition üben, um den direkten Weg Hypophyse–Außenwelt zu benutzen? Daß sie schließlich gewöhnt werden, es in passenden Situationen (Kultübungen usw.) willkürlich tun, so wie manche Yogi Herzschlag und Atmung beherrschen? Hatte der alte Mganga, den Bleistiftrest über einen beschmutzten Papierfetzen führend, das Verständnis für eine der buddhistischen meditativen Grundlagen gegeben, über die bis zum heutigen Tage dicke Bücher und Kommentare geschrieben werden? Hatte er wirklich den alten, direkten Weg beschrieben, unter Ausschaltung des Corticalen mit der Außenwelt in Verbindung zu treten?

Ich erinnere mich an Nyanaponika Mahathera in Ceylon: Stundenlang, tagelang erklärte er mir immer wieder, ich müsse lernen, Dinge wahrzunehmen, ohne sie durch Denken zu verfälschen. Je mehr ich versuchte, nicht zu denken und nur wahrzunehmen, je weniger gelang mir die Übung. Schließlich hielt ich mich für unbegabt und gab das Ganze auf. Ob mit der Methode des *Wahrnehmens ohne darüber zu denken* nicht die Benutzung der *direkten Leitung* zwischen optischen Fasern und Hypophysenhinterlappen gemeint war? Mir fällt der japanische Zen-Buddhismus ein. Ich habe gehört, daß das Zen-Erlebnis ein unmittelbares, antiverstandesmäßiges ist, das oft durch den psychologischen Kunstgriff eines künstlich hervorgerufenen Schocks erleichtert wird. «Worte sind notwendig für Wissenschaft und Philosophie, aber sie sind ein Hindernis für Zen. Denn Worte sind Vorstellungen und nicht Wirklichkeiten. Wenn ein persönlicher Notfall eintritt, so haben Wissenschaft und Logik keine Zeit mehr, auf ihren Vorrat von Wissen und Berechnung zurückzugreifen. Was Zen erreichen will, ist diese Art Wissen, die tief in die Wurzeln des eigenen Denkens herabreicht, oder besser: aus den Tiefen unseres eigenen Wesens emporwächst ... Wenn Einsamkeit unbedingt geworden ist, versetzt sie sich selber in alle Dinge, vom geringsten Gras auf dem Felde bis zu den höchsten und herrlichsten Erscheinungen ...» Diese Erinnerungsfetzen gehen mir durch den Sinn. Mir wird klar, jenes Zen-Erlebnis, nach dem so viele streben, es wurde mir in Afrika durch das Wildebeest.

«Hier liegt etwas von der Schulungsweise, die Zen eigentümlich ist und darin besteht, jede Wahrheit, welcher Art sie auch sei, persönlich zu erfahren, ohne irgendeine verstandesmäßige, systematische oder theoretische Lehre. Ohne eine verstandesmäßige heißt: unter Ausschaltung der Cortex.» Mithin: auf dem direkten Wege Außenwelt–Hypophysenhinterlappen?

Nach der Anstrengung des Lehrens und Lernens am Tage vorher sind wir beide etwas müde. Wir plaudern daher nur ein bißchen über das Problem der *Tiere, die keine Tiere sind.* Ein Thaita habe mir einen Platz gezeigt, der nahe der Weggabelung liegt, auf der man die Straße nach Mombasa verläßt. Dort ungefähr sei der Platz gewesen, auf dem man einander traf, um sich in Löwen zu verwandeln. In die Löwen, die den Bau der Eisenbahn verhindern wollten, weil es ihr Gebiet war. Viele Arbeiter wären damals getötet worden, aber man hätte die Löwen nicht schießen können. Denn wenn der menschentötende Löwe gejagt wurde, ging plötzlich statt seiner ein harmloser Afrikaner entlang. Den durfte man nicht schießen.

Der Mganga hört meinem Bericht interessiert zu und wirft ein: «So ähnlich habe ich es auch gehört. Aber natürlich wird auch mancher Unsinn mit diesen Dingen getrieben. Es gibt Leute, die die Angst der anderen ausnutzen.»

«Das kenne ich», schließe ich an und erzähle ihm die Sache mit dem Hyänenmann. Einer meiner Thaita-Freunde, ein Askari, hatte mir von ihm erzählt, und als er mein übergroßes Interesse bemerkte, aufgezeichnet, wo ich ihn finden könnte, damit auch ich mich in eine Hyäne zu verwandeln lerne, um dann ein Buch über Hyänen zu schreiben, wie es noch keiner geschrieben habe.

Ich gehe der Sache nach. Heimlich beobachte ich den Mann. Er ist allein in seiner Hütte und verbrennt einige Kräuter. Es riecht betäubend. Dann murmelt er unverständliche Worte, die er mit Gesten begleitet. Schließlich holt er – nun ganz verändert – aus einer Ecke ein Hyänenfell und bindet etwas an seine Füße. Er hat jetzt einen merkwürdigen Gang. Er verläßt die Hütte, und aus seinem Mund klingen Laute wie von einer Hyäne. Den Zweck von alledem habe ich dann begriffen, als er eine Ziege fortschleppte. Ich füge hinzu: «Ich weiß bis heute nicht, war das nur ein Trick, um die Dorfbewohner zu erschrecken, oder war es etwas anderes. Ich glaube, die Wahrheit liegt in der Mitte. Der Mann wird wohl so lange an eine Hyäne denken, bis er etwas von ihr angenommen hat. Wiederholt er das häufig, wird ihm auf Dauer etwas davon anhaften. Vielleicht mag er nur noch rohes Fleisch essen, Knochen knacken, nachts herumlaufen und was immer Hyänen tun. Es kommt wohl auf den einzelnen an, wie viel er von der Hyänenart angenommen hat. Der jedenfalls tat es, um Ziegen zu stehlen», lache ich.

«Und trotzdem», meint der Mganga, «soll man solche Sachen nicht leicht nehmen. Vielleicht ist es bei 99 Prozent aller Fälle so, wie du es beschrieben hast. Aber das restliche Prozent? Es gibt merkwürdige Dinge. Besonders im Busch und in den Wäldern. Es kann gefährlich werden, wenn man sich täuscht. Wenn du in einer solchen Gegend groß geworden bist und als erfahrener Jäger die Geschöpfe kennst, dann weißt du, wen du schießen darfst und wem du besser ausweichst. Aber ohne dieses Wissen einfach in der Gegend herumschießen oder versuchen, Tiere mit dem Auto zu überfahren, um zu Fleisch zu kommen … der Mann, der auf dem Postamt arbeitet, lacht mich aus, aber ich halte es für gefährlich.»

Ich schweige: teilweise aus Respekt vor einem alten und sehr klugen Mann. Jahre später denke ich an dieses Gespräch und bitte den tansanischen Mganga in Gedanken deshalb um Entschuldigung. Das kam so: Ganz zu Unrecht nennt man einen bestimmten Stamm in Westafrika * «wilde Leute». Sie sind, wenn man sich ihnen anpaßt, nette und freundliche Menschen, die nur die Eigenheit besitzen, im allgemeinen ihr traditionelles Leben nicht aufgeben zu wollen. Einer der wenigen Stammesangehörigen, die sich äußerst erfolgreich akkulturierten, ist ein Mediziner. Ihm wurde ein Stipendium für die USA in Aussicht gestellt. Er ist der Sohn eines berühmten traditionellen Priesters. Und da er auch im modernen Leben erfolgreich ist, sieht er keinen Grund, seine Tradition zu verleugnen, weil er sich ihrer etwa schämt. So beschließt er, wegen der Wichtigkeit des Projektes den Hauptpriester und Mganga seines Stammes zu konsultieren, und er hat die Güte, mich mitzunehmen.

In unserer Begleitung ist ein Afrikaner, der traditionelle Dinge nicht sehr schätzt. Wir planen, die Straße so weit zu benutzen, wie sie angelegt ist, um dann in einer Siedlung zu übernachten, den Mitfahrer dort zurückzulassen und mit Mobyletten (Mopeds) bis zu dem sehr weit entfernten Platz des Mganga-Priesters zu fahren. Aber es kommt alles ganz anders. Es ist schon tief in der Nacht. Kein traditioneller Afrikaner würde so spät abseits der Hauptstraße unterwegs sein. Jedoch verließen wir die Stadt mit Verspätung, und überdies fährt der fortschrittliche Mann. Er findet nichts dabei. Da springt von rechts ein weißer Hase aus dem Busch. Ich bin schon lange genug mit fremden Kulturen in Kontakt, um immer und unter allen Umständen eine Regel einzuhalten. Die ist: schweigen, zuhören, sich nicht einmischen, keine Handlung unterbre-

* Der Name soll unerwähnt bleiben.

chen. Mir wurde das so zur Gewohnheit, daß ich – eingeschliffene Reaktionsbahnen! – bewußt unmöglich anders handeln könnte. Mag sein, was auch will: In diesem Punkt gibt es eigentlich keine impulsiven, gefühlsbedingten Abweichungen. Und es gab sie doch. «Nicht überfahren», schreie ich. Im letzten Augenblick weicht unser Fahrer dem Geschöpf aus, das wie ein weißer Hase aussieht. Keine 300 m danach, auf glatter Straße, ohne ersichtlichen Grund, ohne daß die Lenkung brach (die Reparaturwerkstatt stellte es später fest) haben wir den scheußlichsten und gefährlichsten Unfall, den man sich denken kann. Und da war kein Stein und kein Schlagloch, welches das Auto vom Weg hätte abbringen können. Es war eine schreckliche Nacht!

Nun kommt das Merkwürdigste: der Priester-Mganga wohnt weit vom Unfallort entfernt. Er lebt in einer abgeschiedenen Gegend. Keine sprechende Trommel war zu hören (man hätte in unserer Nähe mit dem Trommeln anfangen müssen). Als wir am anderen Tag zu ihm kommen, wirft er das Kauri-Orakel, sagt, daß etwas die Straße kreuzte, das aussah wie jemand, aber jemand anderes war. «Eine handelte richtig, sonst wäre es schlimmer geworden», meint er. Er bringt das Große Versöhnungsopfer und gibt uns den dringenden Rat, «dort Tiere in Ruhe zu lassen, wo wir nicht zwischen wirklichen Tieren und solchen, die nur wie Tiere aussehen, unterscheiden können.» Auf der Heimfahrt denke ich an die Worte des Tansania-Mgangas. «Es stimmt schon, 99 Prozent aller Fälle mögen so sein, wie du es bei dem Hyänenmann beobachtet hast. 99 Prozent und nicht 100 Prozent. Und das eine Prozent, welches fehlt …»

Gleichsam als Antwort erzähle ich dem Mganga von einem merkwürdigen Erlebnis, das erst recht alltäglich begann. Ich war bei Europäern eingeladen, und unter den netten Gästen war einer, der wirklich rechthaberisch und unhöflich auf seiner Meinung beharrte, meine Freunde vor den Kopf stieß und in aggressivem Ton Unsinniges behauptete. Selbstverständlich schweige ich, um keinen Streit vom Zaun zu brechen und dadurch die nette Party meiner Freunde zu gefährden. Aber ich denke im geheimen etwa so: «Der ist dumm wie die große gelbe Somalispinne, er überlegt nicht, daß er sich durch seine Unvorsichtigkeit Feinde machen kann, die ihm einmal sehr schaden werden. Wie fahrig, ziellos und aggressiv seine Bewegungen sind! Der schaut nicht nur aus wie die große gelbe Somalispinne, nein, der ist eine.»

Während des ganzen Abends kommt mir immer wieder – ungewollt – die Vorstellung, daß mein Gegenüber eine große gelbe Somalispinne ist, die nur zufällig ein bißchen wie ein Mensch aussieht. Einige Tage später berichtet mir die Dame des Hauses, daß der rechthaberische Mann, Mitarbeiter meines Gastgebers, die ganze Nacht unter schrecklichen Angstträumen gelitten habe. Er sei eine große gelbe Spinne gewesen, viel herumgerannt und habe alles falsch gemacht.

Schließlich habe eine Frau, die er unvorsichtigerweise beißen wollte, einen Stein genommen, um ihn zu zerquetschen. Mit Müh und Not habe er sich noch unter trockenen Zweigen verstecken können. Dann sei er durch die aufgehende Sonne aus seinem Traum geweckt worden und habe sich während des ganzen Tages unwohl gefühlt. Ich versichere meinem Mganga-Lehrer, daß ich mit den anderen kein Wort über meine Vorstellung gesprochen und auch nichts Magisches unternommen hätte.

«Derartiges kann geschehen. Deshalb ist man noch lange kein Mensch, der Dinge machen kann», meint mein alter Mganga-Lehrer, «wirft einer einen Stein und trifft dabei zufällig eine Gazelle, ist er noch lange kein großer Jäger!» Was für eine hübsche Umschreibung dessen, was man in Europa als parapsychologisches Spontanerlebnis bezeichnet, im Gegensatz zu Produktionen im Rahmen von diesbezüglichen Experimentaluntersuchungen.

«Da hast du ganz recht», gebe ich zu, «aber einmal habe ich durch Zufall eine Gazelle getroffen und begriffen, daß man nur üben muß, um ein bißchen jagen zu lernen. Damals, im Nationalpark bei Nairobi, wurden in der Nähe des Haupteinganges drei eigenartige Hunde gemeldet. Der Chef geht mit einigen Askaris, um die Hunde zu erschießen. Er trifft Mr. Bali, den damaligen Warden-Assistenten für Buchhaltung, und mich. Ich ahnte schon damals, daß *nicht alles, was wie ein Tier aussieht, auch notwendigerweise ein Tier sein muß.* Dieses Wissen ist nicht Tradition des Wardens. Unwissende Jäger sind gefährdet, die Folgen unvorhersehbar, wenn man so ein angebliches Tier tötet. Natürlich kann ich das im Nationalpark nicht sagen. Ich wage es einfach nicht. Ein Nationalpark ist ein moderner Betrieb. Man redet besser nicht über diese Dinge. Vielleicht würde man ausgelacht. Ich bin also still und mische mich nicht ein.

In diesem Konflikt zwischen besserem Wissen und an Modernes angepaßtes Verhalten geht ungefähr Folgendes in mir vor: Die Geschöpfe, mögen sie wirklich Hunde sein oder etwas anderes, verschwinden. Dann kann nichts passieren. Mr. Bali, ein Inder und Brahmane, schaut mich beobachtend an. *Warum unternehmen Sie*

nichts?, fragt er, als ich aus meiner Vorstellung zurück bin. Ich ant-
worte, wieder ganz normale, moderne Nationalparkmitarbeiterin:
Ach, das ist nicht mehr nötig, die Hunde sind weg, und ich gehe an meine
Arbeit. Der Chef kommt zurück. Bali fragt ihn spöttisch, ob er die
Hunde erschossen hätte. Der Chef antwortet, sie wären überhaupt
nicht zu sehen gewesen, trotz sorgfältigster Suche aller.

Bali: *Das wußte ich*.

Der Chef: *Wieso?*

Bali: *Weil jemand sie verschwinden gemacht hat. Aber ich wußte nicht,
daß Weiße das können. Die ist nicht nur ein Doktor, die ist auch etwas
anderes.*

Übrigens wurden diese drei Hunde nie wieder gesehen.

Mich interessierte nun, wie ich das gemacht hatte. Ich probierte, ob
ich es nicht auch geplant tun könnte. So setzte ich mich dann oft allein
am Abend vor das Haus. Ganz still. Natürlich kamen Ratten und
Spitzmäuse. Wollte ich nun, daß die Tiere in die Nähe kamen, dann
ging es nicht. Sie kamen nur, wenn ich mir vorstellte, jetzt bewegen sie
sich zu mir her. Sie kamen nicht mit hundertprozentiger Sicherheit,
aber sie kamen häufig. Viele Abende war dies mein Abendtraining.
Mit zunehmender Übung gelang das Rufen der Tiere immer besser.
Ich glaube, es geht um die Einstellung. Man darf nicht denken: du
sollst, du mußt. Man muß denken: es geschieht.»

Ich setze fort: «Was meinst du zu diesen Gedanken? Ich glaube
nämlich, deshalb kann man diese Fähigkeit wohl auch nicht mißbrauchen.»

Ob das die von Mr. R. erwähnte Schwierigkeit ist, parapsychologische Vorgänge labormäßig zu reproduzieren? füge ich in Gedanken
hinzu. Und ob es nicht ein selektiver Gruppenvorteil ist, daß diese
Dinge eben nicht planmäßig ‹zum Zwecke von etwas› geschehen können? Die Gruppe wäre ja verloren, wenn ein parapsychologisch Be-
gabter zu seinem egoistischen Vorteil so manipulieren könnte! Alle
Macht und alle Mittel würden ihm zufallen. Er würde sie mißbrauchen
und die Gruppe schädigen. Wurde in Urzeiten die Gruppe geschädigt,
konnte der einzelne auch nicht überleben. Möglicherweise ist diese
Bremse damals wirklich durch Auslese entstanden? Wie dem auch sei,
vielleicht kann mir der alte Mann erklären, was ich da eigentlich geübt
habe. Ich frage ihn. Aber er weiß keine Antwort.

«Waganga können es», meint er, «aber wieso man es kann, das kann
ich dir nicht sagen. Du zum Beispiel kannst es. Aber du hast wieder

einmal nicht begriffen, was du damit in der Hand hältst. Mit dem Wildebeest wurdest du Es-Du. Es nahm dich auf. Das ist eine Sache. Die Hunde aber wurden Du-Sie. Deshalb taten sie, was du sie tun ließest. Nein, du warst es! Du liefst davon, du benutztest nur ihre Pfoten. Du nahmst sie auf. Das war deine erste wirkliche Mgangaarbeit. Es war gut, daß du dann weitergeübt hast.»

Aber etwas ganz Wichtiges möchte der Mganga noch erfahren: «Hast du noch andere Erlebnisse mit Tieren gehabt? Etwa in der Hinsicht, daß dir Tiere geschickt wurden? Schlangen oder andere gefährliche Besucher?»

Es tut mir leid, daß ich den alten Mann enttäuschen muß. Natürlich sind mir Erzählungen bekannt, in denen ein Übelwollender Giftschlangen und ähnliches Getier auf magische Weise schickte. Dessen magische Herkunft könne man daran erkennen, daß es nicht blutet, wenn man es zerhackt. Aber selbst habe ich derartiges nie erlebt. Ich pflege übrigens Essig mit einem Konzentrat von Baldrianabsud (Valeriana officinalis) gemischt früh und abends um mein Zelt oder vor Tür- und Fensteröffnungen zu gießen. Das ist ein so altes Hausmittel unserer Familie, daß sich keiner erinnern kann, ob man damit in südlichen Gegenden magische oder normale Schlangen oder beides vertreiben kann. Als ich nach Afrika kam, erinnerte ich mich dessen und wendete es an. Daher kann ich unmöglich beurteilen, ob mir jemand ein Tier auf magische Weise schicken wollte. «Ich meine, da ich nie unerwünschte Zeltbesucher dieser Art hatte, wirkt das auch hier», schließe ich meinen Bericht. Da aber der alte Mann so enttäuscht zu sein scheint, setze ich noch hinzu: «Ich halte das für recht nützlich, sofern man keinen klugen, erfahrenen Mganga kennt, der einem ein einheimisches dawa geben kann, das bestimmt noch zuverlässiger wirkt.»

Da lacht der Mganga wieder mit seinem zahnlosen Mund und meint: «Wenn du in deiner Familie schon ein gutes dawa hast, bleib nur bei dem. Sonst wären deine Ahnen möglicherweise beleidigt und würden mir zürnen.»

II. TEIL

Modell einer versuchten Kombination
von traditionellen Psychomethoden und
moderner Medizin

13. Man ißt das Kaninchen nicht!

There is no medicine in the hospital
For a mother's curse
None for an uncle's curse
And when your father's anger
Has boiled over
The white man's medicines
Are irrelevant and useless
Like the freak rains
In the middle of the dry season
Okot p'Bitek, Uganda

«Das ist möglicherweise ein Fall für Sie», meint Dr. N. und schiebt den Jungen durch die Türe.

Dr. N. hatte ihm Medizin gegeben, denn das Kind war wegen plötzlicher Magen- und Darmbeschwerden gebracht worden. Der Junge wirkte aber so gedrückt und scheu, so verängstigt und nervös, daß Dr. N. vermutet, ein Schock könne diese plötzliche Krankheit ausgelöst haben.

Da sitzt der Kleine nun: die Schultern jämmerlich nach vorn gesunken, seine nervös flatternden Augenlider verbergen die mandelförmigen Peulaugen, das blasse Gesichtchen ist ohne deutbaren Ausdruck, leer. Wie gut verstehe ich dieses instinktive Verbergenwollen, wenn man Unverstehen befürchtet, dieses Sich-Zurückziehen vor Fremden!

Mit Fragen würde ich ihn nur noch mehr in die Defensive treiben. In diesen Gegenden kommt man nicht weit mit amerikanischem Psychiater-Optimismus, mit zeitsparenden direkten Aufforderungen, «die Sache nun endlich zu berichten, damit man sie in Ordnung bringen kann».

Was soll ich also tun?

Vertrautes macht vertraut. Das läßt sich nicht mit Worten erreichen. Wohl aber mit vertrautem Ton. Umständlich öffne ich also die Tasche und nehme meine in Stoffetzen – so ist das üblich – eingepackten Kaurimuscheln heraus. Ich murmle die Sure El Nas, die man in solchen Situationen spricht. Dann werfe ich das Kauri-Orakel und sage nur nebenher: «Kauri werden mir nun sagen, was dich so krank gemacht hat.» Ich benehme mich also so, wie es jeder islamische Wahrsager dort tun würde.

Mein Tun scheint dem kleinen Patienten vertrauenswürdiger zu sein als das Hantieren mit blitzenden Instrumenten. Ich beachte ihn aber scheinbar überhaupt nicht und lasse ihm Zeit, sich an die neue Situation zu gewöhnen. Nach etwa einer halben Stunde blicke ich von den Kauris auf und sage: «Da ist etwas, das hat dich krank gemacht. Aber du willst nicht darüber sprechen.»

Wieder entsteht eine lange Pause. Keine Antwort. Aber der Junge wirkt nun nicht mehr so krankhaft scheu. Er beginnt nach Kinderart unruhig auf dem Stuhl hin- und herzurutschen. Ich überbrücke die Stille, indem ich wieder die Kauris betrachte.

Augenscheinlich hat er noch nicht genug Vertrauen, um aus sich herauszugehen. Was nun? Wie alle anderen trage auch ich unter der Bluse verborgen ein Amulett. Es ist ein Muslim-Amulett, das mir einst einer meiner afrikanischen Lehrer schenkte. Das ziehe ich heraus und führe es an meine Stirn. Natürlich erkennt das Kind sofort, daß es sich um ein Amulett handelt, das auch seinem Vater wertvoll und heilig ist. Da leuchten die Augen des Jungen vertrauensvoll auf. Mir gegenüber sitzt kein neurotisch wirkendes Kind mehr, das scheue Verbergungsreaktionen zeigt. Nein, das ist ein Knabe, der etwas Dummes getan hatte und sich schämt, es zu sagen. Aber was ist nun sein «schreckliches Geheimnis»? Direkte Fragen würden ihn wieder scheu machen. Aber er muß davon sprechen. Denn wenn er sich weiterhin als schrecklicher Sünder fühlte, würde er Gefahr laufen, durch das permanente Schuldgefühl einen nervösen Magen zu bekommen. So schweige ich zunächst, lasse meine Gedanken wandern und warte, was sie mir bringen werden. Sie bringen mir etwas scheinbar sehr Fernliegendes. Es ist eine Biographie des großen Mahatma Ghandi. Aber wie? Das ist doch gar nicht so fernliegend. Da wird doch geschildert, wie er als Kind einmal heimlich von einem – für Hindus streng verbotenen – Stück Fleisch aß und als strenggläubig Erzogener mit einer psychosomatischen Magen-Darm-Affektion reagierte. Natürlich! Auch mein kleiner

Freund ist viel zu jung, um sich eine ernsthafte Tabu-Verletzung zuschulden kommen zu lassen. Auch er ist der Sohn einer strenggläubigen, hochachtbaren Familie. Das Schlimmste, was er getan haben kann, ist, daß er etwas aß, was für ihn als unrein verboten ist. Nur mag er das nicht zugeben, weil er sich schämt.

Nun ist alles einfach. Aufblickend sage ich: «Wir wollen das Amulett und deinen Vater, den Imamu, bitten, dir zu helfen, damit wieder alles gut wird. Aber erkläre mir jetzt erst, wie du dazu gekommen bist, *das* zu essen. Auch sollst du versprechen, das unreine Zeug nie wieder zu essen.»

Der Knabe scheint erleichtert zu sein, weil er mit seinem Geheimnis nicht mehr allein ist. Er erzählt eine verworrene Geschichte. Der Nachbarjunge ist sein Freund. Der ist aber weder ein Peul noch ein Muslim. Die Mutter seines Freundes bereitete ein Kaninchen. Es war wohl ein Festtag für die Familie. Wie herrlich es duftete! Heimlich nahm sein Freund ein Stück mit, um es ihm zu schenken. Ein bißchen, weil er gern Fleisch aß, ein bißchen, weil er fürchtete, sein Freund würde ihn auslachen, wenn er es zurückwiese, nahm er das Stück und aß es, obwohl er genau wußte, daß es für ihn streng verboten war. Und dann bekam er Durchfall, Erbrechen und wurde sehr krank.

Es mußte nun nur noch dem Vater erklärt werden, daß sein Sohn sich schon selbst genug bestraft hatte und man ihn daher eigentlich glimpflich behandeln sollte. Das war nicht schwer, denn der Imamu liebte seinen Sohn so zärtlich, wie es in diesen Ländern üblich ist.

Am anderen Tag kommen Vater und Sohn zu uns, um für die Heilung zu danken. «Und weißt du auch, warum du so schlimmes Bauchweh bekommen hast?» fragt ihn Dr. N.

«Natürlich», erwidert der Knabe, erstaunt über diese dumme Frage des Erwachsenen, «natürlich, denn man ißt das Kaninchen nicht.»

Diese wahrhaft bündige Formulierung eines psychosomatischen Ablaufes läßt uns alle laut auflachen.

14. Ein Jagdzauber und was daraus wurde

Sitting down
an old man is like a rock,
rough hewn
Which a God shaped –
Shaped here and scooped there
With sharp eagerness
J. Kariara, Kenia

Wir sind wirklich gute Freunde: der afrikanische Arzt Dr. N. und ich, denn wir respektieren uns gegenseitig. Prinzipiell verlange ich von jedem, der sich mit psychischen Schwierigkeiten an mich wendet, zunächst eine gründliche medizinische Untersuchung: Das Gefühl einer Niedergeschlagenheit zum Beispiel muß nicht unbedingt etwas ursprünglich Psychisches sein, sondern kann auf Eisenmangel, zu niedrigem Blutdruck, Unterfunktion der Schilddrüse usw. beruhen. Dafür sind dann Mediziner zuständig, nicht Psychotherapeuten oder ich, die ich Mganga-Arbeit unter Ausschluß der Verwendung traditioneller Heilkräuter leiste.

Umgekehrt schaltet mein Arzt-Freund mich ein, wenn ihm scheint, die medikamentös zu behandelnde Krankheit habe eine psychische Ursache, und seine Bemühungen würden daher eher der Beseitigung des Symptomatischen dienen. Trotzdem bestehe ich darauf, in diesem Milieu den Arzt als Zeugen zu haben, wenn ich mit seinen Patienten arbeite: Ich möchte dadurch dummen Gerüchten und Anfeindungen vorbeugen. Gerade ging einer unserer «Fälle», und wir sind zum Plaudern aufgelegt.

Dr. N. interessiert sich stets für meine Entwicklung zum «Mganga Musungu». Und ich berichtete daher bereits von dem Wildebeest, den Hunden, die nie mehr in den Nationalpark kamen, vom Mganga, der mir den kulturellen Hintergrund meiner Erlebnisse erklärt hatte und daß ich zunächst damit begann, mit Leuten die Rufe-Es-Methode zu praktizieren. Heute fragt er direkt: «Wie, um alles in der Welt, können Sie Vorstellungen vermitteln, ohne zu sprechen? Was ich beobachtete, war doch nur die Außenseite. Sie treffen jemanden das erste Mal und lassen ihn reden, solange er will. In der Beziehung bewunderte ich Ihre Geduld.

Anläßlich der nächsten Sitzungen verbieten Sie ihm aber, neuerlich über seine Schwierigkeiten und Probleme zu sprechen, indem Sie kurzerhand behaupten, mit fortschreitenden Übungen würden sich die Probleme von allein lösen. Dann setzen Sie sich dem Mann gegenüber. Zwischen Ihnen steht ein Objekt. Mitunter ist es nichts als ein Foto oder Bild von einem Tier oder einer Pflanze, und Sie lassen sich berichten, was für wunderbare und herrliche Eigenschaften des Mannes Verehrungswürdiges hat. Ist der Mann gehemmt oder schämt er sich, von den wunderbaren Eigenschaften seines Verehrungswürdigen zu sprechen, ermuntern Sie ihn, sagen ihm, daß sein Verehrungswürdiges tatsächlich etwas Herrliches sei. Und wenn ich Sie beobachte, scheint mir, als ob das kein routinemäßiges Eingehen ist, sondern ein wirkliches Bewundern. Obwohl Sie ja nicht sprechen, sieht man das an Ihrem Gesicht. Soweit kann ich mir Ihre Methode als geschickte Psychologie erklären. Wenn Sie dann aber dem Mann sagen, er solle die Augen schließen, wenn Sie diesen einfachen Trommelrhythmus auf Ihrer Kalabashe beginnen – eigentlich wäre ich als Afrikaner geneigt, über die Primitivität, über die Kunstlosigkeit dieses Rhythmus zu lachen, aber das Lachen vergeht mir –, wenn Sie kein Wort sprechen und ich Sie nach 20 Minuten ‹wecke›, und – der Mann berichtet Ihnen seine Erlebnisse ... Erlebnisse, welche die psychischen Wirkungen hervorriefen, die wir vorher als günstig besprachen.

Ich habe in Paris studiert, das wissen Sie. Mit meinem dort erworbenen Wissen kann ich mir das nicht erklären. Ich schäme mich auch nicht, sondern bin stolz darauf, aus der Familie eines angesehenen traditionellen Heilers zu stammen. Aber im Gegensatz zu echten afrikanischen Heilern bringen Sie keine Opfer, vollführen keine Riten, verbrennen Sie keine Kräuter. Und trotzdem erzielen Sie diese Wirkungen. Ich wollte Sie schon lange um eine Erklärung bitten.»

Ich antworte, gemütlich zurückgelehnt und mich zu einer langen Diskussion bereit machend: «Daß ich den Mann zunächst einmal von seinen Sorgen und Problemen sprechen lasse, habe ich bei einem

Kamba-Mganga gelernt. Gelernt in dem Sinn, daß ich mich überzeugte, die Anamnese ist auch bei Afrikanern nötig und zu meiner eigenen Orientierung wichtig. In diesem Punkt unterscheidet sich Paris nicht vom Kambaland. Ich lasse den Mann dann später aber nicht mehr über seine Probleme sprechen, weil ich – wie der Kamba-Mganga – befürchte, daß die fortdauernde Beschäftigung mit der jeweiligen Schwierigkeit den Leidenden – immer tiefer sich einschleifende Assoziationsbahnen – geradezu auf sein Problem fixiert, ihn gleichsam immer tiefer in den Sumpf sinken läßt. Hingegen reißt ihn ein neues, ein völlig neues Erleben aus seinem psychischen Teufelskreis. Das wäre die banale Methode, jemanden auf andere Gedanken zu bringen, wenn nicht dieses neue Erleben gleichzeitig eine Solvierung seines psychischen Problems bedeutete.

Nehmen wir ein Beispiel: Jemand litt unter Schlaflosigkeit. Ich ließ ihn über seine Sorgen sprechen. Er fühlte, daß man sich mit ihm beschäftigte, sein Leiden ernst nahm. Dann fragte ich ihn, was seine Familie vor dem Schlafengehen zu tun pflegte. Sie hörten die Antwort. Es stellte sich heraus, daß er – unbedingt fortschrittlich sein wollend – sich seinem Verehrungswürdigen nicht mehr anempfiehlt. So dürfte sich seine Schlaflosigkeit erklären. Er hat den Ritus vor dem Schlafengehen unterlassen, daher ist er – ihm selbst unbewußt – noch nicht zum Schlafen bereit. Überdies hat er ein schlechtes Gewissen wegen der Unterlassung und kann auch deshalb – diencephalärer Alarmzustand – nicht schlafen. Je mehr wir uns nun mit seiner Schlaflosigkeit beschäftigen, je mehr wird seine Aufmerksamkeit darauf gelenkt, je mehr wird er erwarten, nicht schlafen zu können. Deshalb vermeide ich derartige Wiederholungen.

Nun gilt es, ihm die Sicherheit zu geben, daß sein Verehrungswürdiges nicht etwas Altmodisches, Lächerliches ist, sondern etwas wirklich Ehrwürdiges. Daß er sich also nicht zu schämen braucht, wenn er es abends verehrt. Sie haben ganz richtig beobachtet: bei einem Gespräch beginnt bereits meine Identifizierung: als dieser Mann empfinde ich sein Verehrungswürdiges als etwas Wunderbares. Ich berührte das Problem der Identifizierung bereits vorhin. Hier haben Sie ein praktisches Beispiel. Der einfache Trommelrhythmus sollte Sie so wenig verblüffen wie das Fehlen sonstiger Riten, Opfer, Kräuterverbrennungen usw. Das Tam-Tam ist für mich wie ein Spazierstock für einen alten Mann: er erleichtert das Gehen, aber gehen muß man selbst. Mein Tam-Tam ist mir die gleiche Hilfe wie für andere das

Opfern, Tanzen, Singen oder Kräuterverbrennen. Es ist eine Hilfe zum Bewirken, nicht das Bewirkende selbst. Ich kenne die Kräuter des Leidenden nicht, daher würde ihn erschrecken, wenn ich ihm fremde Kräuter verbrennen würde. Ich kenne seine Tänze nicht, daher würde ihn erschrecken, wenn ich einen ihm fremden Tanz begänne. Ich kenne seine Opfergebräuche nicht, daher – abgesehen davon, daß ich als Frau nicht opfern darf – würde es ihn beunruhigen, wenn ich etwas gemäß seiner Tradition Falsches opfern würde. All das ist dann Sache seines Stammespriesters, zu dem ich – wie Sie wissen – jeden schicke, wenn er bei mir fertig ist. Meine Aufgabe ist nur die Vorbereitung zu Reakkulturierung, indem ich als er und sein Totem die Eigenschaften übertrage, die durch den Traditionsverlust abhanden gekommen sind. Hat der Betreffende zum Beispiel den Elefanten als Clan-Tier, und er leidet an Unentschlossenheit und Schwächegefühlen, so ist meine Aufgabe: ich werde der Mann; aber so, wie er wäre, wenn er sich noch mit seinem Clan-Tier, dem Elefanten, identifizierte. Das Ergebnis ist, daß er klug und vorsichtig wird, zugleich auch seiner Stärke vertraut.»

«Aber ich verstehe immer noch nicht, wie Sie zur praktischen Ausführung dieser Ihnen völlig fremden Methoden kamen», ruft der Arzt aus.

«Nun, von den Hunden im Nationalpark habe ich Ihnen ja schon berichtet. Damals gelang es mir mehr zufällig. Dann übte ich diese Fähigkeit. Auch das erzählte ich Ihnen bereits. Schließlich aber hatte ich noch ein Erlebnis, welches mich dann dazu brachte, diese Methode versuchsweise zu praktizieren. Das war so: Ein Jägerstamm will Strauße jagen. Daher müssen sie den Vater Vogel Strauß um Erlaubnis bitten. Im Stamm gibt es zwei alte Waganga, die das können. Nun geschieht folgendes: Mganga 2 setzt sich mit rituellem Pfeil und Bogen an den Rand des Platzes. Mganga 1, als Vater Vogel Strauß gekleidet, führt kultische Gesten aus und wird *Vater Vogel Strauß*: Er bewegt sich so, geht herum wie ein Strauß, er dreht sich um, er breitet die Arme aus wie Flügel, er schwenkt seine Flügel-Arme, setzt sich in den Sand, steht wieder auf, wendet den Hals, alles, wie es ein Strauß tut. Denn er ist ja Vater Vogel Strauß. Nun zu Mganga 2: er wurde zwischenzeitlich zum jungen Jäger. Dann stellt er sich vor, daß Vater Strauß zu ihm in die Nähe kommt (so, wie ich mir vorstellte, daß die wildernden Hunde aus dem Nationalpark verschwinden). Mganga 2 wird daher auch Vater Strauß, er wird aber der Vater Strauß, der dort in der Mitte des Platzes steht. Mit Mganga 2 *Moja ya mbili* geworden, fühlt Vater Strauß (also Mganga 1, der sich als Strauß in der Mitte des Platzes befindet) den Zwang, zu dem jungen Jäger zu gehen – also zu Mganga 2. Er geht zum jungen Jäger, und der bittet ihn, einige seiner Untertanen jagen zu dürfen, weil der Stamm Hunger leide und Fleisch brauche. Schweren Herzens gibt Vater Strauß (d. i. Mganga 1) die Erlaubnis. Nun ist der Vorgang beendet, alles wird wieder alltäglich. Mir ist klar, daß die wirkliche Jagd nur noch die mechanische Ausführung dessen ist, was bereits stattgefunden hat. Mir ist das wegen meines eigenen Erlebnisses mit den Hunden vom Nationalpark klar, andernfalls hätte ich nur zwei sonderbare alte Männer merkwürdig herumhüpfen gesehen: ein malerisches Kulturfilm-Motiv.»

«Würden Sie das nun als Verwandlung oder Identifikation bezeichnen?» wirft Dr. N. ein.

Ich: «Sind das nicht eigentlich nur zwei verschiedene Worte für den gleichen Vorgang? Ich habe das Gefühl, das Wort *Identifikation* ist dem modernen Interpreten dieser Vorgänge sympathischer, während die, die den Vorgang selbst erlebten, eher geneigt sind, von Verwandlungen zu sprechen. Jedenfalls hat sich in Afrika damit eine Tradition erhalten, die früher weltweit verbreitet war. Und das nicht nur bei den sogenannten Primitiven. Bedenken Sie doch die diesbezüglichen Auseinandersetzungen auf den verschiedenen Konzilen: Nicäa im Jahre 325: Streit der Arianer – sie meinen, Gott und sein Sohn Jesus seien nicht ein Wesen, sonst wäre Gott selbst am Kreuz gestorben – mit den Athanasianern, die überzeugt sind, Gott und Jesus sind ein Wesen *consubstantialis*.

381: 1. Konzil von Konstantinopel: Auseinandersetzung mit den Macedoniern über die Frage, ob der Heilige Geist unter Gott und Sohn Jesus steht oder aber, ob diese drei eine Substanz – zugleich aber 3 Personen in ihren Erscheinungsformen – sind. 451: Konzil von Chalcedon: Es erhebt sich die Frage, ob Jesus ‹gleichzeitig, rein und unvermischt ein wahrer Gott und zugleich ein wahrer Mensch sei›.

Noch 680 beschäftigt sich das 3. Konzil von Konstantinopel mit der Frage, wieviel Naturen Jesus habe. Man entscheidet, er besitze zwei Naturen, eine menschliche und eine göttliche. Seine menschliche Natur sei aber der göttlichen unterworfen.

Die Möglichkeit der Verwandlung wurde auch noch später gewissermaßen unbefangen bejaht. Noch Papst Gregor der Große vertritt die Auffassung, daß Christus in seiner Geburt selbst ein Mensch wird, im Tod Opfertier, in der Auferstehung Löwe und während seiner

Himmelfahrt Adler. Wohlgemerkt: wird! Nicht etwa symbolisch dargestellt wird! Erst später ändert sich diese Auffassung dann dahingehend, in diesen Gestalten die Evangeliensymbole zu sehen.»

«Auch ich, modern ausgebildeter Afrikaner, beschäftige mich mit diesem Problem und versuche, eine weltanschauliche Synthese zu finden. Ich meine, diese Verwandlungsvorgänge werden erst dann begreiflich und einfühlbar, wenn man akzeptiert, daß es nicht nur die Ebene der klassischen mechanischen Physik gibt, sondern noch andere Ebenen, in denen notwendigerweise andere Gesetze als die der Alltagsrealität gelten. Letzen Endes dient dieser von uns so wichtig genommene Glaube an die Realität doch u. a. auch dazu, uns das Gefühl einer gewissen Sicherheit zu geben und scheint – wenigstens fallweise – eine biologische Schutzfunktion zu sein, um die Alarmierung des ‹Boß Thalamus› (in Erinnerung an die von mir einmal erwähnte plastische Ausdrucksweise meines seinerzeitigen Veterinär-Freundes gebraucht er dessen Wortbild) abzublocken. Wir beide wissen ja, daß es um die Auffassung, wir könnten die wirkliche Realität tatsächlich erfassen, nicht zum Besten bestellt ist, seitdem die Naturwissenschaften sich weiterentwickelten. Was ist denn wahr und wirklich: ist der Lichtstrahl, der uns als Farbe rot erscheint, eine elektromagnetische Welle oder ein Korpuskel? Die Physiker können es nicht entscheiden. Sicher ist nur, daß rot bestimmt etwas anderes ist als unsere für wahr und wirklich gehaltene Empfindung der Farbe.»

«Und ich meine», ergänze ich lachend, «daß diese physikalischen Erwägungen in den Ohren von Nichtphysikern mindestens ebenso irreal klingen wie der Jagdzauber oder die Konzilfragen nach der Trinität. Wesentlich an der Jagdbeschwörung ist doch nur, daß diese Dinge ebensowenig durch Wollen und corticales Planen erreicht werden können, wie meine Versuche, Tiere zu rufen. Sie erinnern sich, nachdem ich das Erlebnis mit den Hunden hatte, war dies mein Trainingsobjekt.»

«Wie kamen Sie aber dazu, diese klassischen afrikanischen Vorgänge zu praktizieren?»

«Eigentlich war das ein Zufall», erwidere ich. «Da war ein Raucher, ein Holländer, der wollte sich unbedingt das Rauchen abgewöhnen, es gelang ihm aber nicht. Ich denke hin und her: Mit der Rufe-Es-Methode geht es gewiß nicht, die kann man hier nicht anwenden. Aber … warum soll ich nicht wenigstens probieren, die Zigarette zu verwandeln, so wie sich die Waganga bei dem Jagdritus verwandelten? Der Mann sollte vor dem Objekt, der Zigarette, davonlaufen. Also müßte man die Zigarette, nicht den Mann, verwandeln. Er kann ja bleiben, wie er ist. Letztlich wäre so ein Vorgang nichts als eine leichte, äußerliche Abwandlung der alten, sicheren afrikanischen Verwandlungstradition.

Ich lasse den Mann also eine unangezündete Zigarette in den Mund nehmen und bitte ihn, die Augen zu schließen, um unabgelenkt zu sein. Nichts als die Zigarette möge er wahrnehmen. Ganz konkret und ohne über die Zigarette nachzudenken. Er solle auch nicht denken: ich darf nicht denken, auch nicht: ich muß mich jetzt konzentrieren, vielmehr solle er einfach die Zigarette im Mund fühlen. Alles andere käme dann von allein.» Ich füge hinzu: «Das ist die prinzipielle Schwierigkeit besonders für uns Weiße» und erwähne als Beispiel meine diesbezüglichen Meditationsschwierigkeiten in Ceylon. Dann komme ich wieder zu dem Thema des Abgewöhnens des Rauchens zurück und setze fort: «Wegen der optischen Ähnlichkeit stellte ich mir nun vor, daß die Zigarette ein Penis sei. Dabei identifiziere ich mich gleichzeitig mit dem braven Holländer, der nun als Er-Ich diesen Penis im Mund hat. Ich lasse die Penis-Zigarette groß und größer werden, zukkend und riechend. Nun kann der Mann kaum mehr atmen. Sein Mund ist von der Penis-Zigarette gefüllt. Die wenige Luft, die er atmen kann, riecht übel. Nach 20 Minuten lasse ich ihn die Augen öffnen und zwinge ihn, die Zigarette im Wachzustand zu rauchen. Außerdem gebe ich ihm die strikte Anordnung, sofort zu rauchen, wenn immer er auch nur den leisesten Wunsch danach fühlt. Ein unterdrückter, etwa durch Willenskraft beherrschter Wunsch nach Rauchen würde ja dieser Methode des Objektekelns zuwiderlaufen. Ich setze diese Übungen während zwanzig Tagen fort.

Der Mann rauchte nie mehr. Er mußte seine Lust zu rauchen nicht etwa unterdrücken, er hatte sie nicht mehr. Für Sie als Mediziner möchte ich noch hinzusetzen: Zwar empfand der pyknische Holländer, daß Zigaretten etwas Scheußliches sind, daß Rauchen nichts für Männer sei. Er verdrängte aber den Eindruck, er hätte sich mit einem Penis im Mund erlebt. Um es präzise auszudrücken: ich nehme an, seine neocorticalen Zensurstellen ließen es ihn nicht bewußt werden. Der Erfolg beruht sicherlich teilweise auf diesem Vorgang. Ich schließe das aus der Tatsache, daß ich selbst bis heute rauche. Denn ich kenne ja den Mechanismus des Ablaufes.»

«Könnten Sie auch mir das Rauchen auf diese Weise abgewöhnen?» fragt mich mein afrikanischer Kollege von der medizinischen Fakultät.

«Das glaube ich nicht», sage ich, «denn Ihnen ist der Vorgang nun bekannt. Voraussagen und Erklärungen aber stören den Ablauf. Mit Voraussagen würde ich ins Suggestive abgleiten. Es handelt sich aber nicht um einen Suggestionsvorgang, sondern um eine Adaptierung traditioneller Methoden der Stimmungs- und Vorstellungsübertragungen. Seit einer sehr unguten Erfahrung versuche ich übrigens nicht mehr, einem Afrikaner auf diese Weise das Rauchen abzugewöhnen. Ich fand, daß sein Schrecken, wenn sich die Zigarette zu verwandeln beginnt, schädlicher ist als das Rauchen selbst. Der mit afrikanischer Tradition Unvertraute hingegen ist unbefangener, er erlebt keinen magischen Schock.»

Dr. N. setzt das Gespräch fort: «Wir haben es bei den Fällen, in denen wir zusammenarbeiten, ja überwiegend mit Akkulturierungsschwierigkeiten zu tun. Mit Akkulturierungsschwierigkeiten, wenn man sich in der wissenschaftlichen Sprechweise ausdrücken will bzw. traditionell afrikanisch formuliert: mit Schwierigkeiten wegen Nichtbeachtung, Nichtverehrung oder Beleidigung von Ahnen und Clan-Geschöpfen (auch Dr. N. vermeidet gern die Worte *Totem* und *Fetisch*). Wenn Sie mit der Sitzung fertig waren, berichteten die Leute meist ungefähr so: Erst wird das Bild betrachtet.* Dann schließt er die Augen, und sein Geschöpf erscheint ihm. Erst schaut es noch böse und beleidigt aus, von Übung zu Übung wird es aber immer freundlicher. Andere wieder sagen, sie selbst wären diese Geschöpfe geworden. Das mögen im Individuellen begründete Unterschiede sein. Jedenfalls macht der Betreffende Frieden mit der vernachlässigten oder beleidigten Tradition, und durch diese von Ihnen eingeleitete und dem anschließenden Besuch bei dem Priester seines Stammes beendete Versöhnung ist die psychische Ursache des somatischen Leidens behoben. Ich frage mich nur, wie Sie die Situation bewältigen werden, wenn wir einen Patienten bekommen, dessen Verehrungswürdiges zum Beispiel Leopard oder Pythonschlange ist.»

«Das Problem liegt nicht mehr vor mir», sage ich und gieße uns eine

---

* Natürlich bringt niemand z. B. die Maske selbst mit. Ich verwende daher entweder ein Bild von dem, was die Maske ursprünglich darstellte (Toka-Toka-Bild oder ähnliches), oder etwas, das als Stück das ihm Verehrungswürdige symbolisiert (Bast, bestimmte Schnüre oder ähnliches).

Tasse Tee ein, «ich wagte nie, Sie nach dem Verehrungswürdigen Ihrer Tradition zu fragen, aber ich nehme an, daß es nicht das Krokodil ist und daß ich daher über Krokodile sprechen darf?» Der Arzt macht ein undurchdringliches Gesicht. Bin ich zu weit gegangen? Ich setze fort: «Lange Zeit war ich der Meinung, daß Krokodile sehr gefährlich sind und fand sie weder sympathisch noch nett. Daher dachte ich damals auch: was müssen das für unsympathische Menschen sein, die Krokodile als Verehrungswürdiges betrachten. Wie das Leben so geht, führt mich mein Weg in ein Dorf, dessen Bewohner verwirrt und traurig sind. Der Grund war: Ihr Verehrungswürdiges hat sich zurückgezogen, es ist verschwunden. Es besucht das Dorf nicht mehr. Es sind die Krokodile, die davongegangen sind. Früher kamen sie zu gewissen Zeiten ins Dorf. Man opferte ihnen, sie trugen Armbänder aus Kaurimuscheln. ‹Wenn Krokodile gehen, bedeutet es Hunger in der Welt›, klagen die Alten des Dorfes, ‹wie kann man den Hunger in der Welt ohne die Hilfe der Krokodile verhindern?› Das Dorf befand sich im kulturellen Zusammenbruch: Man hatte die Bäume gefällt, das so frei gewordene Land wurde von eindringenden Stammesfremden besiedelt. Die empfindliche afrikanische Erde begann bereits, sich zu lateritisieren, das heißt unbebaubar zu werden. Ein typischer Fall für die weltweite Sammlung derartiger Fälle, die unter dem Namen The Careless Technology allen Fachleuten bekannt ist. Natürlich hatten sich die Krokodile aus der vertrockneten Gegend zurückgezogen. Ihr Verschwinden bedeutete also auch ganz objektiv gesehen: Hunger in der Welt. Ja, und nun bekamen auch für mich die Krokodile ein anderes Image. Es waren nicht mehr die gefährlichen, unsympathischen Tiere, die einen fressen, wenn man nicht achtgibt. Es waren Geschöpfe, die mit Fruchtbarkeit und Gedeihen zusammenhängen. Selbstverständlich würde ich mich trotz dieses Wissens hüten, einem Krokodil zu nahe zu kommen. Denn ich gehöre nicht zu einem Krokodil-Clan, folglich habe ich keine Erfahrung im Umgang mit ihnen. Für diese Dorfbewohner jedoch war und ist das Krokodil weder blutrünstig noch gefährlich, sondern der Bewahrer vor Hunger. Würde ich einen Angehörigen eines solchen Clans vor mir haben, so käme es darauf an, als *Er-Ich* diese positiven Eigenschaften seines Verehrungswürdigen zu reaktivieren. Käme nun jemand, der eine Pythonschlange als Verehrungswürdiges besitzt, so würde ich eben lange herumfragen müssen, bis ich sicher bin, welche herrlichen und guten Eigenschaften sie für ihn hat. Damit vertraut geworden, begänne ich dann so, als ob der Mann eine Gazelle als Ur-Ur-Ur-Großvater hätte.»

«Ja, das wäre wohl der richtige Weg», meint Dr. N., «übrigens ist es mit dem Leoparden genauso. Auch er bringt für manche Stämme Fruchtbarkeit oder übt die Funktion des Richters aus, also eine wichtige soziologische Komponente. Natürlich gibt es nicht nur *positive Leoparden*, es gibt auch kriminelle Elemente unter ihnen. Können Sie mir aber eine menschliche Gemeinschaft nennen, die keine kriminellen Elemente, Korruption oder sonstige Entartungserscheinungen aufweist?»

«Die gibt es gewiß nicht», antworte ich und setze fort: «aber jedenfalls beobachte ich mich selbst sehr genau, um vor Beginn einer Arbeit mit jemandem, dessen Verehrungswürdiges ein Fleischfresser ist, sicher zu sein, daß ich mich in die guten, sozial wertvollen Eigenschaften dieses Verehrungswürdigen einfühlen kann, um nicht etwa unbewußt etwas Negatives zu erwecken.»

Dr. N. sieht mich prüfend an. Er schweigt. Etwas wie Mißbilligung liegt in der Art, wie er sich zurücklehnt und die wieder angefüllte Teetasse von sich fortschiebt. In Gedanken gehe ich meine Worte durch und frage mich, was seine Ablehnung hervorgerufen haben könnte. Das Wort «negativ» fällt mir ein, und ich begreife seine Reaktion. «Negativ. Freilich, ich vergaß, das Wichtigste von allem zu erwähnen. Sie haben ja immer wieder gehört, wenn die Leute gegen Ende der Behandlungen nach dem Erwachen negative, teilweise höchst unangenehme Erlebnisse berichteten. Diese negativen Erlebnisse sind aber etwas Notwendiges. Es ist eine Nachbildung der Initiationsriten, die überall in Afrika eine Zäsur zwischen zwei Lebensabschnitten darstellen. Sie waren Zeuge, daß unsere Schützlinge im Laufe der Übungen immer selbstsicherer, konfliktloser, gesünder und stärker wurden. Genauso wie der Junge, der immer größer und stärker wird, bis er eines Tages einen neuen Lebensabschnitt, eben den des Mannes, beginnt. Während der Initiationsriten muß er allerlei Schwierigkeiten überstehen, mit Gefahren fertig werden und beweisen, nun wirklich reif genug zu sein, um als Mann anerkannt zu werden. Ich glaube, diese Initiationsriten dienen u. a. dazu, daß sich der werdende junge Mann auch selbst von seiner Männlichkeit, Tüchtigkeit, seinem Mut und seiner Ausdauer überzeugen kann, daß er sich selbst beweist, keinen Grund für Minderwertigkeitskomplexe zu haben. Ja, Initiationsriten müssen sein! Daher bringe auch ich den Mann, bevor wir seine Behandlung beenden, in die von Ihnen beobachteten Vorstellungen gefährlicher Situationen. Ist er dann auf dem Höhepunkt der Gefahr, stelle ich mir als *er vor*, wie er sie überwindet, die Situation meistert und stärker als all das Negative ist, das er erlebt. Die Alten haben völlig recht: Man muß sich bewähren, ehe man entlassen werden kann, um ein neues Leben zu beginnen.»

«Auch ich bin beschnitten», meint Dr. N. selbstbewußt. «Es ist viel Wahres an dem, was Sie sagen, oder besser», korrigiert er sich, «an dem, was Sie da von den Alten übernommen haben. Jedoch, ich habe jetzt Hunger. Haben Sie nichts anderes vor, würde ich vorschlagen, daß wir jetzt zum Essen fahren.» Ich widerspreche anstandshalber zweimal, aber ich freue mich schon auf das würzige, kräftige Essen, das auf seinem Tisch stehen wird. Danach sitzen wir auf der Veranda seines hübschen Bungalows und setzen unser Gespräch fort.

Dr. N. beginnt von neuem: «Bei M. haben Sie als Identifizierungsobjekt nicht etwas verwendet, das zu ihm gehört; Sie verwendeten eine Fotografie, die Sie zu diesem Zwecke mitnahmen. Die Fotografie stellte eine Männerfigur dar. Mit ihm identifizierten Sie M. Warum eigentlich?»

Ich: «Bitte erinnern Sie sich, M. hatte nur noch ganz unklare und verschwommene Vorstellungen von seinen Traditionen. Es war doch der, von dem Sie sagten, er leide an Psychasthenie? Wie könnte ich eine Tradition reaktivieren, die schon blutlos und dem Gefühl fremd geworden ist? Die Fotografie von der männlichen Holzfigur hat eine eigenartige Geschichte. Aber die möchte ich Ihnen heute nicht erzählen, denn es ist spät, und ich bin müde.»

15. ... oder sie lassen sich finden

In colour deeper than black
Hanging shackled to a wall
Was the mask
... I stopped to look
K. A. Kassam, Kenia

«*Man träumt sie und schnitzt sie dann selbst, oder sie lassen sich finden.* Die Figur liegt im Staub neben der Landstraße. Verlorenes Touristensouvenir? Ein Gegenstand von Bedeutung? Ich verstehe von den Stilrichtungen afrikanischer Kunst so viel wie ein sardischer Bauer von der Kulturgeschichte der Pflüge ... Aber, der Bauer wird einen Pflug, sei er ihm noch so ungewohnt, als Pflug erkennen und damit umzugehen wissen.

Daher fallen mir die Worte ein, die ich, dort, wo die Savanne in die Wälder übergeht, im fernen Uganda hörte ... *oder sie lassen sich finden* ... Albrecht Dürers wunderbarer Stich *Ritter, Tod und Teufel* taucht vor meinen Augen auf. Dieser Ritter, der so unbeirrbar ist. Am Straßenrand fand ich seinen afrikanischen Bruder. Ließ er sich von mir finden? Anonym, ohne kulturellen Hintergrund, ohne ethnologische Gebrauchsanweisung. Vorsichtig hebe ich die Männerfigur auf, befreie sie vom Staub und gehe zurück in die kleine Sidamo-Ansiedlung. Ich trage das erste, *das sich von mir finden ließ*. Ich umwickle die Gestalt, denn ich mag nicht, daß sie von gleichgültigen oder spöttischen Augen angesehen wird. Dann danke ich dem Herrn Aller Weltenbewohner, der gestattete, daß sie sich finden ließ und gebe einem armen Mann Geld für Kleidung. Denn ich habe keine Zeit, ihn mit Selbstgekauftem zu kleiden, wie es korrekt wäre.

Jahre später treffe ich ein weibliches Gegenstück zu dieser Gestalt. Ich meine das nicht stilmäßig, wohl aber in Ausstrahlung und Funktion. Die Frauenmaske begegnete mir unter für sie höchst unwürdigen Umständen: sie wurde von einem der üblichen Anbieter afrikanischer Gegenstände feilgeboten: eine Fürstentochter auf dem Sklavenmarkt, von gleichgültigen Augen besehen. Von Augen, die blind für Adel und innewohnende Fähigkeit sind. Angeblich kaufe ich die Maske. In Wahrheit heiße ich sie willkommen und kleide auch für sie einen armen Mann. Das ist die Geschichte der zwei Figuren, mit denen ich arbeite, wenn ein Leidender in einem anderen Konflikt als dem mit seinen Ahnen oder Clan-Geschöpf ist. Oder wenn er dieser Tradition schon so entfremdet wurde, daß er neu beginnen muß. So neu, wie ich damals mit der Männer-Gestalt, die sich am frühen Morgen von mir finden ließ.»

Dr. N., der einige Tage später das am Abend unterbrochene Gespräch wieder aufnahm, fragt: «Wenn Sie nichts über die Gestalten wissen, die sich von Ihnen finden ließen, was opfern Sie ihnen dann? Welche rituelle Speise geben Sie?»

Ich: «Eigentlich empfand ich es als ganz selbstverständlich, daß ich nicht versuche, den Gestalten gemäß nach einem mir unbekannten Ritus zu opfern. Sie ließen sich finden, daher begann auch für sie gleichsam ein neues Leben. Mein Opfer ist, daß ich von Zeit zu Zeit einen armen Mann kleide. Und mir scheint», ich bemühe mich bewußt um ein überkorrektes, prononciertes Französisch, «daß diese Projektion zufriedenstellend ausfällt, das heißt», setze ich im Alltagsfranzösisch fort, «sie scheinen sich bei dieser Art des Opfers wohl zu fühlen und die ihnen früher dargebrachten Hühner nicht zu vermissen.»

Dr. N. nickt interessiert, und ich setze fort: «Bei der Arbeit mit Männern hilft mir die Männergestalt, bei der mit Frauen die Frauenmaske. Aber Sie sind spezialisiert. Sie helfen nur, wenn es sich um Menschen handelt, die unsicher sind, denen es an Standfestigkeit fehlt und die jedem Einfluß nachgeben. Treffe ich einen solchen, zeige ich ihm erst einmal das Foto von der Gestalt und lasse ihn beschreiben, was sie für Eigenschaften hat.

Stellt er bei ihr Eigenschaften fest, die ihm fehlten, dann ist es gut. Ich lasse ihn das Bild betrachten, und alles geht so vor sich, als wenn es sein eigenes Clan-Geschöpf wäre. Es besteht nur eine Schwierigkeit. Wenn der Leidende zu der psychischen Gruppe gehört, die empfindet, daß *die Figur in ihn eingeht*, kann es vorkommen, daß er glaubt, ich wolle ihn zu Homophagie, zur Menschenfresserei, erziehen. Man muß ihm dann ganz klarmachen, er habe niemanden gefressen, die Figur sei freiwillig in ihn eingegangen und nun *Es-Er* geworden. Man muß das so lange erklären, bis der Betreffende nicht nur verstandesmäßig, sondern auch gefühlsmäßig erfaßt, daß da niemand eingefangen und gegen seinen Willen verspeist wird, um seine Kräfte zu bekommen.»

«Könnte man wohl», fragt Dr. N., «die Gestalten weitergeben?» Er zögert. Er überdenkt wohl meine Formulierung.

«Ich glaube, ich weiß, was Sie meinen», antworte ich, «ich denke, das ist wie mit dem Feuer. Eine Frau hat auf ihrer Feuerstelle Feuer brennen. Eine andere kommt, läßt sich etwas Glut geben und entfacht ihrerseits Feuer, und von diesem Feuer kann sie dann auch wieder etwas hergeben. Derart werden Dinge ja seit jeher weitergegeben. Ich habe jedenfalls jedem, der mich darum gebeten hat, ein Bild von meinen Gestalten überlassen und ihm gesagt, sie wären gewöhnt, daß als Opfer hier und da ein armer Mann bekleidet wird. Es ist mir auch lieb, wenn der Übernehmende begreift, daß dieses Kleiden eines armen Mannes so zu verstehen ist: man ehrt damit den Herren Aller Weltenbewohner, der einem das gute Schicksal gab, die Gestalten zu erhalten.»

Dr. N. lächelt ein bißchen skeptisch. «Sie geben jedem die Gestalten als Foto?»

«Nein», stelle ich richtig, «nicht jedem, ich meinte vielmehr jedem, der von seiner Tradition abgeschnitten ist und einen Neuanfang braucht, weil er ohne Tradition seelisch verdorrt. Einem, der sich ohne Schwierigkeiten völlig akkulturiert hat, würde ich sie nicht geben. Er braucht sie nicht mehr. Er könnte auch nicht mehr mit ihnen umgehen. Für ihn wäre es das leblose Abbild zweier Gestalten, die ein Museumsexperte als im künstlerischen Wert drittrangig beurteilen würde.»

«So weit, so gut, was aber, wenn jemandem geholfen werden soll, dem es nicht an den von Ihnen genannten Eigenschaften ermangelt, sondern zum Beispiel an geistiger Wendigkeit, an Adaptionsfähigkeit, an Beweglichkeit, Heiterkeit oder Anmut?»

«Zunächst einmal forme ich dann die Gestalt aus Lehm oder Ton und versuche, sie meinen Gestalten so ähnlich wie möglich werden zu lassen. Denn etwas Neues will ich ja nicht machen. Aber ich lasse eine Öffnung in der Gestalt. Nun hat der zukünftige Übernehmer selbständig seinen Weg zu gehen. Es wird sich herausstellen, ob sein Geschick ihm erlaubt, sein Passendes für die Öffnung zu finden. Ich weiche also nicht von dem Traditionellen ab: man träumt sie, oder sie lassen sich finden. Bitte bemerken Sie das, ich weiche nicht von dem ab, was ich lernte!

Die Gestalt forme ich während der Zeit des letzten Viertels des zunehmenden Mondes. Nun schicke ich den Betreffenden auf den Weg zum Finden. Er soll bei Sonnenaufgang, ohne zu denken und zu wollen mit dem gehenden Schauen beginnen. Hat sich nichts für ihn Passendes gefunden, beendet er sein Gehen, wenn die Sonne am Zenit steht und darf am anderen Morgen wieder beginnen. Ich gebe ihm vorher einen Hinweis. Soll er zum Beispiel scharf beobachtend, schnell und gewandt werden, so wird das sich von ihm Findenlassende vielleicht das Horn einer Antilope sein oder die Feder eines raschen, klugen Vogels. Fehlt es einer Frau an Anmut und Liebenswürdigkeit, wird sich von ihr möglicherweise eine schön geformte, voll erblühte Blume finden lassen. Dann kommt der zukünftige Übernehmer zu mir, ich lasse ihn als Opfer einen armen Mann kleiden, danach geben wir das Gefundene in die Höhlung der Figur. Nun ist sie in ihm. Wir machen noch die Übungen, die Sie kennen, und wenn sein Geschick es erlaubt, werden er und die Gestalt *moj ya mbili*, ein *Ich-Du*.

16. *War es die Geste?*

It could have been a troubled night
— but the unruffled waters spoke of peace
M. Karibo, Nigeria

«Nun habe ich aber doch gesehen, daß Sie ohne etwas Sichtbares zu verwenden, unseren E. O. ins seelische Gleichgewicht gebracht haben. Das einzig Wahrnehmbare war, daß Sie ihm sagten, er möge die Hände nach oben kehren, als ob er etwas empfangen wolle. Hing der ganze Erfolg von dieser Geste ab?» Dr. N. zuckt ungläubig mit den Achseln.

Ich antworte: «Es hing von der Geste ab und auch wieder nicht. Ihre Wirksamkeit wurde mir nur zufällig klar. Ich war damals noch neu im Land. Ich konnte kaum Swahili, der Mann kein Wort Englisch. Ich war ihm zu Dankbarkeit verpflichtet, denn er hatte mit seinen traditionellen Heilmitteln meine Dysenterie geheilt, die allen westlichen Medikamenten widerstanden hatte. Es handelte sich um einen finster blickenden Traktorfahrer, der gleichzeitig Mganga und Herbalist war. Sobald ich mich etwas erholt hatte, brachte er seine schwächliche, verschüchterte Frau, die offensichtlich von ihrem Mann noch mehr Angst hatte als vor mir, der Fremden. Aus dem Tonfall seiner Worte und seinen Gesten konnte ich entnehmen, daß er mit ihr unzufrieden war, sich über sie beklagte und von mir erwartete, daß ich in der Sache etwas unternähme. Sie müssen ja bedenken», schalte ich erklärend ein, «daß ich durch das Handlesen überall als ein Mganga aus dem fernen Europa, als etwas gleichsam Exotisches, aber doch Vertrautes aufgenommen wurde. Ich möchte sagen: etwa so, wie ein europäischer Ingenieur dem Vorführer eines neuen Importmodells aus den USA mit Wohlwollen entgegenkäme. Da stand ich nun ohne Verständigungsmöglichkeit und wagte auch nicht, jemanden zum Übersetzen zu holen. Denn ich dachte mir, wenn der Traktor-Mganga es gewollt hätte, hätte er selbst jemanden mitgebracht. Eines aber begreife ich aus den Gesten: nämlich, daß die zwei in ihren Beziehungen völlig verkrampft sind, die Frau die seelisch Schwächere ist und daher der Mann auf die Introvertiertheit der Frau eingehen müßte, um eine Entspannung der Eheverhältnisse erzielen zu können. Soweit die Situationseinsicht. Wie aber dieses komplizierte Problem verständlich machen, wenn man keine gemeinsame Sprache spricht? In dieser Beziehung bereits ans Improvisieren gewöhnt, nehme ich eine Mangofrucht. Die Frau sitzt mit zusammengekrampften Händen da. Ich versuche, ihr die Frucht in die Hand zu geben. Natürlich geht das nicht. Ich nehme die Hand, drehe sie nach oben, öffne vorsichtig und freundlich lächelnd die Finger. Nun gelingt es, die Frucht in die geöffnete Handfläche zu legen. ‹Ah, wallah›, sage ich mit strahlendem Gesicht und nach oben ausgebreiteten Händen, ‹msuri, msuri›, ‹gut, gut›. Nun unternehme ich das gleiche mit dem finster wirkenden Mann. Wieder rufe ich aus: ‹msuri, msuri›. Dann gebe ich die Frucht beiseite. Beider Hände schließen sich wieder, verkrampfen sich. Nun nehme ich die Hände, drehe sie wieder um, öffne sie wie zum Empfangen bereit ‹msuri, msuri!›. Ich kopiere die beiden: sitze mit nach unten gedrehten geschlossenen Händen da, mache ein unglückliches Gesicht: ‹Hapana, hapana msuri›, ‹nein, nein gut!› Ich ändere die Geste, empfangsbereite Hände, nach oben gedreht, geöffnet. ‹Msuri, msuri›. Da begreifen die beiden, was ich meine, vollführen die Geste, sehen mich fragend an, ich nicke eifrig. Einträchtig gehen die beiden ihres Weges.

Monate später besuche ich sie wieder, denn ich bin auf dem Weg zu den Thaitas. Nun ist mein Swahili schon besser. und ich kann verstehen, daß der Mann mir berichtet, in seiner Ehe ging jetzt alles besser. Damals hätten sie begriffen, daß sie voneinander Gutes zu empfangen bereit sein sollten und nicht in ihrem gegenseitigen Mißtrauen eingeschlossen verharren dürften. Soweit die Geste, die Sie verwunderte. Ich glaube nicht, daß es eine magische Geste ist, etwas Rituelles. Aber ich weiß, sie kann den seelisch Verspannten aus seiner Verkrampfung herausführen.

Was nun das eigentliche Üben mit E. O. anbelangt, muß ich mich leider kürzer fassen, obwohl es ungleich wichtiger als die Äußerlichkeit der Geste ist. E. O. befindet sich, wie wir beide wissen, in einem Traditionskonflikt wegen seiner Polygamie. Obwohl er keine seiner Frauen verstoßen will, möchte er doch seiner neuen Religion treu bleiben. Daher kann ich als Objekt nichts Traditionelles, aber auch nichts

Christliches verwenden. E. O. ist nicht der erste Fall dieser Art. Ich wurde einige Male mit ähnlichem konfrontiert und kam auf die sehr einfache Überlegung: Damals in Nairobi hatte ich u. a. das Erlebnis mit dem Spiegel, außerdem *zog es mich unwiderstehlich nach dem Westen zu den Wäldern*. Sie erinnern sich? Ich erzählte Ihnen davon. Wenn es also Tatsache ist, daß Menschen derartige möglicherweise telepathische – ich wähle bewußt die moderne Formulierung! – Fernwirkungen ohne Objektverwendung erzielen können, dann müssen sie machbar sein. Was andere Menschen machen können, kann vielleicht auch ich, dachte ich. Meine Erfahrung mit den verschwundenen Hunden gab mir Selbstvertrauen, ich hatte auch bereits andere traditionelle afrikanische Methoden gelernt. So probierte ich eben, ob es nicht auch ohne irgendein Objekt möglich wäre, Stimmungen, Zustände und Bilder zu übertragen. Leicht ist es gewiß nicht! Für mich ist es ermüdend! Wie Sie wissen, gelingt mir die Übertragung auch bedeutend schlechter als in anderen Fällen. E. O. erlebte zwar etwas in der Richtung, die ich plante. Er erlebte aber nicht genau das, was ich ihm *schickte*. Es bestanden da Differenzen.»

«Trotzdem», meint Dr. N., «der Erfolg ist da, die psychische Entwicklung geht in die geplante Richtung. Ob die Übertragung im Detail genau gelingt oder nicht, ist für den Erfolg an sich gleichgültig.»

«Das meine ich auch», sage ich, mich erhebend, denn es ist Zeit, daß ich einen klugen alten Mali besuche, um meinerseits zu lernen.

III. TEIL

Psychische Phänomene,
bei denen afrikanische Methoden –
nach meiner Erfahrung –
weniger erfolgversprechend sind

17. Gott ist kein Zigarettenautomat

What invisible rat
Come out of the walls of the night,
Gnaws the milk-cake of the moon?
In the morning
He will be gone
Leaving bloodstrained marks of teeth
Jean-Joseph Rabearivelo, Madagaskar

Stumm sitzen wir uns gegenüber. Dr. N. und ich, und jeder blickt in eine andere Richtung. «Also, Sie können in dem Fall nichts unternehmen?» fragt Dr. N. Ich bringe es nicht fertig, nein zu sagen, und schüttle nur den Kopf. Noch einmal beginnt Dr. N., das Schicksal des heute eingelieferten Patienten schlagwortartig zu umreißen: Arbeitslosigkeit, Vegetieren am Stadtrand, die Frau ist unfruchtbar, die Familie von ihrer Tradition abgeschnitten. Irgend jemand sagte dem Mann, daß sein Gott ihm weder Arbeit verschaffe noch Geld oder Gesundheit und Kinder. Da dieser Gott ihm nicht helfen könne, müsse er sich einem stärkeren Gott anschließen: Er konvertiert daraufhin zu der Religion des Ratgebers, vollführt alle neuen religiösen Bräuche peinlich genau und hofft auf eine Wendung des Schicksals. Die bleibt aus: keine Anstellung, die Frau wird zwar schwanger, bekommt aber eine Fehlgeburt. Kein Wunder geschieht, um ihn reich zu machen. Sein Leben bleibt öde und trist. Er ist tief enttäuscht. Da war keiner, der ihm erklärt hätte, daß Gott kein Zigarettenautomat ist: Man wirft Gebet oder Opfer hinein wie eine Münze und heraus kommt die Erfüllung der Wünsche. Da war keiner, der ihm gesagt hätte: Du magst Hühner opfern oder Kerzen stiften oder was immer. Dein Glück kannst du damit nicht kaufen. Schau dich um und sieh, es gibt in jeder Religion Gesunde und Kranke, Glückliche und Unglückliche, Arme und Reiche. Nun beginnt der Mann auch noch zu kränkeln. Erst ist es nur ein leichter Druck im Leib, dann wird der Schmerz stärker. In der Shellgarage nimmt man zwei Arbeiter auf. Er hört davon, eilt hin und erfährt, daß beide Plätze vor einer halben Stunde vergeben wurden. Sein aufgestauter Zorn über die Hoffnungslosigkeit seines Lebens bricht aus. Besinnungslos vor Enttäuschung verflucht er alles: die Götter seiner Ahnen, den christlichen Gott und den der Muslime. Denn alle ließen ihn im Stich, so ergeben er jedem auch diente. Ein Priester – es ist gleichgültig, welcher Religionsgemeinschaft er angehört – hört das und droht ihm: ‹Unser Gott wird dich mit Krankheit schlagen, und dein Tag wird elend sein. Das wird die Strafe für die Sünde sein, die du jetzt begingst.›

Der Mann geht heim. Seine Leibschmerzen werden stärker. Sie wissen», unterbricht Dr. N. den Bericht, «der Mann leidet an einem nun unheilbaren Krebs. Er ist nicht mehr zu operieren. Seine damaligen Schmerzen zeigten den Beginn der Krankheit an. Die Verschlimmerung seines Leidens deutet er als Strafe Gottes. Der Krebs wächst. Ich kann ihm Schmerzspritzen geben. Ich kann ihm aber nicht seine unglückselige Einbildung nehmen, er würde nur deshalb nicht gesund, weil Gott ihm nicht verziehen habe. So wird ein unglücklicher Mensch unglücklich sterben, weil er sich für verflucht hält!»

Dr. N. springt auf, er rennt erregt hin und her. Ich frage: «Welcher Religion gehörte denn der Mann an, der Ihrem Patienten einredete, Krankheit wäre das Resultat von Sünde?»

Dr. N. brüllt, ja, er brüllt: «Das ist gottverdammt egal. Auf das Ergebnis kommt es an! Sollen alle Hurensöhne in der Hölle brennen, die jemandem nach einem unglücklichen Leben auch noch einen unglücklichen Tod verschaffen!» Zu mir gewandt: «Und Sie, sind Sie zu stur, um hier etwas zu unternehmen? Oder können Sie die Leute nur zum Hühneropfern schicken und sonst nichts?»

Ich weiß, daß die unbeherrschte Aggression eigentlich nicht mir gilt. Daher lasse ich diese und die darauffolgenden Ausführungen des Dr. N. über mich ergehen. Schließlich verebbt sein Zorn. «Jetzt steht der arme Kerl unter Morphium. Da hat er seine Ruhe. Aber können Sie da wirklich nichts machen?»

«Sehen Sie, Dr. N.», antworte ich, «was ich lernte, ist religiös neutral. Sonst würde es ja nicht durch die verschiedensten Stämme und damit die verschiedensten Stammesreligionen praktiziert werden können. In gleicher Weise ist es möglich, einen Christen mit seinem Christentum zu versöhnen. Etwa durch ein sanftes Heiligenbild – natürlich kein schreckliches, auf dem gar ein Martyrium zu sehen ist – oder sonst eine spezifisch christliche Darstellung wie zum Beispiel Albrecht Dürers *Hieronymus im Gehäuse* oder eines der wunderbaren Motive des Fra Angelico. Ich habe das selbst schon mit guten Erfolgen durchgeführt. Auch für den islamischen Kreis gilt das, allerdings mit einem Amulett, einer aufgeschriebenen oder gebeteten Sure oder auch der Methode der 99 Namen Allahs. Aber im Falle Ihres infausten Patienten sehe ich keine Möglichkeit: seine Tö-Seele, sein Denken und Fühlen also, ist bereits in Auflösung. Wie sollte ich da etwas Neues, Positives aufbauen können? Ich halte es für besser, wenn wir einen Geistlichen jener Religion suchen, damit er ihm diese schreckliche Idee ausredet.»

Dr. N. nickt. Er scheint zu überlegen, wen er bitten könnte. Eine eintretende Schwester meldet im routinemäßig-unbeteiligten Ton den Tod des Eingelieferten.

18. *Das ver-rückte Gehirn*

And, son of a bull
When you are completely cured
When you have gained your full
strength
To go to the shrine of your fathers
Okot p'Bitek, Uganda

Nachdenklich und traurig gehe ich heim. Ich verstehe Dr. N.s Empörung nur zu gut, und doch … die tragische Lebensentwicklung des Verstorbenen hätte auch ohne den direkten Einfluß der zwei unverantwortlich Handelnden stattfinden können … mir fällt das kluge Gesicht des «Einstein-Mganga» ein, bei dem ich einen ähnlichen Fall beobachtete. Ich war nur einige Tage bei diesem genialen Mganga gewesen. Doch wie viel hatte er mir gegeben!

Ich machte seine Bekanntschaft zufällig. Neu in der Gegend und folglich ohne jede Verbindung, werfe ich mir selbst das Kauri-Orakel und fasse bei den Beobachtern schnell Fuß: ein guter Orakel-Werfer ist überall angesehen. Man bemüht sich um ihn. Am gleichen Abend bin ich bereits eifrig dabei, meinen neuen Freunden die Kauri zu werfen: ich bin «in» und kann beginnen, Erkundigungen wegen lokaler Waganga einzuziehen. Ich deute an, ich hätte das Gefühl, hier irgendwo lebe ein Mganga, Guérisseur nennt man sie in dieser Gegend, der viel mehr als ich wisse und könne. Ich hätte Schwierigkeiten, die ich mit ihm besprechen möchte. Ob es möglich wäre, mich mit ihm bekannt zu machen? Ich wisse natürlich nicht seinen Namen. Ich fühle nur seine Ausstrahlung. «Das kann nur … sein», meinen meine Gastgeber.

Am anderen Morgen werde ich bei ihm eingeführt und höre gerade das Ende einer Konsultation. Der Leidende möge Reis kaufen, ihn sehr sorgfältig säubern und in drei Gefäße geben, auf jedes dieser mit Reis gefüllten Gefäße solle er eine weiße Colanuß legen und sagen:

«Ich bin nicht der erste, der mit dem Auto einen Menschen überfahren hat. Das kann jedem passieren. Gott hat nichts anderes zu tun, als mir zu verzeihen.» Er möge sodann ein Gefäß auf dem Friedhof eingraben, eines in das laufende Wasser des Flusses werfen und eines auf den Platz stellen, auf dem er den Mann überfahren hat.

Der Kranke war Chauffeur und hatte einen Menschen, ausgerechnet einen Weißen, überfahren. Er wurde zu 5 Monaten Gefängnis verurteilt. Das geschah vor ungefähr 6 Jahren. Damals begann sein Leiden. Er glaubt sich verflucht oder mit Schwarzer Magie belegt: deshalb habe er den Weißen überfahren. Aus dem Gefängnis entlassen, sei ihm nichts mehr gelungen. Er sei immer tiefer gesunken. Die Frau habe ihn auch verlassen. Er habe verschiedene Leiden bekommen, alles weise auf einen Fluch oder bösen Zauber hin. Wegen seines Problems sei er von Guérisseur zu Guérisseur gegangen, sei verschiedenen Religionsgemeinschaften beigetreten. Er habe bei muslimischen Hakims und Marabouts, bei Pastoren, Pfarrern und afrikanischen Erleuchteten christlicher Sekten vergeblich Hilfe gesucht. Jeder habe ihm gesagt, nun sei er endlich zur richtigen Erkenntnis gekommen und habe ihm Hoffnung gemacht. Jedoch hätten sich weder seine Leiden gebessert, noch habe sich sein Leben zum Guten gewandt. Nach wie vor werde er vom Unglück verfolgt, und um ihn herum würden die merkwürdigsten Dinge geschehen: trete er morgens aus seiner Hütte, schreien Vogelschwärme, man schaut ihm heimlich nach, ohne daß er den Beobachter sehen kann; abends liegt Stroh vor dem Eingang seiner Hütte. Wenn immer er sich um eine Anstellung bewerbe, sei die Arbeit schon vergeben. Die Frau lebe mit einem anderen Mann zusammen, eine andere bekäme er nicht.

«Was hältst du von dem Fall?» fragt mich der Mganga.

«Ich kann mir noch kein Bild machen», antworte ich, «es könnte Magie, aber auch etwas anderes sein. Bitte erzähle mir doch, was dem Mann zustieß, als er die Vogelschwärme schreien hörte, als das Stroh vor seiner Hütte lag, als er die anderen Merkwürdigkeiten erlebte.»

«Nichts Merkwürdiges geschah! Du denkst ganz richtig», nickt der Mganga zufrieden. «Dem Mann ist nur eine einzige Sache geschehen, die nicht jedem passiert. Das war der Autounfall. Bei dem hat er freilich einen Weißen überfahren. Das geschieht nicht alle Tage und ist ein besonderes Pech. Aber so ungewöhnlich ist das auch wieder nicht. Alles andere ist eigentlich bedeutungslos. Er bauscht es nur auf, es kommt ihm nur vor, als ob es etwas Merkwürdiges sei. Vogelschwärme schreien oft. Wenn nach dem Schreien der Vögel etwas Außergewöhnliches geschehen wäre, würde ich an Magie glauben. Aber es geschah ihm nichts Außergewöhnliches. Stroh liegt viel herum. Warum nicht vor seiner Türe? Wenn etwas Außergewöhnliches passiert wäre, nachdem er das Stroh vor seiner Türe fand, würde ich an Magie glauben. Aber es widerfuhr ihm nichts Außergewöhnliches. Er fühlte sich von jemandem beobachtet, den er nicht sah. Wäre an diesem Tage etwas Besonderes geschehen, würde ich an Magie glauben. Es geschah aber nichts Besonderes. Warum also sollte es Magie sein? In unserer Gegend gibt es sehr viel Arbeitslose. Viele Frauen verlassen ihre Männer und gehen zu solchen, die mehr Glück haben. Auch das ist hier leider nichts Außergewöhnliches. Er sieht die Sachen nicht richtig, er sieht sie nicht, wie sie wirklich sind. Ich meine, er ist im Gehirn krank. Dagegen kann ich ihm so wenig helfen wie alle anderen. Vielleicht wird er sich wohler fühlen, wenn er das Reisopfer gebracht hat. Für eine Zeit. Dann wird sein Leiden wieder neu beginnen. Sein Gehirn hat sich wohl zu sehr ver-rückt, um den Gedanken zu behalten, daß er nichts tat, weshalb Gott ihn verfolgen würde. Ich ließ ihn das Opfer bringen, weil ich nichts unversucht lassen darf. Aber es hat wenig Zweck, dem Verstand eines Menschen zuzureden, wenn sein Gefühl erkrankt ist. Du sollst nicht an deinem Können und deinen Kräften zweifeln, wenn du in solchen Fällen keinen Erfolg hast. Es ist eine Krankheit, gegen die ich kein Kraut kenne.»

«Man nennt das in der Medizin der Weißen Paranoia, Verfolgungswahn», antworte ich, «es könnte sich aber auch um Beziehungswahn handeln. Der Unterschied ist…» Ich versuche, den Unterschied zwischen beidem zu erklären, aber mein Französisch reicht nicht.

«Es ist nicht nötig, daß du mir das so genau erklärst», meint der Mganga gutmütig, «wesentlich ist, daß wir beide einer Meinung darüber sind, daß es eine Krankheit seines Kopfes ist, daß man daher nicht mit einem Mittel gegen Schwarze Magie helfen kann, und du weißt, daß du nicht an deinen Kräften zweifeln mußt, wenn dir in solchen Fällen keine dauernde Hilfe gelingt. Anders ist es freilich, wenn in einem sonst gesunden Gehirn eine einzelne merkwürdige Idee entsteht. Die kann man schon herausbringen, da sind die Denkausgänge ja nicht verstopft.»

So spricht der geniale Mganga zu mir, der – ohne je von moderner Psychiatrie etwas gehört zu haben – den Verlauf einer endogenen Erkrankung so genau erfaßte. Und ich schäme mich ziemlich, unter dem

Vorwand einer Ratsuchenden gekommen zu sein. Ich habe das Gefühl, der Mganga hat mich schon längst durchschaut, ist mir aber nicht böse und läßt mich, gleichsam von Kollege zu Kollege, seine Erfahrungen wissen.

19. Über Leute, die immer auffallen wollen

You amass scraps of paper,
Your daughters, I hear,
Paint their face like prostitutes,
Through their promiscous love
Our race grows paler.
Are you any happier?
Some trumpet goes wa, wa, wa.
L. S. Senghor, Senegal

«Es gibt noch andere Leute, bei denen du dir keine Vorwürfe machen brauchst, wenn du keinen Erfolg hast», setzt der Mganga fort. «Das sind Leute, die wollen unbedingt im Mittelpunkt stehen und wünschen, daß alle von ihnen reden. Das gilt ihnen mehr als Reichtum. Oft machen sie nur deshalb viel Geld, damit man von ihrer Tüchtigkeit und ihrem Reichtum redet, aber sie haben gar nicht Zeit, ihn zu genießen. Sie wollen noch mehr verdienen, um den Leuten noch mehr imponieren zu können.

Dann gibt es solche, die wünschen, daß jeder sie bewundert. Das bedeutet ihnen mehr als Gesundheit und Leben. Daher riskieren sie alles ohne jeden vernünftigen Grund, springen zum Beispiel mit einem Fallschirm aus dem Flugzeug oder tauchen ins Wasser, wo es am tiefsten und gefährlichsten ist. Oder sie steigen über Felsen auf einen Berg, den man anders bequemer besteigen könnte, wenn man schon unbedingt muß. Ein paar Jahre schreiben die Zeitungen von solchen Leuten. Ihr nennt sie Rekordler. Wenn sie älter geworden sind, redet niemand mehr von ihnen. Meist sterben sie arm und unbeachtet.

Andere wieder sind gescheit. Statt aber zu arbeiten und den Menschen zu nützen, reisen sie von Kongreß zu Kongreß. Dort werden sie beachtet. Da fühlen sie sich wohl, denn solch ein Leben lieben sie.

Es gibt auch junge, hübsche Frauen. Statt einen Mann zu heiraten und gesunde Söhne zu bekommen, werden sie TV-Stars, Schauspielerinnen oder ähnliches. Nun haben sie keine Zeit mehr, ein gemütliches und schönes Leben zu führen. Sie werden nervöse, abgemagerte Nervenbündel und müssen ihre vorzeitigen Falten mit Schminke überdecken. Außerdem dürfen sie keine guten Sachen essen, denn sie müssen mager bleiben wie eine Ziege in der Sahel. Das alles macht ihnen aber nichts aus; denn wo sie hinkommen, werden sie für Illustrierte fotografiert.

All diesen Leute sind zwei Sachen gemeinsam: sie haben irgendeine Gabe, und sie wollen auffallen.

Was nun aber, wenn jemand keine besondere Gabe hat, und er will doch unbedingt auffallen? Was kann er tun, damit die Leute von ihm reden? Ganz einfach: Er wird absonderliche Dinge machen, behaupten, absonderliche Dinge erlebt zu haben, vorgeben, daß er absonderliche Dinge kann, oder klagen, an Absonderlichem zu leiden: sie rennen von Arzt zu Arzt, von Guérisseur zu Guérisseur, von Priester zu Priester. Sie sagen, sie hätten dieses oder jenes Leiden, oder sie hätten dieses oder jenes gesehen, diese oder jene Stimme gehört und was es sonst noch für Absonderlichkeiten gibt. Anfangs sind sie von dem Arzt, Guérisseur, Marabout oder Priester begeistert und loben ihn über alles. Nach einiger Zeit klingt das Lob ab, schließlich schimpfen sie, auch er habe ihnen nicht geholfen, und suchen einen anderen. Dann beginnt das Spiel wieder von neuem.

Ja, warum kann man diesen Leuten denn nicht helfen, ihre absonderlichen Dinge abzuschütteln? Ganz einfach deshalb, weil sie ja auffallen wollen. Und ihre Absonderlichkeiten sind das einzige, das sie auffallend macht. Sie wollen gar nicht ernsthaft, daß du ihnen hilfst. Deshalb sollst du dich nicht grämen, wenn du keinen Erfolg hast. Deinem Nachfolger wird es vermutlich ebenso ergehen. Ja», unterbricht sich der Mganga, «da ist noch etwas, das habe ich beinahe vergessen. Manchmal geht die Entwicklung so: Wenn einer lange genug absonderliche Dinge behauptet hat, beginnt er, selbst daran zu glauben. Wenn er aber noch nicht selbst daran glaubt, kannst du ihm mitunter dadurch helfen, daß du ihm die Wahrheit sagst. Aber trotzdem, mein Rat ist: Lasse die Finger von denen.»

Ich frage, ob er mir sagen könne, woran man diese Menschen erkennen könne, und erhalte den probaten Rat: «Wenn jemand zum erstenmal zu mir kommt, und ich bin mir nicht ganz im klaren, ob er wirklich

Hilfe braucht, dann sage ich ihm, daß sein Problem oder Leiden nichts Besonderes ist. Vielleicht habe der, der ihn mit schädlicher Magie belegte, nicht viel gekonnt. Ich verspreche ihm, daß ich das schnell und billig wegbringen kann. Nun beobachte ich, wie sich der Patient benimmt. Ist er erleichtert und freut sich, dann leidet er wirklich und will geholfen bekommen. Denn jeder, der wirklich unter etwas leidet, ist froh zu hören, es sei nicht so schlimm und nähme auch sicher bald ein Ende. In diesem Fall nehme ich ernst, worüber er klagt, und versuche, ihm zu helfen. Zeigt er sich aber beleidigt und ärgerlich, freut er sich nicht über mein Versprechen, ihm schnell und sicher helfen zu können, dann kannst du meist – aber nicht immer – schließen, daß er gar nicht so sehr unter seinen Beschwerden leidet, sondern sich eher ärgert, nicht einen so interessanten Eindruck gemacht zu haben. Kurz, daß er vermutlich zu denen gehört, von denen du besser die Finger läßt.»

Ich denke mir, dieser Mann ist wirklich ein Einstein unter den Waganga, denn anschaulicher hätte wohl kaum ein Mensch den von Geltungstrieb Besessenen, den Hysteriker und Pseudologisten beschreiben können.

20. Über lebendige Tote (Zombies)

If per chance you see a hare that roars
Or as ape in a palanquin,
Look on in silence. Quickly pass by.
Quickly.
F. Parkers, Ghana

Da der Mann einen so unglaublich scharfen Geist hat und die Dinge so realistisch betrachtet, nehme ich die Gelegenheit wahr, ihn zu fragen, was an den Erzählungen über die Zombies, die lebenden Toten, seiner Meinung nach wahr sei. Denn ich sei noch keinem begegnet. «Wirklich nicht?» fragt er zurück, «oder ist es vielleicht so, daß du sie nur nicht bemerkt hast? Du warst doch in solchen Gegenden. Du mußt nämlich wissen, daß es zwei Gründe gibt, um lebende Tote zu machen. Das eine ist ein guter Grund. Es handelt sich darum, daß man bestimmte alte Menschen nicht sterben lassen will. Zum Beispiel weil die Gemeinschaft auseinanderfallen würde, wenn sie nicht mehr lebten. Oder weil es ein Veteran ist, dessen Familie auf seine Pension angewiesen ist.* Das nenne ich vertretbare Gründe, lebendige Tote zu machen. Aber ich sage dir nicht, wie man es macht. Es ist nämlich nicht gut, wenn man Bräuche in Gegenden verpflanzt, in denen sie nicht entstanden sind.»

«Aber wenn ich dir verspreche, daß ich das Wissen nie verwenden würde. Kannst du es mir dann sagen oder zeigen?» frage ich.

Der Mganga: «Ganz gewiß nicht, denn das wäre dumm. Ein Wissen, das man nicht anwendet, macht keinen glücklicher. Es ist wie ein Stein. Du schleppst ihn nur mit dir herum. Wozu soll das gut sein?»

---

* In ehemals französisch kontrollierten Ländern zahlt die französische Regierung den Kriegsteilnehmern auch nach der erreichten Unabhängigkeit der betreffenden Staaten noch Pensionen aus.

Da ist sie wieder, diese Verschiedenheit der Standpunkte, die unvermittelt eine seelische Kluft aufreißt. Der Einstein-Mganga wirkt verschlossen, wir sprechen nur noch über Bedeutungsloses. Ob ich ihn durch harmloses Geplauder meine Ungeschicklichkeit vergessen lassen kann? Er kramt herum. Sein Gesicht wird nicht freundlicher. Unvermittelt ergänzt er kurz: «Dann gibt es noch lebende Tote aus unvertretbaren Gründen. Es sind junge, starke Menschen, die zu Arbeiten gebraucht werden. Man macht das mit Kräutern. Man erkennt sie daran, daß sie starre Gesichter haben und sich wie eine Maschine bewegen. So sagen die Leute.»

Damit hat er das Gespräch über die lebenden Toten endgültig beendet. Ich weiß nicht viel mehr als vorher. Aber ich denke mir, daß es durchaus möglich sein kann, eine Art künstliche schizophrenie-ähnliche Katatonie hervorzurufen. Denn Afrikaner haben ungeheures Wissen über Kräuter und Gifte.

IV. TEIL

Spezifisch afrikanische Probleme

21. *Liebeszauber und magische Mittel zum Reichwerden*

The round warm hut
Proud to the last
Of her noble sons
And daughters
J. Waiguru, Kenya

Am anderen Tag ist der Einstein-Mganga wieder freundlich und aufgeschlossen. Trotzdem bin ich vorsichtig und beschließe, ihn nicht nach Neuem zu fragen, sondern ihn nur um Beurteilung von solchen Methoden zu bitten, die ohnedies in Afrika in der einen oder anderen Form allgemein praktiziert werden. «Da habe ich einmal etwas gelernt. Das scheint mir sehr nützlich zu sein. Es ist ein Mittel gegen Liebeszauber.»

«Ich verstehe», antwortet der Mganga lächelnd, «das ist für Frauen ein wichtiges Problem. Besonders wenn man so allein durch die Länder reist wie du. Es wäre ja wirklich sehr schlimm, wenn du plötzlich gezwungen wärest, einem Mann nachlaufen zu müssen, der dir in Wahrheit nicht gefällt, wenn du bei ihm bleiben müßtest und niemand weiß, wohin du gekommen bist, und dann sollst du Hirse stampfen, Fu-Fu kochen, kannst es nicht, und alle anderen Frauen lachen dich aus. Erzähle mir nur ganz ruhig von dem Gegenzauber, wir wollen sehen, ob er etwas taugt.»

Ich beginne also, den Zauber zu beschreiben: «Am siebenten Tage vor Neumond suche eine alte, vertrocknete Holzwurzel. Bade dich und verehre den Herrn Aller Weltenbewohner, wie es bei dir der Brauch ist. Gehe nachts zu einem rinnenden Wasser. Setze dich zu dem Wasser und sieh die alte, vertrocknete Holzwurzel an. Denke, fühle und sprich leise: ‹So alt und vertrocknet wie diese Holzwurzel wird auch einmal das Gesicht dessen sein, der den Liebeszauber auf mich warf, so daß ich ihm folgen muß. So alt und vertrocknet wie diese Holzwurzel werden auch einmal die Arme dessen sein, der den Liebeszauber auf mich warf, so daß ich ihm jetzt folgen muß. So alt und vertrocknet wie diese Holzwurzel werden auch einmal seine Beine sein. So alt und vertrocknet wie diese Holzwurzel werden auch einmal sein Bauch, sein Penis, sein Gesäß sein.› Wiederhole das drei Nächte lang. Am Ende der letzten Nacht wirfst du die Holzwurzel in das rinnende Wasser und sagst: ‹So wie ich die alte vertrocknete Holzwurzel ins Wasser werfe, so werfe ich den Zauber, der auf mir liegt, ins Wasser. Wasser, liebes Wasser, trage Wurzel und Zauber weg.› Dann suche ein Tier, das nicht getötet wurde, sondern von allein starb. Nun badest du wieder, verehrst den Herrn Aller Weltenbewohner, wie du es zu tun gewöhnt bist, und gehst nachts wieder zum rinnenden Wasser. Du sagst und denkst und fühlst ‹So stinkend und scheußlich wie dieses Aas wird auch einmal das Gesicht dessen sein, dem ich jetzt wegen seines Zaubers folgen will. So scheußlich und stinkend werden auch einmal seine Arme sein. So scheußlich und stinkend wie dieses Aas werden auch einmal sein Penis, sein Bauch und sein Hinterteil sein.› Dann vergräbst du das Aas beim rinnenden Wasser und legst einen Stein darauf. Die nächste Nacht gräbst du das Aas wieder aus und reißt den Kopf, die Hinterbeine und Flügel (wenn es ein Vogel ist, sonst die Vorderbeine) aus und sprichst: ‹So mürbe und zerfressen und stinkend wie diese Vorderbeine (Flügel, wenn es ein Vogel ist) werden einmal die Arme dessen sein, der den Liebeszauber auf mich warf.› Dann reißt du die Hinterbeine aus und sprichst: ‹So mürbe und zerfressen und stinkend wie diese Hinterbeine werden auch einmal die Beine dessen sein, der den Liebeszauber auf mich warf.› Nun reißt du den Kopf ab und sprichst: ‹So scheußlich und zerfressen und stinkend und mürbe wie der Kopf dieses stinkenden Aases wird einmal das Gesicht und der Kopf dessen sein, der jetzt den Liebeszauber auf mich warf.› Die Teile des Aases gräbst du wieder ein. In der dritten Nacht, nachdem du gebadet hast, gehst du wieder zum rinnenden Wasser und gräbst die Teile des Aases aus. Jetzt nimmst du den verwesten Kopf und sprichst: ‹Ich werfe den Kopf des Aases ins rinnende Wasser, und den Kopf dessen, der den Liebeszauber auf mich legte, werfe ich hinterher. Wasser, liebes Wasser, trage beides fort.› Dann nimmst du die Vorderbeine (Flügel, wenn es ein Vogel ist) und wirfst sie ins rinnende Wasser und sprichst: ‹Ich werfe die Flügel (Vorderbeine) des Aases ins Wasser, und die Arme, die mich umarmen wollten, werfe ich hinterher.

Wasser, liebes Wasser, trage beides fort.› Jetzt nimmst du den restlichen Körper des Aases und wirfst ihn ins Wasser und schreist: ‹So, wie ich das stinkende, wurmige, madige Aas ins Wasser schmeiße, so schmeiße ich die stinkende, wurmige, madige Seele des Mannes, der den Liebeszauber auf mich warf, hinterher. Wasser, liebes Wasser trage beides fort!› Wenn du später dem Mann begegnest, der den Liebeszauber auf dich geworfen hat, wirst du bemerken, daß sein Zauber wirkungslos geworden ist. Nie mehr wirst du das Verlangen spüren, daß er dich anrührt oder du ihm gar folgen mußt. Übrigens können Männer das gleiche tun, wenn eine Frau einen Liebeszauber auf sie warf.»

«Das klingt sehr gut», meint der Mganga, der interessiert zugehört hatte, «ich glaube schon, daß das wirkt. Hast du noch etwas darüber zu sagen?»

«Ja. Da war ein unsympathischer Mensch, der vorgab, allerlei zu wissen und zu können. Deshalb trat ich mit ihm in Verbindung. Eigentlich gegen mein besseres Wissen. Er fragt mich nach meinem Namen. Ich nenne ihn natürlich, denn daß er ihn erfährt, kann ich ohnedies nicht verhindern. Daraufhin sagt er mir direkt ins Gesicht: ‹Du hast mir jetzt selbst deinen Namen gesagt, ich mache, daß du mir folgen mußt, andernfalls wirst du innerhalb von 5 Jahren sterben.› Mein kalter Jähzorn überkommt mich.»

«Ich weiß», lächelt der kluge Mganga, «du hast es mir schon einmal erzählt: *Man streitet nicht zweimal mit einem Somali, denn beim ersten Mal hat er einen bereits umgebracht, und zwar kunstgerecht.* Du bist seelisch nicht so weit von diesen Somalileuten entfernt ... was also tatest du?»

«Ganz einfach, ich verwendete den Liebeszauber umgekehrt. Das heißt, ich dachte nicht, ‹so stinkend und madig werden einmal sein Kopf, Arme, Beine und Penis, Bauch und Hinterteil sein, sondern – – – meines. Damit verging ihm der Appetit auf mich. Ich bemerkte das, als wir uns das nächste Mal begegneten.»

«Ist das alles?» fragt der Einstein-Mganga, dieser überaus einfühlsame Menschenkenner, zweifelnd und ein bißchen prüfend setzt er fort: «War da nicht noch ein wenig etwas anderes dabei? Ich kann mir nicht denken, daß du damit zufrieden warst.»

«Nein, ich war es nicht. Ich habe gelogen. Ich habe mich nicht allein genannt, sondern alle Frauen der Welt einbezogen. Ich könnte sagen, weil ich alle vor den gemeinen Machenschaften dieses häßlichen Mannes schützen wollte. Aber das ist nicht wahr. Ich tat es, weil ...»

«Weil man nur einmal mit einem Somali streitet», ergänzt der Mganga, «auf jeden Fall kann er nun seine Verbrechen nicht mehr fortsetzen, und das ist gut. Es handelt sich ja nur um einen Gegenzauber. Wehren darf sich jeder. Ohne vorherigen Liebeszauber ist dein Zauber wirkungslos. Daher kann man niemanden damit als erster aus Bosheit angreifen. Die Sache ist schon gut so. Hast du noch andere Dinge, die du mit mir besprechen möchtest?»

«Ja, da ist die Sache mit den Totenköpfen und Diamanten, ich habe gehört, daß . . .»

Da lacht der Mganga ärgerlich: «Ich habe auch gehört und nicht nur gehört, sondern auch beobachtet, daß viele mit dieser Methode reich wurden. Und zwar werden die reich, welche die Totenköpfe verkaufen. Die armen Tröpfe, die sie kaufen, werden nur arm. Ich habe keine einzige Ausnahme beobachtet. Ich glaube, die ganze Geschichte wurde von den Verkäufern der Totenköpfe in Umlauf gesetzt. Übrigens sind es oft nur Affenköpfe, die für viel Geld verkauft werden. Aber auch wenn es echte Menschenköpfe sind, glaub mir, sie bringen nicht den kleinsten Diamanten in ihre Nähe! Du kannst sicher sein. Ich kenne diese Vorgänge.» Klatschend erschlägt er einen Moskito und setzt fort: «Der gleiche Schwindel ist das magische Vermehren von Geld, von dem du ganz gewiß auch schon gehört hast. Ein Mann macht dich vertrauensselig, bis du ihm eine große Summe gibst. Dann verschwindet er. Ich erkläre dir jetzt, wie du zu einem kleinen Gewinn kommen kannst. Wie man den Betrüger betrügen kann, vorausgesetzt, er ist so dumm, daß er dein Spiel nicht durchschaut. Durchschaut er es, kannst du nicht viel dabei verlieren. Da kommt also einer von irgendwoher, und er erzählt dir sehr geheimnisvoll, jetzt wäre es eine gute Zeit, Geldscheine magisch zu vermehren. Er habe aber keine. Du solltest ihm welche geben. Er würde sie getreulich vermehren und am Schluß mit ein paar Scheinen zufrieden sein. Nun gibst du ihm zum Beispiel 500 CFA. Er bringt dir 1000 CFA zurück. ‹Wir könnten das weitermachen›, sagt er. Nun gib ihm genau die 1000 CFA zum Vermehren (denn das ist dein Einsatz von den ursprünglichen 500 CFA, die anderen 500 CFA hat er ja selbst dazugelegt, um dich sicher zu machen). Er kommt und bringt 2000 CFA. Tags darauf kommt er mit 4000 CFA (denn er will dich ja vertrauensselig machen, damit du ihm später eine große Summe anvertraust). Vielleicht hast du Glück, und der Mann glaubt an deine Dummheit und bringt dir nochmals eine angebliche Vermehrung; es sind nun 8000 CFA. Damit sagst du freundlich ‹danke mein Herr, mehr brauche ich nicht›. Du hast 7500 CFA gewonnen. Denn die von dir selbst eingesetzten 500 CFA mußt du ja vom Gewinn abziehen. Hat er aber schon Verdacht geschöpft, wird er mit den 4000 CFA verschwinden und sich nicht mehr blicken lassen. Dann hast du nur deine ursprünglich eingesetzten 500 CFA verloren, und das ist nicht so schlimm. Das heißt, du darfst nur einmal eine ganz geringe Summe von deinem eigenen Geld hergeben und ihn später nur seine angeblichen Vermehrungen vermehren lassen. Was hältst aber du von der Sache mit dem Roten Merkur?» fragt mich der Mganga.

«Nichts», sage ich, «soweit es Magie betrifft. Geister und Djinnadi trinken es nicht. Rotes Merkur wird zum Drucken der Geldscheine verwendet. Es ist ein chemischer Vorgang, der von Maschinen vorgenommen wird. Ich kenne in Europa einen Mann, der in einer solchen Anstalt arbeitet. Es ist ein ordentlicher, vertrauenswürdiger Mann. Es gab keinen Grund, mir darüber etwas Falsches zu erzählen. Daß man mit rotem Merkur und viel Kunstfertigkeit Falschgeld herstellen kann, ist in Europa bekannt und wird auch praktiziert. Das hat aber nichts mit Magie zu tun, es ist nur kriminell. Die Erzählungen über Magie, die darüber im Umlauf sind, sind glatter Unfug, Erzählungen von angeblichen Dummköpfen für richtige Dummköpfe.»

«So etwas habe ich mir auch schon gedacht», sagt der Mganga, «ich habe mich nämlich einmal eine Zeitlang mit diesen Dingen beschäftigt. Ich habe aber nie einen Djinnadi oder sonstigen Geist beobachten können, der das rote Merkur trank und dafür Geld hinlegte. Daß man damit auch Menschen vergiften kann, hat nichts mit Magie zu tun: auch der Waffenhändler bekommt Geld, wenn er einen Revolver verkauft.»

Zufrieden, in so vielen Dingen einer Meinung zu sein, verabschieden wir uns. Mein Weg führt mich weiter. Aber noch oft kommt mir der Einstein-Mganga in den Sinn, denn ich hatte ihn in den wenigen Tagen unseres Zusammenseins liebgewonnen. Wenn auch nicht im Sinne eines Liebeszaubers, sondern so, wie man einen klugen, älteren Bruder liebt.

22. Der siegreiche Kampf gegen Schwarze Magie

For Amos Tutuola from whom I have learnt many important things, the greatest being that the most important virtue is courage.

Taban lo Liyong, Uganda

Ich kann für dieses Kapitel keinen erlebnismäßigen Hintergrund berichten, denn das nun zu Beschreibende stammt aus vielen Erfahrungen. Es ist gleichsam eine Art Gebrauchsanweisung für den afrikanischen Leser.

Regel 1: Man sollte vorsichtig mit Dingen sein, die zum eigenen Körper gehören oder die man selbst getragen hat. Dazu gehören Haare, Fingernägel und ähnliches, aber auch Fotografien. Skeptikern sei in Erinnerung gebracht, daß sich der Mensch als optisch orientiertes Lebewesen anhand von wahrnehmbaren Dingen den früheren Träger derselben leichter vorstellen kann und dadurch eine – in diesem Falle negative – Identifizierung eher anbahnbar ist. Umgekehrt möchte ich Übervorsichtigen abraten, nun geradezu zwanghaft auf diese Dinge zu achten: ganz lassen sie sich ohnedies nicht vermeiden. Wer könnte zum Beispiel seine Fußspuren verwischen?

Es gilt auch weniger zu vermeiden, als mit diesen Dingen fertig zu werden.

Regel 2: Wie schon bei der Beschreibung der Rufe-Es-Methode erwähnt, kann jeder einigermaßen robuste Mensch mit jeder wie immer gearteten Erscheinung, die aus Schwarzer Magie entstanden ist, fertig werden, wenn er diese Methode anwendet. Es kommt nur darauf an, nicht in Panik zu geraten. Ein gesunder Zorn über die Anmaßung, die darin liegt, einen Menschen manipulieren zu wollen, kann recht nützlich sein! Ich meine damit die Art von Zorn, die gleichzeitig einen klaren Kopf macht. Furchtlosigkeit plus klares Denken plus Rufe-Es-Methode, und das Ding, Wesen oder was immer es ist, verschwindet auf Nimmerwiedersehen – ein Rezept, das für den gesunden Normalmenschen stets anwendbar ist (siehe meinen Bericht über mögliche Telekinese am Schluß dieses Kapitels).

Regel 3: Vor Anwendung von Regel 2 rate ich aber, folgende Punkte durchzugehen. Ganz allgemein gesprochen habe ich gelernt, daß es hauptsächlich zwei Arten von Schwarzer Magie gibt:

a) das magische Fressen von einem Menschen,

b) die negative Besessenheit.

Für beide Möglichkeiten gilt, daß sie sich auch noch mit anderen Methoden als der Rufe-Es-Methode bekämpfen lassen. Man kann also wählen.

Regel 4: Unwirksammachen von magischem Gefressenwerden.

Anmerkung für Skeptiker: In Abschnitt 5 erwähnte ich die Experimente der Fernübertragung. Ferner erwähnte ich den Komplex der Placebowirkungen. Zum mindesten könnte als Arbeitshypothese angenommen werden, daß durch das eine oder andere ein schädigender negativer Vagusumschwung erzielt werden kann. In afrikanischer Tradition formuliert man einfacher und plastischer: der Schwarzmagier oder sein weibliches Gegenstück saugen ihrem Opfer die vorhandene Lebenskraft aus; dadurch werden sie stärker, das Opfer schwächer. Ob dieser Vorgang auf dem Wege des Gesetzes der erfüllten Voraussage stattfindet, auf dem echter Negativ-Telepathie oder sonstwie, ist von rein akademischer Bedeutung, sprengt also den Rahmen einer praktischen Gebrauchsanweisung für Gegenmaßnahmen.

Beschreibung der Gegenmaßnahmen:

Unter der Voraussetzung, der Betreffende ist durch den Dauereinfluß schon so abgebaut und geschwächt, daß er nicht mehr die Kraft zur Anwendung der Rufe-Es-Methode aufbringt, verhalte er sich folgendermaßen:

a) Verschwende keine Zeit mit müßigen Überlegungen, wer der Fresser der Seele sein könnte oder ist. Mitunter hast du einen geheimen Feind. Oder der – offene oder geheime – Feind führte die Aktion nicht selbst durch, sondern beauftragte einen Dritten, eben den berufsmäßigen Schwarzmagier. Schließlich besteht auch noch die Möglichkeit, daß es gar kein Feind ist, welcher dabei ist, die Seele aufzufressen. Ich gebe dafür ein Beispiel: eine Geheimgesellschaft bereitet in langwierigen Prozeduren einen Neueintretenden vor, führt ihn dann unter ihren Baum, gibt ihm einen roten Hahn und läßt ihn die Augen schließen. Nach einiger Zeit öffnet er auf Befehl die Augen und sieht statt des Gesichtes einen roten Hahnes das Gesicht eines Verwandten. Der ist dann das Opfer, welches magisch gefressen wird.*

b) Nun bringe – je nach deiner Tradition! – entweder deinen Ahnen Speise und das Große Opfer, oder besuche deine Kirche oder Moschee und stifte oder bete gemäß den dort gültigen Regeln und Bräuchen.

c) Forme sodann eine Figur aus Lehm, die unten einen Mann, oben eine Frau darstellt. Die Figur sollte keine bestimmten Gesichtszüge haben, denn man will ja einen Unbekannten darstellen. Die Figur soll in der Lebergegend eine offene Aushöhlung haben.

d) Nun versuche von einem Leprösen einen Kleiderfetzen bzw. einige seiner Haare oder Fingernägel zu bekommen. Scheust du das Gerede, kann auch Erde, auf die er urinierte oder sein Geschäft verrichtete, verwendet werden. Kannst du das auch nicht bekommen, genügt Erde, auf der sich sein Fuß abdrückte. Sie hat die gleiche Wirkung. Ob nun der Lepröse weiß, daß man etwas von ihm nahm, oder ob er es nicht weiß: auf jeden Fall mußt du ihm ein weißes Huhn und einen weißen Hahn schenken.

e) Was immer du von dem Leprösen erhieltest oder nahmst, bewahre zur späteren Verwendung auf. Die noch leere Höhlung muß mit einem Stück roter Colanuß versiegelt werden.

f) Nun begib dich bei zunehmendem Mond auf einen ruhigen Platz, auf dem keine Störung zu befürchten ist.

g) Stelle die Figur vor dich hin und bleibe ganz ruhig. Höre auf deinen eigenen Herzschlag. Das Herz schlägt wie eine ruhige Trommel. Folge dem Herzschlag so, daß da nichts anderes mehr auf der Welt existiert als eben dieser, der eigene ruhige Herzschlag, so wirst du nach einiger Zeit bemerken, daß dieser eigene Herzschlag auch in der Figur ist. Dieser Eindruck läßt sich unmöglich verbal beschreiben. Das Erlebnis ist jedoch unverwechselbar. Das wird von jedem erkannt, wenn es geschieht. Nun schließe die Augen. Die Figur erscheint vor den geschlossenen Augen. Sie beginnt sich zu beleben. Es ist keine Figur mehr. Es ist die unbekannte Person, die an der Seele frißt. Es muß «eine unbekannte Person» bleiben. Beginnt man, sie erkennen zu wol-

---

* Das Wissen um diesen Brauch ist einer der Gründe meiner im Kapitel 10 beschriebenen Beunruhigung: fürchte ich doch, daß nun auch in unserer Gegend Analoges Verbreitung gefunden haben könnte.

len, zerstört man den Vorgang. Das ist zu beachten! Sobald nun die Figur zum unbekannten Fresser der Seele wurde, wende deine Aufmerksamkeit der Tatsache zu, daß du selbst und dieses Geschöpf den gleichen Herzschlag haben. Der Herzschlag treibt das Blut durch den Körper. Das Blut gibt die Kraft. Diese Kraft ist die Lebenskraft. Mit jedem Herzschlag, mit dem Boom der ruhigen Herztrommel, holt man etwas von der geraubten Lebenskraft zurück in den eigenen Körper. Bemerkst du, daß du wieder der starke Mensch wie vor dem Beginn des Seelenfressens bist, beende den Vorgang und öffne die Augen.

h) Entferne das Stück von der roten Colanuß und gib in die Höhlung das, was du von dem Leprösen bekamst; dann verschließe das Ganze wieder mit dem Colanuß-Stück und wirf die Figur in rinnendes Wasser, dort wo es am tiefsten ist, damit sie keinem schaden kann. Selbstverständlich darf es kein Wasserplatz sein, der einem anderen Stamm heilig ist! Findet sich kein rinnendes Wasser in der Gegend, stecke sie in die Höhlung eines Bao-Bab-Baumes, in dem nicht bereits etwas anderes gelagert wurde. Davon muß man sich vorher genau überzeugen.

i) Am nächsten Tag verehre den Herrn Aller Weltenbewohner nochmals gemäß der eigenen Tradition in Kirche, Moschee oder durch Bringen des Großen Opfers. Anschließend schenke die Kleider, die du während der fraglichen Nacht trugst, einem Leprösen und wiederhole den oben beschriebenen Vorgang noch zweimal. Dann beginne dein neugewonnenes Leben und freue dich, den Angriff abgeschlagen zu haben.

k) Sollte es geschehen, daß später wieder einmal jemand die Seele anfressen will, verfahre gleichermaßen.

Regel 5): Unter Punkt «Regel 3 b» erwähnte ich die Möglichkeit des negativen Besessenwerdens.

a) Zunächst sollte man wissen, woran man negative Besessenheit erkennen kann. Ich gebe ein Beispiel dafür: Der Abend sinkt herab, man sitzt ganz gemütlich vor seiner Hütte und hat schon Appetit auf das gute Fu-Fu, das noch vorbereitet wird. Da rennt ein niedliches, fettes kleines Kind vorbei. Plötzlich kommt einem der Gedanke, dies gäbe einen guten Braten. Die Vorstellung wischt einfach so durch den Sinn. Oder es kommt einem auf einmal die Idee, auf seinem heiligen Platz sein Geschäft zu verrichten: sei es eine Kirche, wenn man Christ ist, die Moschee als Muslim oder der Opferplatz, wenn man einer traditionellen Religion angehört. Es gäbe unzählige Beispiele. Allen ist gemeinsam, daß einem plötzlich etwas in den Sinn kommt, das man niemals zuvor tun wollte und das normalerweise größtes Entsetzen hervorriefe, erwischte man jemand anderen dabei.

In solchen Fällen könnte es sich um negative Besessenheit handeln: das heißt, man *wird plötzlich jemand ganz anderes, der Dinge tun will, an die man selbst nicht einmal zu denken wagt.*

Anmerkung für den Skeptiker: daß diese Symptome auch schizophrenieähnliche Vorgänge sein können, liegt auf der Hand. Daß sie sich als toxische Wirkungen, welche schizophrenieähnliche Symptome erzeugen, erklären lassen können, scheint mir persönlich einleuchtend: denn Afrikaner verfügen über ein ungeheuer großes, der Pharmakologie nur teilweise bekanntes Wissen um toxische Mittel, die sich aus Pflanzen und anderen Stoffen gewinnen lassen. Daß schließlich der Vorgang auch via telepathische Fernübertragung vorgenommen werden könnte, behauptet die einschlägige Literatur. Darauf wurde bereits verwiesen. Auch hier wieder ist die Frage nach der theoretischen Erklärung des individuellen Einzelfalles wegen des Mangels an protokolliertem Material irrelevant und sprengt überdies den Rahmen dieses – für die Praxis gedachten – Buches. Wesentlich hingegen scheint mir, daß diese Symptome im Initialstadium durch die unten beschriebenen Methoden gebremst werden können. Allerdings unter zwei Bedingungen. Diese lassen sich aus den oben angestellten Überlegungen zwanglos erklären. Man sollte afrikanischer Empirie gemäß zwischen folgenden negativen Besessendispositionen unterscheiden:

1. Es gibt Familien, die dazu neigen, negativ besessen zu werden, in denen also Besessenheit eine Art Familientradition darstellt, was u. a. als genetisch codierte Disposition erklärt werden könnte.

2. Es handelt sich um Mitglieder von Geheimgesellschaften, die zum Eintritt gezwungen wurden: Hier könnte die Besessenheit aus toxischen Einflüssen resultieren.

3. Es handelt sich um Menschen, die, ohne es zu wollen, ohne es zu erwarten, gleichsam «von selbst» Erscheinungen von negativer Besessenheit zeigen.

Die anschließend beschriebene Methode dürfte hauptsächlich für Gruppe 3 erfolgversprechend sein.

b) Beschreibung der Methode, von negativer Besessenheit befreit zu werden:

Du kennst noch das Totem deiner Ahnen. Suche den Schädel eines solchen Tieres. Du darfst aber keines töten, um zu dem Schädel zu kommen. Findest du keinen, kannst du aus Lehm ein Gebilde herstellen, das dem Schädel des Tieres ähnelt. Ist das Totem der Ahnen eine Pflanze, nimm etwas von ihrer Borke. Das Stück sollte die Form einer Schüssel haben. Weißt du noch, wie das Opfer gebracht wird, und besitzt das Recht, dieses Opfer zu bringen, opfere natürlich dem Schädel oder der Pflanze. Andernfalls sind sie respektvoll zu fragen, ob man sie verwenden darf. Besitzt du noch einen Fetisch oder ähnliches, verwende dies. Nun solltest du einen Tag lang wenig essen und möglichst nicht sprechen. Halte dich sauber. Iß nur das, was nicht nach den Regeln der Tradition verboten ist. Man darf auch nicht Liebe machen, etwas Wichtiges unternehmen, nicht streiten und niemanden beschimpfen. Wird der Mond sichtbar, gehe zu einem rinnenden Wasser und nimm 3 weiße Colanüsse und 3 Hände voll schönstem Reis sowie den Schädel, die Borke bzw. den Fetisch oder ähnliches mit dir.*

Nun setze dich mit dem Mitgebrachten nahe dem Wasser nieder. Dann sprich: «Du Totem meiner Ahnen, ich rufe dich!» Wenn du so sprichst, berühre die Borkenschale, den Fetisch oder ähnliches oder den Schädel mit beiden Händen.**

Borkenschale, Schädel, Fetisch oder ähnliches so haltend, wünsche nichts auf der Welt so sehr als das Kommen des Totems. Nach einer Weile wirst du bemerken, daß es lebendig wird. Obwohl es weder spricht noch sich bewegt, wirst du unmißverständlich die beginnende Lebendigkeit spüren. Dieses Fühlen – ob stark oder schwach ist bedeutungslos – wird sich von den Händen über den Körper des Beschwörers ausbreiten. Nun sage: «Du nun erwachtes Totem meiner Ahnen, danke für dein Kommen. Ich werde von einer schlechten Macht besessen. Bitte, erlaube, daß ich sie in dich gebe. Denn du bist stärker als ich. Du kannst es überwältigen, nicht aber ich.» Nach einer Weile geduldigen Wartens wirst du fühlen, daß das Totem mit dem Wunsch einverstanden ist. Nun gib Reis und Colanüsse in den Schädel, die Borkenschale

---

* Anmerkung für Afrikaner, die dies unternehmen wollen: 3 Colanüsse und 3 Hände voll Reis nimmt man in den Traditionen, in denen der Ehemann viel zu sagen hat. In den Stämmen, in denen Mutters Bruder mehr gilt, nimmt man 4 Colanüsse und 4 Hände voll Reis.
** Anmerkung für den Afrikaner: Ist die linke Hand gemäß ihrer Tradition unrein, legt man – wie beim Grüßen – die linke Hand auf das Handgelenk der rechten.

oder das Horn, welches der Fetisch ist, und sage: «So, wie ich Reis und Colanüsse in das Totem gebe, so gebe ich die fremden, schlechten Gedanken, Gefühle und Pläne, von denen ich besessen bin, hinein. Ich gebe dir meine ärgerlichen Gedanken, meine grausamen Gedanken, meine zerstörerischen Gedanken, meine furchtsamen Gedanken, meine schlechten Absichten, meine grausamen Absichten, meine absonderlichen Absichten. All das gebe ich dir, so, wie ich dir Colanüsse und Reis gab.» Nach einer Weile wirst du fühlen, daß das Totem alles angenommen und heruntergeschluckt hat. Nun geh heim! Sprich nicht über die Sache und halte die oben angegebenen Regeln. Am nächsten Abend wiederhole den Vorgang, aber nachdem das Totem lebendig geworden ist, sprich so zu ihm: «Du verehrtes Totem meiner Ahnen, ich danke dir für dein Wiederkommen. Du bist stärker als ich. Daher bitte ich dich demütig darum, daß du alles, was mich noch besessen macht, nun zu dir nimmst. Du sollst es gefangen halten.» Nachdem du das gesagt hast und das Einverständnis des Schädels, der Borke oder des Fetisch-Horns fühlst, nimm die Colanüsse und halte sie über den eigenen Kopf. Bist du sehr achtsam, wirst du nach einiger Zeit spüren, wie der Kopf von dem frei wird, welches dich besessen hielt. Nun gib die Nüsse zu all den Teilen des Körpers, die durch die Besessenheit erfaßt wurden.* Bei jedem Hinhalten zu einem neuen Körperteil mußt du die oben angegebenen Worte wiederholen.

Bist du nun sicher, daß alle Besessenheit hinweggenommen ist, verstecke Schädel, Borke oder Fetisch-Horn und geh heim. Wieder mußt du während des ganzen Tages die Regeln halten, die ich oben angegeben habe. Am nächsten Abend nimm eine Kalabasse voll Milch mit, betrete wieder den Platz und rufe dein Totem oder Fetisch-Horn wie gewohnt. Wenn es erwacht, nimm die Milch und sprich: «Du Totem, du verehrtes Totem meiner Ahnen! Danke für dein Kommen. In der ersten Nacht nahmst du die Gedanken, Gefühle und Pläne, von denen ich besessen war, mit dir. In der zweiten Nacht befreitest du mich

---

* Anmerkung für den Afrikaner: Z. B. auch die Nähe der Geschlechtsteile, wenn die Besessenheit verursachte, daß man nicht mehr Liebe machen kann oder aber, daß man von ganz absonderlichen sexuellen Wünschen besessen ist. Handelt es sich mehr um Gefühle und Stimmungen, wird man die Nüsse auch in die Lebergegend halten. Bei dem unbegreiflichen Wunsch, ein Kind aufessen zu wollen – siehe Beispiel oben – halte man die Nüsse zuzüglich zum Kopf auch an Leber und Magen.

ganz. Nun bin ich wieder so, wie ich war, und niemand besitzt mich mehr. Ich bin nicht mehr besessen. Dafür danke ich dir viele Male! So opfere ich diese Milch, um dich zu speisen, zu erfreuen und zu verehren.» Nachdem du so gesprochen hast, warte, bis das Totem das Opfer angenommen hat. Dann schütte die Milch über das Totem und gib alles in die Erde. Mach dich dann glücklich auf den Weg nach Hause und beginne ein neues, klares Leben. In Zukunft trage vorsichtshalber bei dir: in Stoff eingewickelt drei Hände voll feinstem weißen Reis und drei weiße Colanüsse. Es könnte nämlich geschehen, daß neuerlich abwegige Gedanken, Gefühle und Pläne zeigen, man ist wieder besessen. Das geschieht zwar sehr selten, aber immerhin, es kann vorkommen. Bist du nahe dem Platz, wo Totem oder Fetisch warten, gehe dann dorthin und wiederhole alles wie beschrieben. Bist du von diesem Ort jedoch zu weit entfernt, kannst du auch auf einem stillen Platz sprechen: «Nun ist die Besessenheit wieder über mir. Das ist nicht schlimmer als ein zurückgekehrter Schnupfen. Ich gebe jetzt sofort diese mir fremden Gefühle, diese mir fremden Gedanken, diese mir fremden Pläne in den Reis. Und die Macht, die mir diese fremden Dinge eingab, sperre ich hiermit in die weißen Colanüsse. Dort soll alles bleiben, bis ich es meinem lieben Totem oder Fetisch-Horn anvertrauen kann. Meinem lieben Totem (Fetisch-Horn) beim Wasser, welches wartet und auch das schlucken wird.» Befindest du dich in einer Fabrikhalle, einem Klassenraum oder sonst auf einem Platz, von dem man sich nicht zurückziehen kann, genügt es, das Paket mit Reis und Colanüssen zu berühren und diese Worte in Gedanken zu sagen.

Regel 6: Wenn das Opfer sicher ist, einen Feind zu haben, der einen Schwarzmagier gegen Entgelt zu seinem Tun veranlaßte, kann es auch folgende Methode anwenden: Man beeinflußt seinerseits den Feind dahingehend, daß er das Interesse daran verliert, einem zu schaden. Dann wird er den Schwarzmagier nicht mehr bezahlen. Damit verliert dieser das Interesse, denn persönlich hat er ja nichts gegen das Opfer: er vollführt sein übles Tun lediglich professionell. Ich gebe hier ein Beispiel, wie man in diesem Falle vorgehen kann.

Das Beispiel: M. ist mir persönlich bekannt. Er neigt nicht zu Phantastereien. Sein europäischer Arbeitgeber erlebte das Geschehen mit und erzählte es mir. Der berichtende Europäer ist Naturwissenschaftler, ein nüchterner Mensch. Soweit die Umstände, unter denen ich von dem Geschehnis erfuhr. M. gehört einer großen Familie an. Ein Onkel begeht angeblich eine dumme Sache, er befindet sich seit einem Jahr im Untersuchungsgefängnis und wurde noch nicht einmal verhört. Die Familie hat keinen Rechtsanwalt. Dazu ist sie zu arm. M. hört von einem berühmten Marabout und konsultiert diesen. Er bekommt von ihm ein kleines Papier mit einem Koranspruch, den muß M. hinunterschlucken. Dann gibt er ihm ein größeres Stück Papier, auf dem ebenfalls eine Sure geschrieben ist. M. muß es in Wasser aufgeweicht essen. Schließlich gibt ihm der Marabout ein mit einer Sure beschriebenes großes Stück Papier. Von dem muß M. die Schrift mit Wasser abwaschen und dieses Wasser trinken. Dann fährt M. heim (der Marabout befand sich in einer anderen Stadt). Er berichtet dem Clan, was getan wurde. Alle sind vollkommen überzeugt, daß der berühmte Marabout die Angelegenheit geregelt hat. Nach 14 Tagen wird der Onkel ohne Begründung, Verhör oder Formalitäten aus dem Gefängnis entlassen.

Anmerkung für Skeptiker: Kann es sich um ein zufälliges Zusammentreffen zweier voneinander unabhängiger Kausalreihen handeln?

Kausalreihe 1: Das Vorgehen der Justizbehörde während eines Jahres. 365 Tage im Jahr hätte der Mann jeden Tag ohne Begründung entlassen werden können.

Kausalreihe 2: Die Intervention des Marabout war nach 14 Tagen erfolgreich.

Das ergibt eine Unwahrscheinlichkeitschance von $365 : 14 = 6 : 1$ (!)

Im Kapitel 12 versuchte ich zu beschreiben, daß telepathische Fernwirkungen – wenn überhaupt – nur dann erfolgreich sind, wenn man nicht in dem Zustand des Wollens und Planens ist, sondern die Überzeugung überträgt: nun geschieht das. Die Familie – gewiß, daß die Maßnahmen des berühmten Marabout erfolgreich sein werden – dachte nicht: Man muß und soll den Onkel jetzt entlassen (so wird sie vermutlich die Zeit vorher gedacht haben, ohne ein diesbezügliches Resultat zu erreichen). Sie dachte vielmehr: Jetzt wird der Onkel entlassen. Auch der Marabout, seines Könnens sicher, hat nach meiner Erfahrung nicht gedacht: Ich muß den Onkel meines Klienten jetzt befreien, er wird mit der mir so bekannten naiven Selbstverständlichkeit ganz einfach überzeugt gewesen sein, daß der Mann nunmehr entlassen wird. Die Kulmination der gleichen Einstellung durch einen großen Personenkreis mit dem Effekt, daß das Erwartete geschah, scheint mir als Erklärung nicht unwahrscheinlicher als eine rationale Erklärung mit der Unwahrscheinlichkeitschance $6 : 1 \ldots$*

---

* Anmerkung für Afrikaner, die diese Methode anwenden möchten: es ist

Regel 7: Eine oft gehörte Begründung für Verkehrsunfälle in Afrika ist, daß das Fahrzeug magisch verunglückte, das heißt, ein magischer Einfluß ließ es sozusagen an die Mauer prallen. Parapsychologen erwägen in solchen Fällen den Einfluß von Telekinese. Sie meinen, besonders Begabte könnten durch die Kraft ihrer Vorstellungen einen Gegenstand bewegen, also etwas bewirken, das den Gesetzen der klassischen Physik widerspricht, obwohl Kompaktes, wie zum Beispiel Autos, diesen Gesetzen unterliegen sollten.

Ich habe nicht die Absicht, mich in einen Expertenstreit einzulassen. Ich kann nur berichten, daß ich mich sehr ernsthaft bemüht habe, auch telekinetische Phänomene beobachten zu können. Bis heute gelang es mir mit einer einzigen Ausnahme, die ich später beschreiben werde, nicht.

Ich schrieb das Buch für Afrikaner, um ihnen, falls sie von ihrer Tradition abgeschnitten sind, einige Hinweise auf nützliche Methoden eben dieser afrikanischen Tradition zu geben. Es ist also für die Praxis geschrieben.

Da nun tatsächliche telekinetische Phänomene nach meinen Erfahrungen überaus selten nachweisbar sind, Verkehrsunfälle jedoch häufig, nehme ich eher an, daß es sich, wenn überhaupt Magie im Spiel ist, um die Stimmungsübertragung der Nervosität und Unsicherheit handelt. Ich gebe daher jedem den Rat, nur dann ein Fahrzeug in Betrieb zu setzen, wenn er sicher ist, daß er nicht mit Schwarzer Magie belegt wurde.

Ich hoffe, mit diesen Zeilen dem einen oder anderen Leser nützliche Ratschläge gegeben zu haben und würde mich freuen, eventuelle Einzelheiten über die Auswirkung von Ihnen zu erhalten.

Hier ist nun das erwähnte Beispiel möglicher Telekinese:

Hadj Fey ist Muslim. Stamm Bob-Fing, Geschäftsmann, etwa 32 Jahre alt. Er kommt zu mir, weil *es denkt und denkt und denkt und denkt*, die Gedanken «laufen und laufen», aber sie sind unklar. Nachdem ich mich mit ihm befaßt hatte (siehe Bericht Nr. 7), lasse ich ihn ein wenig vor dem Haus umhergehen und bringe zwischenzeitlich das Übungsobjekt in mein Zimmer. Ich verschließe die Türe nicht, gehe in den Garten zurück und rede einige Worte mit Hadj Fey, der sehr

nicht wesentlich, zu welcher Religionsrichtung Sie gehören. Es ist wesentlich, davon überzeugt zu sein, daß es geschieht. Sie können jede Ihnen gemäße Kulthandlung mit dem Vorhaben verbinden.

glücklich ist, nun einen «Tête claire», einen klaren Kopf, zu haben und ganz ruhig zu sein. Das autonome Denken sei weg. Anschließend bitte ich Hadj Fey, einige Masken mitzunehmen, für die eine Transportkiste anzufertigen ist. Wir gehen in das Gebäude. Ich will die Zimmertüre öffnen und Hadj Fey eintreten lassen, selbst aber vor der Türe bleiben, da ich nach den Regeln des Korans nicht mit einem Mann allein in einem geschlossenen Raum sein darf: Wo ein Mann und eine Frau unverheiratet allein in einem geschlossenen Raum sind, dort ist Shaitan der dritte. Ich will also die Türe öffnen. Aber die Türe ist nicht zu öffnen. Ich denke, nun habe ich doch die Türe geschlossen und den Schlüssel vor dem Haus verloren. Wir suchen also den Schlüssel. Wir suchen ihn ungefähr zwei Stunden. Hadj Fey versucht auch, durch das Fenster einzusteigen, um die Türe von innen her zu öffnen. Aber das Fenster läßt sich nicht bewegen. Wir sagen halb scherzhaft: das ist ein Diener von Iblis (Teufel), der uns nervös machen und verwirren will. Denn Iblis ärgert sich, daß ein guter Muslim zu einem «Tête claire», einem klaren Kopf, gekommen ist.

Wir lachen darüber, und ich freue mich, daß Hadj Fey sich nicht aufregt. Hadj Fey freut sich ebenfalls. Wir lassen uns also nicht aus der Ruhe bringen. Nochmals geht Hadj Fey ans Fenster, um zu sehen, ob außen etwa ein Hebel zum Öffnen ist. Ich stehe dabei und sehe ganz genau zu. Da ist kein solcher Hebel. Aber das Fenster gibt ganz leicht nach. Hadj Fey steigt ein. Ich sehe durch das Fenster nach innen. Hadj Fey geht zu meinem Bett. Auf ihm liegt der Schlüssel! Hadj Fey nimmt den Schlüssel und schließt die Türe von innen auf!

Es ist ganz unmöglich, daß ein Mensch durch das Fenster eingestiegen sein kann und die Türe von innen her verschloß. Das hätten wir sehen müssen. Nun lachen wir wirklich, überzeugt davon, daß Shaitan einen Diener gesandt hat, um uns zu verwirren, um den ganzen Behandlungserfolg zunichte zu machen. Hadj Fey sagt, das sei selbstverständlich. Überall wo etwas Gutes im Namen des Islam geschieht, käme Shaitan oder einer seiner Diener und versuche, die Sache zu verderben. Wir freuen uns, daß wir gut bestanden haben und uns nicht beigekommen ist, die Nerven zu verlieren und uns zu fürchten.

Das ist das einzige mir unerklärliche Erlebnis, welches physikalischen Gesetzen zuwiderzulaufen und auf eine mögliche Telekinese hinzuweisen scheint. Man könnte daraus folgern:

1. Es mag unerklärliche Dinge in dieser Richtung geben. Aber sie

sind überaus selten. Denn obwohl sie mir gleichsam von Berufs wegen zustoßen sollten, beobachtete ich sie nur ein einziges Mal.

2. Daher sollte man sie als Erklärungsmöglichkeit für Vorkommnisse nur äußerst vorsichtig heranziehen, nachdem man alle anderen Erklärungsmöglichkeiten erwogen hat.

3. Diese *Dinge* verschwinden, wenn man nur kaltblütig genug ist, sich nicht zu fürchten und in Panik zu geraten. Das heißt, man kann auch in solchen Situationen erfolgreich die Rufe-Es-Methode anwenden, um wieder normale Verhältnisse herzustellen. Das ist immerhin beruhigend! *

* Anmerkung des Verfassers zum Problem der Besessenheit:

1. Definition:
Unter «Besessenheit» sei zu verstehen: Die Überzeugtheit einer Person, daß ein Drittes (Gott, Geist, Dämon oder sonstiges) von ihm Besitz ergreift. Unter Besitzergreifung sei zu verstehen: die ursprüngliche Persönlichkeit (= Alltagspersönlichkeit) wird überwältigt. Sie wird durch die des anderen (Dritten) ersetzt.

2. Frage nach der objektiven Realität:
Diese Frage läßt sich nicht entscheiden. Sie berührt eine andere Ebene als die des Beweisbaren. Das teilt sie mit der Frage nach objektiven Gegebenheiten (Wahrheiten) der Religionen. Vgl. im Kapitel 9, die Darlegungen des Imamu Diallo: «Sie müssen zwischen zwei Ebenen unterscheiden. Glauben ist etwas, wofür man sterben kann, so überzeugt ist man davon. Wissen hingegen ist, wenn man etwas dadurch beweisen kann, daß man das Experiment vor einem Zweifler wiederholen kann.» Zwar sind die Symptome der Besessenheit wiederholbar. Jedoch kann die Auffassung, daß ein Drittes von der Persönlichkeit eines Menschen Besitz ergreift, nicht bewiesen werden, denn dieses Dritte bleibt unsichtbar und unfeststellbar.

3. Begriff der negativen Besessenheit:
a) Tatsächlich negative Besessenheit:
Äußert sich in Handlungen, die in dem jeweiligen Kulturkreis als negativ («schlecht») empfunden werden, die im Rahmen des Gut und Böse der Tradition des Besessenen als böse bezeichnet werden.

b) Irrtümlich (durch Mißverständnis bzw. Fremdenfurcht entstanden) als negative Besessenheit Bezeichnetes:
Ich verwies bereits (vgl. Kapitel 10) auf das instinktverankerte Fremd = Feind-Schema. Es bedingt, daß «der Gott des Fremden der Teufel ist». Während des europäischen Mittelalters wurden (wie heutige Forschungen eindeutig beweisen) die Anhänger «heidnischer» Religionen als Teufelsdiener und Hexen diskreditiert und u. a. wegen dieses Mißverständnisses in Massen getötet. Der

gleiche Mechanismus (fremd = Feind-Schema: «der Gott des Fremden ist der Teufel») äußert notwendigerweise sich in der stets negativen Beurteilung der Besessenheitsphänomene bei Fremdstämmigen bzw. Fremdgläubigen.

«Mystizismus (= eine positive Form der Besessenheit, die sich religiös äußert) bezeichnet eine Einstellung, bei welcher der Geist in direkte, unmittelbare und innere Kommunikation mit einem heiligen Prinzip tritt, welches den Sinnen und der Vernunft verschlossen ist» (Herders Lexikon der Psychologie, Freiburg 1971, Bd. ii, S. 614) Diese «Unio mystica» «bedeutet ein Aufgehen der Seele in Gott». Sie ist in den verschiedensten Religionen nachweisbar und wurde im europäischen Kulturkreis das erste Mal bei den polytheistischen (= «heidnischen») Griechen beschrieben. (vgl. Meyers Lexikon, Bibliographisches Institut, Leipzig 1930, Bd. 12, S. 338)

Die religiöse Ergriffenheit im Sinne der Unio mystica muß dem Andersgläubigen bzw. dem kulturell Fremden wegen des fremd = Feind-Schemas als Dämonendienst erscheinen. Vgl. «Nichts beweist jedoch, daß diese Personen … Besessene in dem Sinn … sind, wie es der Katholik und gleichermaßen ein äthiopischer Christ verstehen kann, also von dämonischen Kreaturen bewohnte Individuen, die nur durch Teufelsaustreibungen geheilt werden können (Michel Leiris, «Die eigene und die fremde Kultur», Frankfurt/Main 1977, S. 157)

4. Persönlichkeitsmerkmale von Menschen, die zur Besessenheit neigen:

Als ich versuchte, die Gruppen aufzuzählen, die zur Besessenheit neigen, sollte das nicht in dem Sinn verstanden werden, daß ich jeden Mystiker eines pathologischen Geisteszustandes zeihen will. Vielmehr vertrete ich die Meinung, daß es unter den zur Besessenheit Neigenden – wie in jeder anderen Gruppe – sowohl hysterische, geltungssüchtige, psychisch abwegige als auch durchaus normale Persönlichkeiten gibt.

5. Erlebnisinhalt der Besessenheit (Synonym auch für «Erleuchtung», «Ergriffensein», «Einswerden mit etwas Höherem»).

Beschreibung der Intuition:

«Mit dem geringsten Rest von Aberglauben in sich würde man in der Tat die Vorstellung, bloß Inkarnation, bloß Medium übermächtiger Gewalten zu sein, kaum abzuweisen wissen. Der Begriff Offenbarung, in dem Sinn, daß plötzlich mit unsäglicher Sicherheit und Feinheit, etwas sichtbar, hörbar wird, etwas, das einen im Tiefsten erschüttert und umwirft, beschreibt einfach den Tatbestand. Man hört, man sucht nicht; man nimmt, man fragt nicht, wer da gibt. Eine Entzückung, deren ungeheure Spannung sich mitunter in einem Tränenstrom auslöst, ein vollkommenes Außer-sich-Sein mit dem distinktesten Bewußtsein einer Unzahl feiner Schauer und Überrieselungen, eine Glückstiefe, in der das Schmerzlichste und Düsterste nicht als Gegensatz wirkt, als eine notwendige Farbe innerhalb eines solchen Lichtüberflusses. Alles geschieht im höchsten Maße unfreiwillig. Die Unfreiwilligkeit des Bildes ist das Merkwürdigste: man hat keinen Begriff mehr, was Bild, was Gleichnis ist, alles bietet sich als der nächste, der richtigste, der einfachste Ausdruck.» (Aus: F. Nietzsche: «Ecce homo», Leipzig 1937, S. 86f.)

6. Zusammenfassung:

«Wir haben das ekstatische Erlebnis als ‹Urphänomen› betitelt, weil wir keinen Grund sehen, es als Produkt eines bestimmten geschichtlichen Moments, einer bestimmten Zivilisationsform zu betrachten. Wir neigen vielmehr dazu, es als ein Konstitutivum der menschlichen Verfassung zu betrachten ... und nur seine Interpretation und seine Wertung hätte sich mit den verschiedenen Kultur- und Religionsformen gewandelt.»

(Eliade, Mircea: «Schamanismus und archaische Ekstasetechnik», Frankfurt 1975)

23. *Gedanken über Kannibalismus*

Belief passed down from father to the son
That spirits of their ancestors had guard
O'er those who kept the customs of the tribe
James J. R. Jolobe, Xhosa, Südafrika

Entmutigt lese ich noch einmal K. Lorenz' Worte über *Die soziale Konstruktion des für wirklich Gehaltenen*: «Dem Menschen wird von der Tradition seiner Kultur vorgeschrieben, was er lernt, vor allem aber werden ihm scharfe Grenzen dessen gezogen, was er nicht lernen darf ... die gewaltige Menge von Information, die im kulturbedingten Weltbildapparat eines ... Menschen steckt, ist ... nur zum Teil bewußt ... sie ist ihm zur ‹zweiten Natur› geworden, und er hält sie mit ... Naivität für wirklich und richtig. Wenige sind sich klar darüber, bis zu welchem hohen Grade soziale und kulturelle Faktoren ... mitbestimmen, was wir für wahr, richtig, gesichert und wirklich halten ... Dennoch obliegt es uns, dies zu tun.»*

Mit verstandesmäßigen Argumenten werden sich traditionelle, zur zweiten Natur gewordene Werturteile kaum abbauen lassen. Vielleicht durch Erleben? Ich lade Sie ein, mit mir gemeinsam die Etappen meines eigenen Erlebnisweges zu gehen:

Meine erste Konfrontierung mit dem Problem des Kannibalismus erfolgte durch Gerüchte in Nairobi. Drüben, im nordöstlichen Landesbezirk, so hieß es, leben zwei Magier, die dadurch Kräfte und Wohlstand erhalten, daß sie ihr Heiliges essen. Es sei ein Mensch, der da verehrt und gegessen würde. Ich beschließe, dem Gerücht nachzugehen. Das nördliche Ufer des Flusses ist von Hirten besiedelt, deren

---

* K. Lorenz, «Die Rückseite des Spiegels, Versuch einer Naturgeschichte menschlichen Erkennens», Piper & Co., 1973, S. 220 ff.

Tradition mir vertrauter ist. Daher versuche ich zunächst, mit diesen in Kontakt zu kommen. Das gelingt mir, weil ich zwei Hirten, die ein verlorenes Tier suchen, das Kauriorakel werfe. Sie nehmen mich mit. Der Chef des Dorfes scheint mir freundlich gesinnt. Ich darf bei seinen Frauen übernachten. Er bittet mich, zwei Kranke zur nächsten medizinischen Station zu transportieren. Er wird aber sehr verschlossen, als ich ihn «nach den Leuten vom südlichen Ufer» frage. «Mit diesen läßt man sich besser nicht ein.»

Hier ist also keine Verbindung zu finden. Daher fahre ich mit den Kranken in die nächste Siedlung und hoffe, dort eine Chance zu bekommen. Eine unbegleitete Frau mit zwei Kranken aus dem Busch in einem klappernden Auto erregt Aufsehen. Einher kommt ein vertrauenswürdiger Imam, der mich fragt, was das alles bedeuten solle. Ich berichte ihm, daß es meine Aufgabe sei herauszufinden, was gut und nützlich und was böse in der afrikanischen Magie sei, daß ich von den beiden Magiern am südlichen Ufer gehört hätte und nun warte, welcher Helfer mir mein Geschick in dieser Angelegenheit senden wird. Der Imam stellt ein paar Fragen. Wohl mehr, um mich kennenzulernen, als um sich zu informieren. Dann berichtet er, vor langer Zeit seien zwei Fremde in der Gegend erschienen und hätten zu den Leuten am südlichen Ufer gesprochen. «Die verstanden die Worte so: Es soll jemand verehrt werden. Wenn man von dem ein Stück ißt, geht es einem gut und außerdem kommt man nach dem Tod in ein wunderbares Land. Das zu essende Stück sah nicht nach Fleisch aus, aber die Fremden verwandelten es in Fleisch und Blut. Erst fürchteten sich die Leute, denn es war nicht ihre Tradition, Menschen oder Götter zu essen. Im Laufe der Zeit aber schlossen sie sich dem neuen Brauch an; die fremden Magier waren nämlich reich, und es ging ihnen immer gut. Schließlich starben die Magier. Das war lange vor dem zweiten Weltkrieg.»

Lächelnd setzt der Imam fort: «So sahen es die Leute vom südlichen Ufer, und so verbreitete sich die Erzählung und gelangte schließlich bis zu dir, die so weit entfernt wohnt. Aber ich sage dir: Du forschst nach dem Guten in der Magie, um böse Magie unschädlich machen zu können. Das ist gut. Besser aber wäre, wenn du lernst, wie man es bewerkstelligen könnte, daß einander fremde Stämme, Gruppen und Völker sich verstehen. Denn wo man die anderen nicht versteht, herrschen Gerüchte, Mißtrauen und Angst. Die angeblichen Magier waren nicht ständig weiß angestrichen, sie waren wirklich weiß. Es waren weder kannibalische noch sonstige Magier, sondern Missionare, die das Heilige Abendmahl zelebrierten.»

Da stand ich nun verblüfft und wußte nicht, sollte ich mich wegen der Vergeblichkeit meiner weiten, anstrengenden Fahrt ärgern oder sollte ich über die absurde Situation lachen. – Hier und da erzählte ich diese lustige Geschichte. Lustig? Während ich diesen Abschnitt vorzubereiten versuchte, kam sie mir in den Sinn, und ich fand, daß sie den gleichen ernsten Auftrag enthält wie die Worte von Konrad Lorenz. Um das zu verstehen, war aber ein Erlebnis nötig. Ich bitte Sie nun, mich nach Westafrika zu begleiten, denn dort fand es statt.

Ich hatte auf der Bank Geld abgehoben und ging am Markt vorbei, auf dem das übliche geschäftige Treiben herrschte. Hinter mir höre ich die aufgeregte Stimme eines Mannes. Ich beachte ihn aber nicht. Schließlich berührt er meinen Arm und redet in einer mir unverständlichen Sprache auf mich ein. In der Hand hält er gebündeltes Geld und zeigt auf meine Tasche. Die ist offen. Ich hatte mein Geld verloren. Für mich ist es ein bedeutender Betrag, für den bäuerlichen Mann in seiner zerrissenen Kleidung ist es gewiß ein Vermögen. Niemals wird er so viel Geld zusammengebündelt gesehen haben. Was könnte er alles damit beginnen! Wer gäbe einem Reichen, der es einfach aus Achtlosigkeit verliert, ein Vermögen zurück, wenn man es selbst so bitter nötig hat? Mir geht durch den Sinn, daß ich während der nächsten Wochen ziemlich sparen muß, um einigermaßen durchzukommen. Na ja, warmes Essen wird gestrichen. Weißbrot tut es auch, denke ich, entnehme meiner Geldtasche noch 1000 CFA, lege sie auf das Geldbündel und gebe dem Mann beides zurück. Wer ein Vermögen zurückgegeben hat, soll nicht nur das Vermögen selbst, sondern etwas mehr erhalten. Wo bliebe sonst die Belohnung? Der Mann starrt mich an. Endlich scheint er zu begreifen.

Sein Mienenspiel wechselt: Freude, Zögern, Überlegen. Plant er etwas? Schließlich scheint er zu einem befriedigenden Ergebnis gekommen zu sein. Mich am Ärmel haltend zieht er mich auf den Markt, vorbei an den Gemüseständen, dorthin, wo Fleisch verkauft wird. Ich folge ihm einfach. Eine Verständnismöglichkeit besteht ohnedies nicht. Meine Brocken verschiedener Stammessprachen werden nicht verstanden und erst recht nicht Arabisch oder Französisch. Der Mann führt mich zu einem Fleischstand. Dort liegt ein totes Schaf. Er kauft es, und nun scheint mir, als ob seine Augen befriedigt und ein bißchen listig blinzeln.

Aha, denke ich, da soll mir ein Schaf geschenkt werden. Das ist nett. Der bäuerliche Mann kauft auch noch 4 Füße eines Schafes. Das ist weniger nett, denke ich, denn 4 Füße statt des ganzen Schafes opfert nur ein armer Mann; der aber ist jetzt reich. Der Mann, mit Schaf und Schafsfüßen beladen, drängt sich durch die Menge. Das ist kein verschüchterter armer Mann. Das ist ein glücklicher und mit sich selbst zufriedener Mann. Mich wundert diese Verwandlung. Er führt mich in eine ruhige Gegend. Dort steht eine breite Schirmakazie. Es ist schon Mittag. Wir sind allein. Der Mann bleibt unter dem Schatten der Akazie stehen. Wieder spricht er auf mich ein. Seine ausgefeilten Zähne blitzen. Er nimmt die Schafsfüße, schaut sie verächtlich an, macht eine verneinende Geste und wirft weg, was ich als zukünftiges Opfer erwartet hatte. Das gleiche geschieht mit dem ganzen Schaf. Auch das wird verächtlich weggeworfen. Was soll's? Ein ganzes Schaf wegwerfen? Ein Opferschaf? Und was wird er mir schenken, da er doch alles wegwarf? Freude blitzt in seinen Augen, Freude und das Selbstbewußtsein des Gleichgestellten und – Entschlossenheit. Mir wird unheimlich. Ich kenne den Stamm nicht, kann mich nicht verständigen. Ich bin mit einem Menschen allein, der ekstatische Gesten ausführt, weitausholende Bewegungen macht, sich umdreht, so daß ich nicht sehen kann, was er unternimmt. Auf dem Markt hatte er noch irgendwelche magischen Gegenstände gekauft. Die verwendet er jetzt. Ich hüte mich, ihm zu nahe zu kommen, denn er ist nun wirklich in einem unberechenbaren Zustand. Ein Schrei. Der Mann dreht sich um. Er blutet an seinen Fingern und am Hals, tritt auf mich zu, schiebt mir rohe Fleischstücke in den Mund und läßt das aus seinen Fingern rinnende Blut auf mich und die Erde tropfen. Ein letztes fast rauschhaftes Durcheinander von Worten, Lachen, eine Art Umtanzen. Dann bin ich allein.

Wann ich die Stücke von seinem Fleisch geschluckt habe, gekaut oder nicht, ich kann es nicht sagen. Dunkel ist mir bewußt, daß mir Teilhaben an etwas sehr Altem, sehr Großem gewährt wurde. Er empfand den Wert seiner Gabe ungleich höher als die konventionellen Opfer von Schafsfüßen oder auch einem ganzen Schaf. Um mir das begreiflich zu machen, hatte er beides gekauft, pantomimisch weggeworfen und dann erst der Erde und mir von seinem Fleisch und seinem Blut geopfert.

Während ich langsam heimwärts gehe, bestürmen mich viele Fragen: Handelte es sich um ein uraltes, heute noch lebendiges Relikt der Selbstopferung? Oder war es – möglicherweise ausgelöst durch den

Schock des für ihn ungeheuren Vermögens – ein Kopieren längst nicht mehr angewandter, aber noch erzählter Opfergebräuche? War es ein plötzlicher, intuitiver Einfall? Oder hat sich da ein kannibalischer Opferritus der modernen Zeit angepaßt, in der das Opfern und Einverleiben von Menschen strengstens geahndet wird? So ganz unwahrscheinlich wäre das nicht, denke ich, denn so wie die Krokodilverehrer das Krokodil als etwas Fruchtbringendes ansehen, mögen die Kannibalen das Essen von Menschen als ganz etwas anderes empfinden als wir, die nicht in dieser Tradition aufwuchsen. Die Worte von Konrad Lorenz gehen mir durch den Sinn: wir alle sind letztlich Produkte unseres kulturellen Überbaues und glauben nur naiverweise, daß unser Rechtsempfinden, unser Gut und Böse, für alle Menschen der Welt gelten müßte.

Die ethnologischen Fragen, denke ich, werde ich mir bestimmt nicht beantworten können. Aber an sich ist die Sache recht verständlich und einfach: ein reicher Mann opfert ein ganzes Schaf, denn er besitzt viele Schafe. Und sein Gott oder wer immer das Opfer bekommt, freut sich. Ein armer Mann hat nur ein Schaf und ein ganz kleines bißchen Geld. Das Schaf kann er nicht opfern, das braucht er zum Leben. So nimmt er sein bißchen Geld, kauft vier Füße eines Schafes und opfert diesen Teil anstatt eines ganzen Schafes. Und sein Gott oder wem immer das Opfer zugedacht war, wird sich auch darüber freuen. Nun, der Bauer hat nur ein Leben. Das braucht er. So wie der arme Mann sein einziges Schaf braucht. Natürlich braucht der Mann auch seine Hände und Füße. Die kann er also unmöglich so opfern, wie man Schafsfüße opfern würde. Aber er gibt Blut aus seinen Fingern und hat sich wohl den Halsschnitt beigebracht, um die Opferung des ganzen anzudeuten. Eigentlich eine recht vernünftige Idee! Damit werde ich das Problem einstweilen abschließen und mich hüten, Dritten davon zu berichten. Es könnte böse Gerüchte geben und dem Stamm des netten Mannes Schwierigkeiten verursachen. Mit solchen und ähnlichen Gedanken versuche ich, mein seelisches Gleichgewicht wieder zu erlangen. Denn ein erschütterndes Erlebnis war es, eines dankbaren Menschen Fleisch zu essen und mit der Erde gemeinsam von seinem Blut zu erhalten.

Später bespreche ich mein Erlebnis dann mit einem Mann, dem homophagische Tradition nicht fremd ist. Nachdenklich schaut er vor sich hin, nachdem er meine Pantomime sorgfältig wiederholt und das Verstehen meiner Worte durch Zeichnungen an mich rückgemeldet hat. Er schweigt lange. Endlich richtet er sich auf, spuckt das Stück Colanuß aus, an dem er geistesabwesend gekaut hatte, und meint: «Sa marse», was soviel heißt wie «ça marche, es ist etwas Wahres an deinen Gedanken.» ... Übrigens: Mag es die Wirkung des Gesetzes der erfüllten Voraussage sein oder mein diencephaläres Echo auf den über sich selbst hinauswachsenden, ekstatischen Menschen: Ich fühlte mich stärker nach dieser archaischen Speisung. Sehr vorsichtig gab ich dann hier und da einmal den Rat ähnlich zu verfahren, wenn man in extremen Ausnahmesituationen ist. Und der Effekt, so wurde mir berichtet, war positiv. Jedoch – und das ist nach meiner Meinung unumgänglich – muß es ein Opfer sein, das man mit Eigenem gibt, oder eines, das einem jemand nicht nur freiwillig, sondern aus tiefstem Herzen und tiefstem Grund entgegenbringt. Damals konnte ich das noch nicht beweisen. Ich war einfach überzeugt, daß es nur dann Nutzen und Wirkung hat. Später fand ich, daß ich so unrecht nicht hatte.

1953 erschienen die ersten Berichte über Tierversuche, erworbenes Wissen durch Fressen von diesen Wissenden übertragen zu bekommen. Natürlich wurde die Exaktheit der Versuche zunächst bezweifelt. Heute gilt es nach unzähligen Kontrollversuchen als gesichert: «Die Ergebnisse waren eindeutig. Die Kannibalen, die trainierte Opfer gefressen hatten, waren der anderen Kannibalengruppe, die untrainierte Artgenossen zu fressen bekommen hatten, vom 1. Tage des Trainings an überlegen. Zum ersten Male in der Geschichte der Wissenschaft war Gelerntes offensichtlich durch Fressen von einem Tier auf das andere übertragen worden. Der alte Traum, den Häuptling zu essen und damit sein Wissen zu erwerben, schien seiner Verwirklichung nahe.»* Die Experimente wurden zunächst an Plattwürmern durchgeführt. Später mit gleich gutem Erfolg an Ratten.

Soweit bewegen wir uns im Bereich des Beweisbaren. Ich bitte Sie nun, meine folgenden Überlegungen zu überdenken.

1. Die kannibalische Tradition beim Menschen scheint auf empiri-

* D. S. Halacy, «Man and Memory», New York 1970, deutsch: «Geheimnis Intelligenz», München, Wien 1970, Kapitel 12 «Wissenschaftlicher Kannibalismus» Weiterführende Literatur: Hucho Ferdinand, «Gedächtnismoleküle», Konstanz 1976; Dogmagk Götz, «Versuche zur chemischen Übertragbarkeit erworbener Informationen», in Reihe: «25. Mosbacher Colloquien», Springer 1976; Dogmagk Götz, «Neurobiologische Grundlagen des Lernens und der Gedächtnisbildung», in: Tierärztliche Praxis 7/1979

schem Wissen zu beruhen, welches keineswegs auf Primitivität schließen läßt. Man vergleiche: 20 Jahre vor den ersten Veröffentlichungen der Plattwurm-Experimente schreibt Ewald Volhard, ethnologischer Spezialist auf dem Gebiet des Kannibalismus, einige Beobachtungen zeigten bereits deutlich, «daß wir im profanen Kannibalismus (also dem, der Menschenfleisch wie ein gutes Beefsteak essen läßt) keine ursprüngliche, sondern eine degenerierte Spätform dieser Sitte vor uns haben, einer Sitte, die nicht aus einem mangelnden Gefühl für das Besondere dieses Tuns entstanden sein kann.»* Das empirische Wissen um die Übertragbarkeit von Wissen und Fähigkeiten scheint ursprünglich vorhanden gewesen zu sein. Es degenerierte und verflachte dann aber bei verschiedenen Stämmen: man vergaß, daß, wenn Positives durch Einverleibung übertragen werden kann, das auch für Negatives gelten muß. Damit würde man durch das Einverleiben von Verbrechern, Minderwertigen oder Kranken eben deren Negatives mit übernehmen. Außerdem ist es praktisch unmöglich, auf dem Wege des Phagierens einen positiven Effekt zu erzielen: Die Plattwürmer und Ratten fraßen ausschließlich solche Artgenossen, denen Wissen einprogrammiert wurde. Ein gelegentliches Verspeisen erfahrener Artgenossen erzielt keinen Effekt.

Da aber auch der überzeugteste Kannibale nicht als einzige Nahrung, sondern nur gelegentlich tapfere und erfahrene Krieger verspeisen kann, muß man vielleicht so formulieren: Wohl dürfen wir – auch als Menschen, denen diese Tradition fremd ist – die Erkenntnisfähigkeit derjenigen bewundern, welche ohne den zivilisatorischen Apparat der Heutigen Erkenntnisse erzielten, die sich durch moderne komplizierte Versuchsreihen bestätigen. Auch sollte uns diese Tatsache Anstoß dazu geben, etwas vorsichtiger mit Bezeichnungen wie «Wilde», «Primitive» oder «Barbaren» usw. zu sein und fremder Vergangenheit mehr Achtung** entgegenbringen. Aber eine praktische Verwirklichung des Effekts ist unmöglich.

---

* aus: E. Volhard, «Kannibalismus», Stuttgart 1939.
** Der nicht aus kannibalischer Tradition stammende Leser wird sich gefühlsmäßig be-fremdet fühlen, daß ich das Wort «Achtung» im Zusammenhang mit dem Kannibalismus verwende. Es wundert mich oft, daß dem Organverpflanzen nicht die gleiche gefühlsmäßige Abscheu entgegengebracht wird wie dem Kannibalismus: wo liegt denn der tatsächliche Unterschied zwischen dem Essen der Leber eines Toten durch einen Lebenden und der Ver-

Menschen, die ihre Erfahrungen aus dem wirklichen, realen Leben gewonnen haben, neigen wenig dazu, eine Erscheinung aus nur einer Ursache zu erklären. Erfahrungsgemäß verknüpfen sich meist mehrere Komponenten, um ein Phänomen zu erzeugen.

Ich möchte mich daher einem weiteren Aspekt des Kannibalismus zuwenden.

Daß E. Volhard von einer in der Gegenwart degenerierten Sitte spricht, erwähnte ich bereits. Die undegenerierte Sitte war scheinbar weltweit verbreitet.

Vergleichen Sie bitte folgende Texte: «Die Pijao (ein südamerikanischer Indianerstamm) haben die Sitte, daß ein berühmter Krieger von überragender Tapferkeit damit einverstanden ist, sich selbst dadurch zu opfern, daß er auf kultischem Wege getötet und von seinen Kriegergenossen gegessen wird, um ihnen seine Tapferkeit, Stärke und sonstigen bewundernswerten Eigenschaften zu vermitteln.»*

In der Edda, der Sammlung der heiligen Schriften der Germanen,

pflanzung der Leber eines Toten in einen Lebenden? Das Milieu ist verschieden: hier Urwald – dort hygienisch einwandfrei weißgekleidete Ärzte. Aber Totenleber ist Totenleber, und Einverleibung – ob per Darmtrakt oder Instrument – ist und bleibt Einverleibung. Die Bereitschaft zur Organverpflanzung sei «eine ethische Pflicht, zu der man freilich niemanden zwingen kann», lautete die geschickte Formulierung in einem populärwissenschaftlichen Vortrag, mit der ein sogar recht massiver Gewissenszwang auf die noch lebenden künftigen Toten ausgeübt wurde. Von den Enkeln der Einverleiber per Darmtrakt aber wendet man sich voll Entsetzen ab. – Um sich in langen Konferenzen der Definition dessen zuzuwenden, was nun eigentlich *tot* ist. Denn hier prallen die Interessen zusammen: der Organverpflanzer braucht möglichst frisches Gewebe. Andere hingegen legen mehr Wert darauf, die zukünftigen Organspender erst einmal in Frieden sterben zu lassen. Auf die Aspekte der Praxis der Einhaltung der Gesetze soll hier nicht eingegangen werden; dafür eine Parallele aus E. Volhards «Kannibalismus»: «Schließlich wäre es sicher lohnend, von hier aus die verschiedenen Tötungsarten einmal auf ihren Sinn hin zu untersuchen, wobei sich zeigen würde, daß sich sehr häufig der Wunsch erkennen läßt, das Opfer gleichsam ‹mitten aus dem Leben heraus› einzuverleiben. Am deutlichsten zeigt sich das da, wo die Gefangenen bei lebendigem Leibe zerstückelt werden.»

Wie schon erwähnt, wann ein Leib noch lebendig ist, wann bereits tot, darüber wurden zahllose, langwierige Konferenzen gehalten, und die Bestimmungen weichen innerhalb der einzelnen Kulturländer voneinander ab.

* Zeitschrift für Ethnologie, 1938, Heft 3/5, S. 322

findet sich ein Abschnitt, der sich mit Runenlehre befaßt: Odin, Hauptgott dieses Kulturkreises, erwarb die Runen wie folgt: «Ich weiß, daß ich (Odin) hing am windigen Baum neun Nächte lang, mit dem Ger verwundet, geweiht dem Odin, ich mir selbst.»*

Also besteht auch in diesem Kulturkreis die Idee, durch Selbstopfer Werte zu erwerben.

Als letzte Zusammenfassung dieses Aspektes möchte ich M. Murray sprechen lassen: «Es ist sehr wahrscheinlich, daß in den primitiven Kulten Westeuropas Gott geopfert wurde. Die christlichen Inquisitoren waren davon einheitlich überzeugt, und auch die Hexen bestätigten das während der Untersuchungen.

Der Beweggrund des Opferns des Gottes war, daß der Geist des Gottes sich in einem menschlichen Wesen manifestiert, gewöhnlich in einem König. Dadurch wird dieser der Spender der Fruchtbarkeit für sein ganzes Reich. Wenn der von Gott bewohnte Mensch zu altern beginnt, wird er getötet. Denn andernfalls würde der ihn bewohnende göttliche Geist ebenfalls alt und schwach werden, so wie es seine menschliche Wohnung, der König, wird ... Als – wie es in allen Gebräuchen und Sitten der Menschheit üblich ist – auch hier eine Änderung vor sich ging, konnte ein Vertreter des eigentlichen, von Gott bewohnten Königs an seiner Statt geopfert werden. Dies gab dann dem wirklichen König die Möglichkeit, weiterhin am Leben zu bleiben.

Das ist kurzgefaßt die geistige Grundlage und der Ritus des sterbenden Gottes. Dieser Glaube findet sich in allen Teilen der Alten Welt, er lebt heute noch in Afrika. Er war ein fundamentales Dogma der vorchristlichen Religionen. Er wird noch heute unter Afrikanern geglaubt und praktiziert.»**

Nur scheinbar führten uns die Zitate weitab vom Thema des Kannibalismus: denn sie zeigen, daß die Idee des Selbstopfers die ursprüngliche war. Später glitt man vom Heroischen ab in die tiefere Ebene des Opferns Dritter.

Der dritte Aspekt wird von dem bereits erwähnten Ethnologen E. Volhard gegeben. Er deutet den Kannibalismus – und hier schließt sich der Kreis bezüglich der Thematik meiner Ausführungen – als

* «Die Edda», übertragen von Felix Genzmer, Köln, Düsseldorf 1956, S. 105, «Odins Runenerwerbung», 1. Vers
** M. A. Murray, «The God of the Witches», Oxford 1931, S. 160 f.

Identifikationserlebnis, das aus bäuerlichem Empfinden entstand. Ich lasse nur den Autor sprechen:

«Bei den Begräbniszeremonien wurde eine Identifikation zwischen dem Lebenden und den Toten als Sinn des Essens erkannt. Auch bei dem rituellen Töten scheint nun eine solche Identifikation zu entstehen und durch das Essen zum Ausdruck gebracht zu werden. Erinnern wir uns daran, daß uns alle diese Sitten nur in einem späten und abgeleiteten Stadium zur Kenntnis kommen, so werden wir uns nicht wundern, gerade ein so altes und vor aller Rationalisierung wirkendes Element wie die Darstellung einer Identifikation nur noch in Restformen wiederzufinden ... Die Identifikation wurde früher unmittelbar erzielt durch das Aufessen des Verstorbenen selbst. Wie aber bei Begräbniszeremonien nicht der Lebenden, sondern der Toten wegen Menschenfleisch gegessen wurde, so wurden auch die Toten ursprünglich nicht um der Lebenden willen verzehrt – etwa zur Mehrung von Kräften oder zwecks Aneignung von Lebenskraft –, sondern um ihrer selbst willen. Dieser Gedanke ist in der Patrophagie (Anm. d. Verf.: Einverleibung des Vaters) klar erkennbar, wo das Gegessenwerden als ehrenvoll, ja als erstrebenswert gilt, wo ferner nicht der natürliche Tod abgewartet, sondern auf Wunsch der altersschwachen Eltern die zeremonielle Tötung vorgenommen wird. Ein Weiterleben der Alten mußte also erzielt werden, bevor diese durch Krankheit geschwächt waren. Daß dem Nachfolger des Verstorbenen hierbei eine besondere Rolle zufiel, ist verständlich. Er war es, der ein Stück vom Fleisch seines Vaters gegessen hat, der die Opfer töten, der die Begräbniszeremonien erfüllen mußte, ehe er als Nachfolger anerkannt werden konnte. Erst seine Identifikation mit dem Verstorbenen gab ihm Anspruch darauf, an dessen Stelle zu treten ... Wie die reife Frucht als tot vom Baume abfällt oder geschnitten wird, wie sie von der Erde – nicht anders als vom Menschen – verschlungen wird, damit sie wiedererstehe und sich mehre, so muß der Mensch Anteil gewinnen an diesem Kreislauf, indem er den Tod auf sich nimmt um des Lebens willen. Wir treffen damit auf den letzten bisher noch nicht berührten Anlaß zur Menschenfresserei und zugleich auf ein wichtiges Grunderlebnis der Kannibalenvölker: ihre Beziehung zur Pflanze. Es gehört zu den merkwürdigsten Einsichten, die uns der Stoff selbst aufnötigt, daß der Vergleich des Menschen mit der Pflanzenfrucht, deren Fortdauer und Vermehrung von ihrem Sterben und Verschlungenwerden abhängt, nicht eine von außen herangetragene Metapher ist, sondern auf eine echte Identifikation hinweist, die ursprünglich und wesenhaft die Einstellung der Kannibalenvölker kennzeichnet. Trotz Leopardenbünden, trotz Haifisch, Krokodil und Hyäne hat nicht das Tier und eine Identifikation mit ihm, so wenig wie kriegerische Wildheit zum Kannibalismus, zur Kopfjagd und zu den geschilderten Riten des Tötens und Sterbens geführt, sondern eine tiefe Verbundenheit dieser Menschen mit der Pflanze und dem Rhythmus ihres Wachsens.»*

«Warum so viel über Kannibalen?» wird mancher Leser verwundert fragen. Darf ich mit einem Erlebnisbericht antworten?

In Neghelli befindet sich die letzte Poststation. Auch die Straße endet dort. Es handelt sich um ein ethnisches Mischgebiet im unguten Sinne des Wortes. Die Tradition der Wälderbewohnenden mischen sich mit denen der Kamelhirten. Auf meinem Weg in die tiefere Südprovinz Äthiopiens kreuze ich 1974 diese Siedlung und treffe – als einzigen weißhäutigen Menschen – eine junge Lehrerin. Aufgewachsen in einer mittelgroßen Stadt der USA, wurde sie im Rahmen eines Entwicklungsprogrammes nach Neghelli versetzt, um dort Kindern Englisch zu lehren. Es steht mir nicht zu, über die Erfolgschancen dieses Projektes zu urteilen. Tatsache war: ich fand die junge Lehrerin hinter verrammelter Türe: ein Mensch im Stadium der Verwirrung und des seelischen Zusammenbruches. Auf meine Frage, warum sie so lange nicht geöffnet habe, antwortete sie, der Direktor ihrer Schule sei ein Hyänenmensch. Alle wüßten das. Er gehe nachts auf Raub und Fraß aus. Er betreibe Magie. Warum solle er sich nicht in eine englisch sprechende Frau verwandelt haben, um sie zu täuschen? Ich sehe eine alte Familienfotografie an der Wand. Sie zeigt ein blühendes, gesundes junges Mädchen zwischen Vater und Mutter … Am anderen Tage spreche ich mit dem angeblichen Hyänenmann, den Direktor. Denn ich denke, die junge Frau sollte ihren Dienst sofort unterbrechen und einer dringend nötigen psychiatrischen Behandlung unterzogen werden.

«Ich wäre nur froh, wenn sie weg wäre», meint der Direktor. Und dann teilt er mir vertraulich mit, er wüßte seit langem, daß man ihm diese Fremde nur unter dem Vorwand, sie sei eine Lehrerin, geschickt hätte. In Wahrheit sei sie Regierungsspionin, die ihn bespitzele.

Was ich damit sagen will: Durch die modernen Verkehrsmittel rückt Getrenntes zusammen, fremde Kulturen, fremde Wertmaßstäbe,

---

* E. Volhard, «Kannibalismus», S. 443, 455 f, 462 f.

fremde Traditionen. Gleichzeitig lebt jeder in seinem kulturellen Überbau, hält «naiverweise», wie Konrad Lorenz sagt, sein Gut und Böse für die allgemein gültige Norm. Nach allem, was ich beobachtete, bezweifle ich, daß es vielen möglich ist, diese «Wand» der eigenen Normen zu durchbrechen. Erstens hindert das eigene Über-Ich (die Ansammlung der erhaltenen Lehren also), zweitens öffnet sich der Kulturfremde dem Kulturfremden nur sehr schwer. Es wird lediglich die Oberfläche geboten, das gesagt, was «erwartet wird, daß es gesagt würde». Ob amerikanische Entwicklungshelferin in Neghelli oder urbanisierter Afrikaner gegenüber seinem fremdstämmigen Nachbarn: die Furcht vor dem Fremden verursacht beiden psychosomatische Schädigungen. Wirken ungünstige Umstände zusammen, ergibt das Panikreaktionen, die dann als Rückfall in Stammeskriege erklärt werden.

Ich habe anhand des Kannibalismus versucht, für den Nicht-Kannibalen extrem Uneinfühlbares und Panikerregendes zu erklären. Ich tat das nicht um der Idealisierung willen. Ich tat es, um an diesem Modell zu zeigen, daß auch das uns Uneinfühlbarste, Schrecklichste, Wildeste, oder wie immer man Kannibalismus empfinden mag, seinen begreifbaren Hintergrund hat, seine – wenn auch uns fremde – Ethik, sein – auch wenn wir es gefühlsmäßig ablehnen – eigenes Gut und Böse.

Denn es gibt keine bösen Völker, es gibt keine bösen Rassen, es gibt keine bösen Religionen, es gibt keine bösen Kulturen. Es gibt nur in jedem Volk, in jeder Rasse, in jeder Religionsgemeinschaft, in jeder Kultur Menschen, die sich an ihr gewordenes Gut und Böse halten oder dagegen verstoßen.

Darf ich noch einmal an jenes Dorf, das die Krokodile verehrte, erinnern? Erst waren für mich – naiv wie jeder andere, meinen eigenen kulturellen Überbau für absolut nehmend – Krokodile blutrünstige Bestien und deren Verehrer folgerichtigerweise ebenfalls mit dem Odium des Gefährlichen und Wilden behaftet. Ich fand dann durchaus akzeptable Menschen, die im Grund genommen die gleichen Sorgen und Wünsche hatten «wie du und ich», nur daß sie diese Sorgen und Wünsche in einer mir ungewohnten Weise ausdrückten. Ihre Krokodile akzeptierte ich daher – für sie – als Träger der Fruchtbarkeit. Nichtsdestoweniger werde ich mich bestimmt nie dazu verleiten lassen, ein Krokodil streicheln zu wollen. Denn ich gehöre nicht zum Clan der Krokodilverehrer, und daher weiß ich nicht, wie man mit ihnen umgeht. Achtung: ja. Respekt: ja. Abbau der panikartigen Furcht: ja. Aufgabe der Vorsicht: nein.

Denn man weiß nicht, wie Fremdes reagiert. Ich bin keine unüberlegte, unwissende Touristin, die im Nationalpark den Wagen verläßt, um ein herziges Löwenbaby zu streicheln.

Ich glaube, diese Haltung würde für jeden Verständigen möglich sein, der sich inmitten fremder Traditionen bewegt.

V. TEIL

«Heilende Trommeln».
Beispiele aus der Praxis

Vorbemerkungen zur Beispielsammlung

Begriffe wie «Totem», «Fetisch», «Trance» usw. wurden trotz der gegen sie ethnologischerseits bestehenden Einwände (die die Verfasserin inhaltlich teilt!) gewählt, weil ihre Ersetzung durch bessere, aber nicht allgemein bekannte Wortbildungen das Verständnis des Inhaltes erschweren würden.

Trance ist laut Definition von A. Eysenck u. R. Meili ein «psychischer Ausnahmezustand, der durch Aufgabe der Realitätsprüfung, eingeengtes Bewußtsein und vielfach nachfolgender Amnesie gekennzeichnet ist. Experimentell entsteht Trance durch Konzentration auf einen Ausschnitt des Erlebens, wobei monoton-rhythmische Stimulierung, körperliche Erschöpfung und emotionale Anspannung bzw. Erwartungshaltung zusammenwirken können, wie es auch bei den von M. Eliade beschriebenen «archaischen Ekstasetechniken» (Tanz zur Trommel oder zu rhythmischem Gesang) der Fall ist. Die Trance hat eine enge Beziehung zur religiösen Verzückung und zu visionären Erlebnissen. Sie ermöglicht es dem Betroffenen, sich von allem bisher Gelernten zu lösen, und erlaubt ihm – seelisch wie körperlich – Leistungen, an die er sich sonst nicht wagen würde.»[*]

Ich möchte betonen, daß es fließende Übergänge zwischen dem Bewußtseinszustand der Nicht-Trance und dem der Trance gibt. Diese fließenden Übergänge des Zustandes bedingen natürlich auch die Verschiedenheit des Zustandsempfindens. Das berührt die Problematik

[*] A. Eysenck/R. Meili: Lexikon der Psychologie, Freiburg 1972, Bd. 3, S. 587

der Bewußtseinsinhalte natürlich nicht. Letztere sind persönlichkeitsabhängig. Ich wage sogar zu behaupten, daß nahezu jede Stimmung, jeder Gefühlsinhalt, selbst jedes Erkennen, die sich im Zustand der Nicht-Trance registrieren lassen, auch in der Trance erlebt werden können. Nur sind sie dann wesentlich «anders gefärbt» als im Zustand der Nicht-Trance: eine echte wiewohl nüchterne Religiosität wird zur Unio mystica, allgemeine Zuwendung zu Lebendigem wird zur Entfaltung einer bisher unerlebten All-Liebe, das Alltagsempfinden des Unkonventionellen zur Gewißheit absoluter Freiheit, ja, selbst das Bemühen um wirklichkeitsorientiertes Denken und Erkennen wandelt sich während der Trance zum Zustand erhöhter Bewußtseinsklarheit.*

Bevor ich mich nun der Beschreibung der Vorgangsweise zuwende, seien noch einige erklärende Details erwähnt. Die Beispielsammlung enthält keine Fälle von Psychosen. Das sagt nichts darüber aus, ob die Waganga Methoden zur Behandlung von Psychosen kennen oder nicht. Es sagt nur aus, daß mir solches nicht gelehrt wurde.

Der Begriff Psychose läßt sich definieren als «Störungen, die erhöhte Abnormität (Ergänzung durch die Verfasserin: Gemessen an dem, was im jeweiligen Kulturkreis als *normal* begriffen wird!), Heftigkeit und Zerrüttung der Persönlichkeit beinhalten …

Ist ein Individuum nicht fähig, für sich selbst (Ergänzung durch die Verfasserin: im Rahmen seiner traditionellen Gegebenheiten) zu sorgen, oder besteht die Möglichkeit, sich oder andere zu schädigen, verwahrt es die Gesellschaft in einem Krankenhaus oder einer geschlossenen Anstalt. Daher stellt auch die Tatsache der Anstaltsverwahrung eine Definition psychotischer Zustände dar».**

Die psychotherapeutische Funktion muß vom herbalistischen Aufgabengebiet eines traditionellen Heilers abgegrenzt werden. Der sogenannte Medizinmann ist meist beides in Personalunion: Herbalist (arzt-analoge Funktion) und Mganga (psychotherapieanaloge Funktion). Eigenartigerweise wird der Wert dieser ganzheitlichen Funktion gerade bei pseudo-fortschrittlich eingestellten Nicht-Weißen unterschätzt, während die moderne Forschung des weißen Kulturkreises nunmehr beginnt, die Ganzheitlichkeit der traditionellen afrikanischen Systeme außerordentlich positiv zu bewerten. Man versucht,

* Siehe dazu auch W. Schmidbauer, Psychologische Rundschau, Göttingen, Bd. XXI/2, S. 96.
** Eysenck/Meili, Lexikon der Psychologie, Bd. 3. Spalte 89

dem Beispiel Chinas folgend, sie mit dem Modernen zu kombinieren.

Ist die ganzheitliche Struktur nicht mehr gegeben – und letztlich ist nur dann ein Vorgehen gemäß den Anregungen der Verfasserin zu empfehlen –, wurde auch bei scheinbar rein seelischen (psychischen) Symptomen ein Mediziner herangezogen. Psyche und Soma, also Körper und Seele (Tö-Seele), sind nichts voneinander Unabhängiges, sie sind eins. Daraus ergibt sich: Die seelischen Symptome zum Beispiel der Müdigkeit, Lebensunlust, Frustrierung, Leistungsschwäche usw. können durch rein körperliche Fehlfunktionen bedingt sein (zum Beispiel Kreislaufschwäche, Schilddrüsenunterfunktion, Eisenmangel u. a. mehr). Seelische (psychische) Belastungen können diese Fehlfunktionen des Körpers verursachen (psychosomatische Erkrankungen).

In beiden Fällen sollten die Symptome unbedingt diagnostiziert und medikamentös behandelt werden: Es geht nicht an, nur die psychischen Auslösefaktoren zu beachten und zum Beispiel den psychosomatisch bedingten Ulcus selbst unbehandelt zu lassen. Das wäre ebenso einseitig, als wenn man nur den Ulcus als solchen medikamentös oder operativ behandelt, ohne gleichzeitig zu versuchen, die ihn auslösende Ursache zu beheben.

Vorgangsweise

a) Die Behandlungsmethode wurde durch Zusehen und Erklärung des Gesehenen gelernt. Der Vorgang war etwa dem in der mittelalterlichen Werkstatt eines Kunsthandwerkers vergleichbar: der Lehrling beobachtet das Tun des Meisters, versucht, es zu verstehen, wohl auch zu kopieren, um anschließend auf Wanderschaft das Gelernte mit dem Vorgehen anderer Meister zu vergleichen, bis er schließlich einen gewissen Erfahrungsschatz erworben hat.

b) Die so praktisch erworbene Fertigkeit möchte ich nicht theoretisch interpretieren. Das würde den Rahmen dieser Zeilen sprengen. Überdies fühle ich mich nicht dazu berufen. Der Vorgang an sich ist so, daß die Erwartungsinhalte, die man plant, mit den unter Punkt e) genannten Mitteln auf den Geführten übertragen werden. Dabei muß der Führende sich diese Inhalte als «geschehende Realität» vergegenwärtigen und überzeugt sein, daß sie sich auf den Geführten übertragen. Wenn der Führende das «will», gelingt es nicht. Es gelingt nur, wenn er «überzeugt ist, daß sie sich übertragen». Das ist für den Führenden mit keiner größeren Anstrengung verbunden, als jede andere konzentrierte Tätigkeit verlangt. Man darf jedoch nicht sich von den selbst erzeugten und zu übertragenden Vorstellungen mitreißen bzw. überwältigen lassen; man muß also sehr genau wissen, was man tut. Wieso sich Vorstellungen non-verbal übertragen lassen, weiß ich nicht.

Bezeichnungen wie Identifikation, Moja ya mbili, parapsychologische Fernwirkung sind also nur als der Versuch zu verstehen, nonverbale Vorgänge in Worte zu fassen. Es handelt sich nicht um theoretische Stellungnahmen.

Wesentlich ist, daß voraussagende verbale Suggestionen den Effekt verunmöglichen.

c) Meine Lehrer begannen meist mit einer Divination. Unter Divination sei verstanden: um Mithilfe bittende Anrufung eines Gottes, gottähnlichen Wesens, Ahnen bzw. Kulturbringers, Totemgeschöpfes, einer Fetischkraft oder eines sonstigen Verehrungswürdigen, mit oder ohne Identifizierung mit demselben.

Jede Religion respektierend, wäre es mir als blasphemischer Mißbrauch erschienen, wenn ich – nicht zu einer dieser Religionsgruppen gehörend – eine Divination unternommen bzw. vorgespielt hätte. Die bewundernde Identifikation mit dem jeweiligen Verehrungswürdigen des Geführten möchte ich mangels jeglichem Ritus nicht als Divination bezeichnen.

Außerdem verängstigen Divinationen oder sonstige Rituale den, dem sie in der detaillierten Ausführungsweise von der Tradition her nicht bekannt sind. Auch deshalb unterließ ich derartig Befremdendes.

Daß ich nicht irgendwelche profanen Geister oder sonstige spirituellen Kräfte anzurufen versuchte, dürfte aus der Tendenz meiner vorhergehenden Ausführungen evident sein.

d) Zur Einstimmung wurde ein Kalabashen-Tam-Tam verwendet (sehr vereinfachter Trommelrhythmus), welches ich von einem Mganga übernehmen durfte (geschenkt bekam, weil es mein Tam-Tam ist).

e) Statt verbaler Suggestionen wurden optische Reize (Figuren, Abbildungen usw.) geboten. Die emotionale Erwartungshaltung war gegeben, auch die Konzentration auf einen Ausschnitt des Erlebens.

f) Im Sinne der Definition von A. Eysenck/R. Meili fielen die Geführten in eine leichte Trance (Evidenz der Realität des während der Trance Erlebten, jedoch – mit einer Ausnahme – keine Amnesie, keinerlei Konvulsionen oder sonstige Übererregbarkeit). Es handelte sich also um sozusagen vernünftige Trancezustände mit vernünftigen Erlebnisinhalten. Daß ich selbst nicht in Visionen oder Verzückungen fiel, liegt wohl auf der Hand. Manche meiner Mganga-Lehrer schienen gute Handwerker zu sein, die die Vorgänge ohne Sentimentalität und romantisierenden Überschwang beherrschten. Ihnen bemühte sich die Verfasserin nachzueifern.

Hinweise zur praktischen Anwendung

> And when an answer has been found
> With an inspiring present,
> Worthy of your past and future,
> And the genius of your blood,
> You must leave the shifting sands
> Of your self-seeking and deceit
> And erect far mightier mansions
> On the rock of healthy souls
>
> A. K. Mensah, Ghana

Wenn Sie die einzelnen Beispiele überfliegen, werden Sie sowohl Erlebnisberichte von Afrikanern als auch von Europäern finden. Sie werden weiterhin die ungeheuer große Bandbreite der individuellen Konflikte bemerken, die mit afrikanischen Identifikationsmethoden behoben werden können. Abgesehen vom allgemeinen Interesse wird sich nun bei dem einen oder anderen europäischen Leser die Frage erheben, ob er sich selbst und anderen mit dieser Methode helfen kann. Beispiel Nr. 4 zeigt ganz allgemein, daß es möglich ist.

Für die, die nicht gewöhnt sind, praktische Schamanenarbeit zu leisten, seien jedoch die untenstehenden Anleitungen gegeben.

Es handelt sich nicht um eine punktuelle Einflußnahme zum Zwecke der Beseitigung quälender Einzelsymptome oder Konflikte. Es handelt sich vielmehr um eine Erweiterung des eingeborenen psychischen Bereiches. Eine solche Erweiterung korrigiert notwendigerweise eingefahrene Maßstäbe. Dadurch wird die Überbewertung der Konflikte abgebaut. Im Idealfall werden sie einfach, als nunmehr unwichtig geworden, nicht verdrängt, sondern vergessen.

Um diesen theoretischen Sätzen Farbe zu geben, bitte ich, den Bericht Nr. 8 zu lesen. In ihm wird zwanglos einsichtbar, daß die erst als so quälend empfundenen Symptome durch den unerwarteten Ansturm neuen Erlebens, neuer Perspektiven und neu erfahrener Erkenntnisse nunmehr im Vergleich zum neu gewonnenen «wirklichen Leben» bedeutungslos erscheinen.

In Kapitel 19 beschrieb ich die Dynamik fehlgeleiteten Selbstwertstrebens. In diesem Zusammenhang seien einige Worte gestattet: natürlich fordert es viel intelligenten Mut zur Selbstkritik, solche Tendenzen bei sich selbst festzustellen. Bei entsprechend sonstigem hohen Persönlichkeitsniveau sollte das aber möglich sein. Unterzieht sich ein so Veranlagter den Übungen, wird er sich in den allgemeinen Lebensstrom eingebettet finden, dessen uralt-ehrwürdige Gesetze ihm einfühlbar werden, wodurch er für die früheren fehlentwickelten Strebungen nun Echtes und damit wirklich Befriedigendes eintauscht.

Nun zur konkreten Übungsanleitung:

1. Zunächst ist eine Änderung der dem Weißen gewohnten Einstellung notwendig. Man darf nicht «beschließen», «sich vornehmen» oder «gewillt sein», diese Übungen auszuführen.

Noch weniger sollte man sie beginnen, um durch sie einen Zweck zu erreichen.

Man sollte vielmehr warten, bis man sich von dem Unternehmen *angezogen* fühlt. Ludwig Klages unterschied in seinem Buch *Der Geist als Widersacher der Seele* sehr scharfsinnig zwischen bewußtem Wollen und naturhaft-lebendigem Von-etwas-Angezogen-Werden. Die Gestimmtheit zu letzterem ist Voraussetzung.

2. Befinden Sie sich nun in diesem Zustand zweckfreien Gestimmtseins, sollten Sie nunmehr Bilder von Tieren, Pflanzen, Landschaften und Masken, auf denen kein Geschehen abgebildet ist, auf sich wirken lassen. Ohne Hast, Erwartung, Hoffnung oder Furcht sollten Sie jedes einzelne für sich auf sich wirken lassen. Seien Sie bitte nicht enttäuscht oder beunruhigt, wenn die Bilder nicht zu Ihnen *sprechen*. Alle können es nicht, sollen es nicht. Warten Sie, bis Sie auf eines, ein einziges, *Ihres* treffen. Das *spricht* dann zu Ihnen.

Bemerken Sie, daß Sie nicht mehr zweckfrei und ruhig aufnehmend betrachten können, brechen Sie bitte ab. Sie stehen weder unter Zeit-, noch unter Leistungsdruck. Daher beginnen Sie zu einer anderen Stunde, an einem anderen Tag erst dann wieder mit der Übung, wenn Sie wieder zweckfrei gestimmt sind.

Sehr wahrscheinlich wird irgendeines der Bilder Sie unmittelbar –

scheinbar grundlos – anzuziehen beginnen. Sie werden bald sicher sein, daß es Ihr Bild ist, daß es zu Ihnen gehört.

Sollte aber keines der Bilder zu Ihnen sprechen, ist das ein Zeichen dafür, daß sie sich Ihr Objekt selbst suchen müssen, so wie die in Kapitel 15 erwähnte Frau ja auch ihr Objekt suchte und fand. Vielleicht erwägen Sie auch einen Besuch des zoologischen Gartens? Es wäre ja möglich, daß eines der dort körperlich eingesperrten armen Tiere Ihnen Ihre geistig-seelische Freiheit gewähren könnte? Oder treffen Sie gar eine afrikanische Maske, die nach hier verschlagen wurde? Natürlich werden Sie bei solchem Suchen ebenfalls auf eine zweckfreie, aber empfangsbereite, auf eine nicht willensgespannte, aber aufmerksame Gestimmtheit achten müssen.

3. Nunmehr haben Sie Ihr Objekt – sei es ein Bild dieses Buches, eine Pflanze, Stein oder Tier – gefunden. Fanden Sie es außerhalb Ihrer Wohnung und können Sie es nicht mitnehmen, so sollten Sie es fotografieren (Großformat). Dann warten Sie, bis Sie in der Ihnen schon bekannten Gestimmtheit sind und sich an einem Platz befinden, wo Sie von störenden Unterbrechungen sicher sind. Das Bild des Objektes stellen Sie auf eine Unterlage in Augenhöhe. Das heißt, es sollte so stehen, daß Sie in sitzender Position und gerader Körperhaltung das Bild oder Objekt sehen können, wenn Sie geradeaus blicken. Der Abstand zwischen Ihren Augen und dem Objekt ist so zu wählen, daß es als Ganzes in Ihrem Sehfeld erscheint, ohne daß Sie die Augen von einem Detail zum anderen wandern lassen müssen, um es zu betrachten. Nun nehmen Sie eine bequeme Sitzhaltung ein. Den meisten Europäern ist das Sitzen mit gekreuzten Beinen auf längere Dauer unbequem. Also zwingen Sie sich nicht dazu! Es würde nur den Erfolg der Übungen gefährden. Vorzuziehen wäre ein ungepolsterter Holzstuhl mit einer geraden Lehne, damit Sie sich anlehnen können, um ein Vornübersinken während der Trance zu vermeiden. Die Füße stehen zwanglos nebeneinander, und die Arme ruhen bequem auf den Oberschenkeln. Um Verkrampfungen bei dem bewegungslosen Sitzen zu vermeiden, sollte man darauf achten, daß man absolut entspannt sitzt. Das gilt besonders für den bei Entspannungstests oft übersehenen Bereich der Halswirbel. Treten dort bzw. im Kopf auch nur andeutungsweise Schmerzen auf, ist die Übung zu unterbrechen, denn dann liegt eine Verkrampfung vor. Oft entsteht diese durch eine willens- und erwartungsbetonte seelische Einstellung. Beginnen Sie dann zu einem anderen Zeitpunkt von neuem.

4. Nunmehr lassen Sie das Tonband mit dem Trommelrhythmus ablaufen. Das dauert etwa zwanzig Minuten, so lange sollten Sie üben. Danach entspannen Sie sich noch für einige Zeit, um das Erlebnis abklingen zu lassen.

5. Während der Trommelrhythmen sehen Sie Ihr Objekt ruhig an. Jedes Denken ist abgeschaltet. Sie erhoffen nichts, Sie befürchten nichts, Sie sind nur Auge. Ihr ganzes Sein ist in dem Auge, welches das Objekt passiv auf sich wirken läßt. Nach einiger Zeit werden Sie das Bedürfnis empfinden, die Augen zu schließen. Tun Sie das. Wenn Sie großes Glück haben, wird Ihnen Ihr Objekt gleich bei der ersten Übung bei geschlossenen Augen erscheinen. Betrachten Sie es ruhig und zwanglos. Stören Sie den Vorgang weder durch freudiges Erstaunen noch durch intellektuelles Interpretieren. Was Ihnen widerfährt, ist etwas ganz Natürliches, daher sollten Sie es dankbar, aber ohne Exaltation hinnehmen. Sie sollten etwa so empfinden: «Hallo, freut mich, daß du da bist. Laß uns nun zusammen gehen.»

6. Individuelle Unterschiede: möglicherweise verschwindet die Erscheinung nach kurzer Zeit. Möglicherweise bemerken Sie das sogar erst ziemlich spät, weil Sie – ohne es selbst zu bemerken – herumgedacht haben, statt die Erscheinung zu betrachten und sich ihr nahe zu fühlen. Kein Grund zur Trauer oder zu Selbstvorwürfen! Öffnen Sie Ihre Augen wieder, sehen Sie Ihr Objekt ruhig an, lassen Sie es auf sich wirken und schließen Sie dann nochmals die Augen, wenn Sie fühlen, daß es soweit ist.

Es kann auch vorkommen, daß Ihnen das Objekt überhaupt nicht erscheint. Jedoch bemerken Sie überhaupt nicht das Verstreichen der Zeit. Sie sind gleichsam *ausgeschaltet* und *erwachen* erst, wenn das Tonband aufhört zu trommeln. Sie sollten diesen Zustand nicht mit Eingeschlafensein verwechseln. Sehr wahrscheinlich fielen Sie in Trance. Dabei können durch unkontrollierte Muskelverspannungen verursachte leichte Schmerzgefühle vorkommen. Einige Lockerungsübungen beheben diese. Sehr wahrscheinlich ist jedoch, daß Sie während der ersten Übungen gar nichts erleben. Dann lassen Sie einfach den Rhythmus auf sich einwirken und betrachten Ihr Objekt, bis Sie fühlen, daß Sie die Augen schließen wollen und vice versa. Die Hauptsache ist, daß Sie darauf achten, nicht über dies oder jenes nachzudenken. Im allgemeinen benötigt man 20 bis 30 Übungen, um zum Durchbruch zu kommen. Diese Übungen sollten möglichst immer zur gleichen Zeit und zwei- bis dreimal wöchentlich abgehalten werden.

Das dazu benötigte Gestimmtsein zu erlangen, wird Ihnen von Mal zu Mal leichterfallen.

7. Nachdem Sie nun mehr oder weniger oft geübt haben, gelingt Ihnen endlich der Durchbruch. Was er beinhaltet? Das kann ich Ihnen nicht sagen, was er für Sie persönlich beinhalten wird. Jeder erlebt das etwas anders. Jeder erlebt, was seiner eigenen, einmaligen Persönlichkeit gemäß ist. Vielleicht ist es die Solidarität eines Stein-Lebens, die tiefe Ruhe in sich selbst, eine Gewißheit, welche keine Fragen mehr zu stellen braucht, ein unbeirrtes Da-Sein. Vielleicht aber kommt die schwerelose Freiheit eines Vogellebens zu Ihnen, scharfäugige Kreise über klein gewordene Behausungen ziehend. Erwartet Sie die Fröhlichkeit eines Gazellenlebens oder das stürmische Geschehen im Leben einer Großkatze, die gespannte Bereitschaft und Freude an gelungener Aktion? Oder wird es ein Eintauchen in ein bisher ungeahntes Pflanzenleben?

So mannigfaltig wie die Totems ist die Färbung dieses Abschnittes Ihres Erlebens. Die Protokolle zeigen das. Es sind nur Beispiele. Sie werden anderes erleben.

Das wirklich Wesentliche aber ist: Das so andersartige und doch ganz persönlichkeitsgemäße Erleben erweitert unmerklich den Gefühls-, Anschauungs- und Denkkreis. Die Grenzen des beschränkenden Alltags-Ich werden durchbrochen. Damit wird der Übende Teil des Weltganzen: erreicht Abstand von seinen bisher so wichtig genommenen Problemen, erhält Einblick in das Ganze. Er erreicht jenen Zustand, den zu beschreiben unmöglich ist, weil unsere Sprache nicht dafür geschaffen ist. Er erreicht ihn aus eigener Kraft, daher kann er ihn auch nicht mehr verlieren. Denn was aus Eigenem wuchs, ist unzerstörbar.

Bericht 1

Name: L...
Alter: etwa 22 Jahre
Beruf: Student
Geschlecht: männlich
Stand: unverheiratet
Stamm: Lobi
Religion: christl. (Protestant)

Beispiel:
Identifikation «der Mganga wird der Patient».
  Zwei scheinbar unüberbrückbare Traditionen werden miteinander versöhnt.

Beschwerden:
Leistungsabfall, Unkonzentriertheit, Schlaflosigkeit auf Grund eines religiösen Konfliktes.

Besonderes:
Viele sagen: «Was kann es schon schaden, wenn Anhänger monotheistischer Religionen (Christentum oder Islam) gleichzeitig nach ihrer alten Tradition opfern? Fast alle tun es, wenn auch niemand darüber spricht.» Freilich opfern fast alle weiter. Aber sie tun es mit schlechtem Gewissen. Wer opfert, hat dann ein schlechtes Gewissen gegenüber dem Christentum oder Islam. Wer nicht opfert, hat ein schlechtes Gewissen gegenüber der traditionellen Religion seiner Väter. Man hat also zwei verschiedene Über-Ich. Dies verursacht eine Alarmierung des Thalamus, dies wiederum eine psychosomatische Krankheit, die eventuell zum Vagus-Tod führen könnte. Gibt man nun die Erlaubnis dafür, was ohnedies getan wird, und erklärt, warum das keine Sünde

ist, werden die beiden streitenden Über-Ich miteinander versöhnt, der Thalamus kommt zur Ruhe, dadurch der ganze Körper.*

Es braucht nicht viel psychologisches Einfühlungsvermögen, um sich die verheerenden seelischen Folgen vorzustellen, die aus der Nichteinhaltung des Verbotes entstehen, den Ahnen zu opfern: der Nichtopfernde wird gleichsam zum Ahnenmörder. Er begeht also eine ethisch nicht vertretbare Tat, und daraus entstehen Schuldgefühle. Weiter erwartet er die Rache dieser so schmählich behandelten Ahnen, was direkte Verfolgungskomplexe auslöst. Opfert er hingegen, «muß er bekennen» und hat mit der Strafe Gottes zu rechnen. Anders als durch die Relativierung des Problems dürfte sich der tragische Konflikt nicht lösen lassen.

Protokoll:

1. Treffen:

    L: Plötzlich konnte ich nicht mehr schlafen. Deshalb vermochte ich auch nicht mehr zu arbeiten.

    I: **Was geschah um diese Zeit?

    L: Eigentlich nichts. Es begann einfach so.

    I: Hör mal, wenn du mir nicht die Wahrheit sagst, kann ich dir nicht helfen. Das mußt du einsehen.

    L: Schaut auf die Seite, lächelt.

  DR. N: (afrikanischer Arzt) Du kannst ruhig reden. Wo warst du, als du das erste Mal nicht schlafen konntest?

    L: In Abidjan.

  DR. N: Was hast du denn da gemacht?

    L: Ich war mit einer protestantischen Kirchengruppe zusammen. Da habe ich viel gelernt.

    I: Faßt unwillkürlich nach seinem Amulett, denn der Identifika-

---

* Die Trankopfer ... oder Darbietungen und Speisen ... sind die mystischen Bande, die die Totenseelen mit ihren überlebenden Verwandten verbinden. Zeugung ist das einzige Mittel, um sicherzustellen, daß man nicht der persönlichen Unsterblichkeit verlustig gehe». (John S. Mbiti: «Afrikanische Religion und Weltanschauung, Berlin/New York 1984, S. 33)
** I. ist die Abkürzung für «Identifikator». Identifikator ist derjenige, der die Identifizierung (also die Herstellung des Zustandes moja ya mbili) vornimmt.

tor ist noch nicht lange in der Gegend und entsprechend unsicher.

L: (sieht die Bewegung) fragt: Was ist das?

I: Das ist mein Amulett.

L: Ist das ein Gri-Gri?

I: Im Grunde genommen ist es das gleiche, weil es nämlich die gleichen Dinge macht. Es gibt einem Kraft. Nun habe ich Kraft, weil ich mein Amulett angefaßt habe, und nun wirst du mir bestimmt sagen, was da in Abidjan gesprochen wurde, an dem Tag, an dem du hinterher nicht schlafen konntest.

L: Der Pastor sagte, man darf dem Fetisch nicht opfern, weil es nur einen Gott gibt, und den muß man in der Kirche verehren und nirgends anders. Der Pastor sagte, wer dem Fetisch opfert, der muß es öffentlich bekennen. Aber das tut natürlich niemand, weil man sich nicht blamieren will. Den Pastor in Abidjan habe ich nicht gekannt. Er hat immer wieder gesagt, man darf dem Fetisch nicht opfern. In dieser Nacht hat es angefangen.

I: Das stimmt schon, daß es nur einen Gott gibt. Das ist immer der gleiche Gott. Aber nun hör mal zu: sagen wir, ein Fremder kommt zu euch, und du weißt nicht, was er gerne ißt. Bietest du ihm dann nur einen Teller mit einer einzigen Speise an oder verschiedene Teller mit verschiedenen Speisen, wenn du nämlich dem Mann Ehre erweisen willst?

L: Ich stelle viele Teller hin mit verschiedenen Speisen, wenn ich das Gefühl habe, daß es ein fremder Stammesfürst ist, den ich ehren muß. Er kann dann wählen.

I: Genauso ist es mit Gott. Du darfst nicht nur in die Kirche gehen und ihn auf diese Art anbeten. Du mußt auch zum Fetisch gehen und ihm opfern, wie es dein Vater getan hat. Gott wählt dann aus, was ihm besser gefällt.

L: Aber das kann man doch nicht machen. Der Pastor sagt, man muß bekennen, wenn man dem Fetisch geopfert hat.

I: (lachend und wirklich überzeugt, dies ist das wahre, oft aus dem Bewußtsein verdrängte Motiv) Ach, weißt du, der Priester will nur am Jüngsten Tag mit möglichst vielen Leuten vor Gott erscheinen. Damit will er dann auf Gott Eindruck machen. Deshalb verbietet er, daß man zum Fetisch geht. Aber Gott sucht sich schon heraus, welche Art von Verehrung er am liebsten hat. Jeder sagt, man darf nichts anderes tun. Das sagt auch der Fetischeur. Hör nicht darauf, es ist deine Sache, wenn du auf viele Arten verehrst. Der gute Gott sucht sich dann schon aus, was Er am liebsten mag. Priester, Pastoren, Fetischeure, Marabouts, alle sind oft nur eifersüchtig. Nimm nun deine Bibel und dein Gri-Gri heraus.

L. hat zwar das Gri-Gri, aber nicht die Bibel bei sich. Ich lasse sie ihn holen.

DR. N: (zu L.) Nun habe ich schon oft mit dir über deine Schlaflosigkeit gesprochen, aber du hast mir noch nie gesagt, daß du immer ein Gri-Gri bei dir hast. (Zu mir gewandt) Ich repräsentiere hier westliches Wissen, denn ich bin Mediziner. Zu Ihnen spricht man. Ich aber bin von meiner eigenen Kultur abgeschnitten!

I: (zu Dr. N.) Ich denke, das ist nur der Universitätsschock. Eines Tages werden Sie zu Ihrer Tradition zurückkehren und dann beides kombinieren.

L. kommt mit der Bibel und nimmt Platz. Der Identifikator weist L. an, an nichts zu denken, nichts zu erwarten. Er möge sich nur auf die Wahrnehmung der Berührung der in der Hand befindlichen Gegenstände konzentrieren. Das Gri-Gri liegt über der Bibel. Nicht, weil der Identifikator es mehr als die Bibel schätzt – für ihn sind alle religiösen Gegenstände höchst verehrungswürdig –, sondern weil das Gri-Gri kleiner ist. Der Identifikator läßt L. die Augen schließen und beginnt, sich mit L. zu identifizieren und «als L. wahrzunehmen, daß die beiden religiösen Gegenstände, Gri-Gri und Bibel, miteinander verschmelzen», moja ya mbili, eins werden. Der Identifikator bleibt selbstverständlich hellwach. L. jedoch kommt in einen tranceähnlichen Zustand. Rhythmisch pendelt L. hin und her. I. und Dr. N. befürchten, daß L. vom Stuhl fällt. Daher macht I. die Gegenbewegung. (Als Identifikator darf man nie die Kontrolle über sich und den Anvertrauten verlieren. Man geht also selbst nicht in Trance. Man muß ganz klar bleiben. Das ist ja das Schwierige!) Nach 20 Minuten wird die Übung beendet.

L: Ich habe ein helles Licht gesehen, wie Gold. Das ist von deiner Seite her gekommen. Ich bin jetzt sehr glücklich.

Nächstes Treffen:

L. bringt Bibel und Gri-Gri mit. Während der Übung versucht I., den L. das Paradies sehen zu lassen. Da sind viele schattige Bäume und Früchte, Engel, Fetische, Masken, Clan-Tiere, heilige Figuren und herrliches Wasser. (I. ist aber nicht sehr fit, denn seit Wochen leidet I. an einer Dysenterie, die ihn sehr schwächt).

L: Wieder habe ich das Gold gesehen, das alles ist sehr schön. Ich bin ganz ruhig und glücklich.

Nächstes Treffen:

L. berichtet, er habe gut geschlafen, er fühle sich ausgeruht, er könne wieder arbeiten. Er hat dem Fetisch geopfert und ist dann in die Kirche gegangen und hat Gott auf die Weise der Christen verehrt.
Abends im Bett hat er gebetet und dann den Fetisch verehrt. Beides in seiner Vorstellung. «Das macht ruhig». Die Übung hat das gleiche Ergebnis.
    Die nächsten Treffen verlaufen ungefähr gleich.

7. Treffen:

Während der Übung ist irgend etwas nicht wie sonst. L. nimmt die Vorstellungen nicht richtig auf. Nach der Übung fragt L. nach dem Grund und vermutet ein schwerwiegendes Problem. Es stellt sich heraus, daß L. nebenher arbeiten will und ein Arbeitsformular auszufüllen hatte. Trotz aller Erfahrung hätte der I. nicht vermutet, daß L. so irritiert sein könne, nur weil er ein Formular vom Arbeitsamt auszufüllen hatte. Das «Nur» gilt eben lediglich für die, die in Europa ständig Formulare ausfüllen müssen, nicht aber für den Afrikaner, dem Bürokratie etwas kulturell Neues ist.

8. Übung:

Wieder Vorstellung des beschriebenen Paradieses.

L: Heute war es wunderschön. Ich weiß jetzt genau: Das Gri-Gri und die Bibel, das ist beides «Le Bon Dieu» und auch wieder nicht. In Wahrheit kann man ihn nicht sehen. Aber ich fühle, Er ist in der Bibel und im Gri-Gri. Man kann das nicht mit Worten sagen. Ich liebe jetzt beides. Bibel und Gri-Gri sind nicht böse aufeinander.

I. gibt L. die Anweisung, das nächste Mal mitzubringen: 2 neue Kalabassen, Milch, ein Kreuz und sein Gri-Gri, wie gewohnt.

9. Übung:

L. erscheint mit den Dingen. Er wirkt heiter und etwas neugierig. I. läßt den L. die Milch in eine Kalabasse geben. Kreuz und Gri-Gri liegen auf dem Boden der leeren Kalabasse. I. schickt den Mann kurz in Trance. I. stellt sich vor: alles ist friedlich um L., da ist ein tiefer Frieden. Dann weckt der I. den Mann auf und läßt ihn Milch über die beiden heiligen Verehrungswürdigen Dinge schütteln. Nochmals eine leichte Trance.

>   L: Die Heiligen Dinge sind nun nicht mehr durstig. ER hat mein Opfer angenommen. ER ist zufrieden mit mit.

Dann trinken die Beteiligten von der Milch, die der I. wieder in die 1. Kalabasse schütten ließ. Dr. N. bekommt eine Kalabasse zur Erinnerung an eine Methode, die er nicht auf seinen modernen Universitäten gelernt hat. L. soll Gri-Gri und Kreuz auf dem Boden der 2. Kalabasse liegen lassen, die er sorgfältig aufbewahren soll. L. wirkt glücklich und gelöst. Vorsichtshalber weist der I. ihn noch an, das Milchopfer von Zeit zu Zeit wieder zu bringen.

>   L: Natürlich, denn die Heiligen Dinge sind durstig, und außerdem muß man sie verehren.

Abschluß:

L. hat gute Studienerfolge, und seine Beschwerden kamen nie wieder.

Bericht 2

Name: E. O.
Alter: etwa 32 Jahre
Beruf: Arbeiter in einer Veterinär-Versuchsstation
Stand: verh., 2 Frauen, 9 Kinder
Stamm: will er nicht sagen
Religion: r. k.

Beispiel:
Keine Objekt-Verwendung zur Identifizierung. Stark vereinfachte Aureo-Akupustur: Mitunter ist es ganz gut, wenn man zusätzlich bestimmte Gehirnteile anregt. Statt teurer Medizinen nimm eine unreife Cajou-Nuß und vermische sie mit Erdnußbutter, Fett oder Butter. Diese Mischung gibt man dann auf folgenden Punkt des linken Ohres: Dort, wo es am Kopf angewachsen ist, über dem Loch, das in das innere Ohr führt. Dort findet man eine Erhebung wie eine gebogene Raupe. Auf diese Stelle streicht man die Medizin. Experten sagen, wenn dieser Punkt gereizt wird, dann wird der «Thalamus aufgeweckt und paßt besonders gut auf».*

Beschwerden: siehe Text.

Besonderes:
Es soll die Versöhnung zwischen einer christlichen Tabu-Forderung und der notwendigerweise sich aus den Umständen ergebenden traditionellen Lebensform erzielt werden. Erfolgte Exkommunizierung wegen Polygamie.

Zunächst sei mir gestattet zu beschreiben, wie der I. dem E. O. das Problem der Polygamie zu erklären versuchte:

* Vgl. F. Bahr, «Ohr-Akupunktur», Zürich 1976

«Es gibt aber verschiedene Arten der Polygamie. Du zum Beispiel heiratest eine Frau nach der anderen und sorgst für jede. Das nennt man eine offene simultane Polygamie. Andere heiraten, lassen sich scheiden, verstoßen also die erste Frau, und erst dann heiraten sie die zweite Frau. Das nennt man sukzessive Polygamie. Andere wieder heiraten nur eine Frau und lassen sich nicht scheiden, aber sie haben geheime Nebenfrauen. Über die reden sie nicht. Die armen geheimen Nebenfrauen besitzen gar keine Rechte. Sie arbeiten irgendwo und bekommen meist nur Geschenke. Das nennt man Konkubinat oder besser geheime Simultan-Polygamie. Die Nebenfrauen, die nicht geheiratet werden und keine Rechte haben, gehen deshalb meist auf die Sache ein, weil sie hoffen, der Mann lasse sich doch noch von seiner derzeitigen Frau scheiden und heirate sie, daß also die geheime Simultan-Polygamie in offene Sukzessiv-Polygamie übergeht. Über all dies wird normalerweise in den betreffenden Ländern nicht gesprochen, genau wie man auch in Afrika über manche Dinge nicht spricht.»

Protokoll:

1. Treffen:
E: Meine Augen rinnen, wenn ich nur 1/2 Stunde gelesen habe. Mit wurde eine Brille verschrieben. Aber ich benutze sie nicht, denn ich könnte sie verlieren oder zerbrechen. Ich habe Zahnentzündungen. 2 Zähne wurden gerissen. Die Parasiten aus den Zähnen laufen überall herum. Das kribbelt. Ich habe Ohrensausen und Kopfweh (Anm.: der Trigeminus ist nicht klopfempfindlich, wohl aber die Nebenhöhlen). Ich bin nervös. Ich bin nicht zornig. Aber ich werde traurig. Das ist meine Art der Nervosität. Ich habe auch Hämorrhoiden. Beim Zahnarzt war ich nicht noch einmal. Die sind nur Spezialisten und reißen die Zähne. Ich habe neulich einen Sonnenstich bekommen. Aber schon lange vorher hat mir immer die ganze linke Kopfseite weh getan, auch der halbe Hals, bis dahin (zeigt auf Trapezius, cranialer Oberrand). 1969 heiratete ich meine zweite Frau. Der Pfarrer hat das erfahren, aber erst später. Ich habe nach der zweiten Heirat zu träumen angefangen. Das war in Libreville. Dort wohnt mein Bruder. Ich habe da geschlafen. Da hat mich ein böser Geist gefangen. Als ich aufgewacht bin, habe ich

gesagt «mon Dieu, mon Dieu», das war mein Gebet. Nach dem Beten habe ich mich wohl gefühlt. Der Traum ist dann häufiger gekommen. Immer konnte ich mich nicht bewegen und nicht reden. Den Geist selbst habe ich nie gesehen. Ich war nie beim Guérisseur deswegen. Dann habe ich noch einen zweiten Traum. Der ist so: Ich kehre in mein Dorf zurück und finde, daß in meiner Familie jemand furchtbar krank ist. Ich denke immer an meine Familie, jetzt, wo ich so weit weg bin.

I: Welches ist eigentlich dein Totem? Wann hast du das letzte Mal geopfert?

E: Ich opfere nicht, ich bin Christ. Auch mein Vater und meine Mutter opfern nicht. Wir haben auch nichts, was wir nicht essen dürfen. Wir essen alles.

I: Ihr habt also nichts mehr mit Fetischen und anderen traditionellen Sachen zu tun. Nun sag mal, ich kann ja verstehen, daß du nicht zu einem Mganga gegangen bist. Aber warum, wenn dich ein böser Geist besessen hat, hast du nicht einen christlichen Priester besucht?

E: Ich bin aus Nachlässigkeit nicht hingegangen.

I: Mein lieber E., wenn ich dir helfen soll, darfst du mich nicht anschwindeln. Wenn du solche Träume hast, wäre es nur selbstverständlich, daß du entweder zum Fetischeur gehst oder zum christlichen Priester. Also, warum bist du wirklich nicht zu ihm gegangen? Ist da etwas zwischen euch? Ein Streit oder so?

E: Ich war früher Ministrant. Als der Pfarrer erfahren hat, daß ich ein zweites Mal geheiratet habe, hat er gesagt, ich soll eine meiner Frauen verstoßen. Das will ich aber nicht. Es sind gute Frauen. Da hat mich der Pfarrer exkommuniziert. Ich darf nicht mehr in die Kirche, ich bekomme nicht mehr das Heilige Abendmahl. Erst soll ich eine meiner Frauen verstoßen. Es sind gute Frauen. Eine macht den Haushalt, eine arbeitet auf der Post, und beide arbeiten auf den Feldern. Welche soll ich verstoßen? Ich mag das nicht, es sind gute Frauen! Da sind Stimmen. Die machen, daß ich etwas anderes schreibe, als ich schreiben will.

I: Das ist nun schwierig. Du opferst nicht dem Fetisch und willst ihm auch nicht opfern. Mit dem Pfarrer kannst du dich auch nicht versöhnen, weil du keine deiner guten Frauen hergeben willst. Also können wir keinen dieser Wege gehen. Da müssen wir einen anderen Weg suchen.

I. beschließt, dem E. ohne jede Objektvorstellung direkt gute, gesunde, starke Stimmungen zu übermitteln. Da I. kein Objekt verwendet, wird das schwer sein; daher akupustiert er das Ohr des E. Der I. versucht, sich Gott direkt (also ohne religiöse Vermittler wie christlichen oder fetischistischen Priester) vorzustellen.

Nach der Übung:
E: Es hat am Hinterkopf gebrannt. Aber ich habe keine Angst gehabt. Ich fühle mich jetzt ruhig und glücklich.

2. Treffen:
I. macht das gleiche, fügt aber das «Wunderbare Tam-Tam» hinzu. Der Patient kommt in Trance.
E: Das war nicht Wachen, das war nicht Träumen. Ich bin ruhig, ich bin nicht nervös. Ich bin stark geworden. Nicht bestimmte Teile des Körpers wurden stark. Ich bin ganz allgemein stark geworden.

3. Treffen:
Gleiche Vorstellungsvermittlung. Aber nun (da der Patient schon vertrauter geworden ist), führt I. mit beiden Armen eine Bewegung über dem Kopf durch, so als ob der Kopf ein sich öffnendes Gefäß wäre.
E: Ich fühle mich wohl. Ich bin ganz ruhig. Das war etwas Neues. Das war, als ob sich mein Kopf nach oben öffnen würde. Ich hatte gar keine Angst. Der Kopf war offen, aber niemand hat etwas hineingetan.
Einige Treffen vergehen, ohne daß etwas Neues hinzugefügt wird, denn ängstliche Menschen erschrecken, wenn jedes Mal ein neues Erlebnis kommt.

18. Treffen:
I: Du willst also auf jeden Fall Christ bleiben? Aber du willst doch keine deiner guten Frauen verstoßen? Ist das so?
E: Ja, so ist es.
I: Nun höre mal, da sind Christen, die sind Katholiken. Da sind Christen, die sind Protestanten. Das weißt du doch? Da gibt es noch eine ganz große Zahl von anderen Christen. Zum Beispiel gibt es Christen, die nennen sich Mormonen. Die Mormonen sind ganz richtige Christen. Aber sie dürfen mehrere Frauen haben. Warum willst du nicht Mormone werden?

E : (lachend) Das ist gut! Da könnte ich Christ bleiben und meine Frauen behalten. Ich will Bücher darüber haben. Gibt es Mormonen in Kamerun?

I : Das glaube ich nicht, die leben in Amerika. (Der I. holt eine Enzyklopädie, schlägt «Mormonen» auf und läßt den E. lesen, daß sie mehrere Frauen haben dürfen und trotzdem Christen sind.)

Dann gibt I. dem E. ein bißchen Zeit, damit dieser wieder ruhig wird. Anschließend läßt I. den E. erleben, wie man sich mit Frauen und Kindern auf den Weg macht und zu Gott geht. Das ist ein langer schöner Weg mit schattigen Bäumen und vielen Blumen. Dann kommt ein weiter Platz, dort sitzt Le Bon Dieu selbst wie ein prächtiger Stammesfürst.

E : Ich bin sehr glücklich, ich habe nichts gesehen, aber Le Bon Dieu hat mein Herz geöffnet (macht eine Bewegung, als ob eine Tür geöffnet wird). Gott hat mich und meine Frauen angenommen.

I : Manche sehen etwas. Andere sehen nichts. Das macht nichts. Hauptsache ist, daß Gott dich und deine Frauen angenommen hat.

Während der nächsten Wochen wartet E. – nunmehr beschwerdefrei – auf eine Antwort der Mormonen, denen der I. in der Sache geschrieben hat. E. ist nicht nervös. Er ist ruhig und schläft gut und freut sich, daß Gott ihn angenommen hat.

Abschluß:

Nach 4 Monaten antworten die Mormonen endlich. Es stimmt, daß sie früher polygam waren, das hätte ihnen aber die amerikanische Regierung verboten. Heute seien sie nicht mehr polygam. Sie scheinen nicht sehr interessiert zu sein, mit E. in Kontakt zu treten. Schweren Herzens sagt der I. dem E., daß die Mormonen nicht mehr polygam sind und versucht, deren mangelndes Interesse an ihm zu beschönigen. E. antwortet sehr vernünftig und intelligent: das mangelnde Interesse hätte er selbst bemerkt. Ob die Mormonen noch polygam seien oder nicht, sei ihm gleichgültig. Denn es komme nicht auf die Mormonen an. Die wären nicht Gott. Die Mormonen, die früher polygam waren, würden wohl auch im christlichen Himmel sein, wenn sie sonst gute Menschen gewesen wären. Und so würde er hoffen, auch in den Himmel zu kommen. Auf Menschen sei eben kein Verlaß. Die würden im-

mer die Bestimmungen ändern, so wie die Mormonen, die nun monogam geworden wären. Der Familie gehe es gut. Sie hätten auch geschrieben, daß die Fetischeure in seinem Dorf schon neugierig auf den
Identifikator seien und sich auf dessen Kommen freuten – bereit zum
Wissenstausch.

Bericht 3

> Name: *nicht genannt*
> Alter: *32 Jahre*
> Beruf: *Pilot*
> Stamm: *nicht genannt*
> Stand: *nicht genannt*
> Religion: *rationalistisch eingestellt*

Beispiel:
Versöhnung mit beleidigtem Clan-Tier unter Verwendung der entsprechenden Figur (Biche); «Initiations-Bewährungs-Aufgabe», da ein neues Leben startete.

Beschwerden: siehe Bericht

Besonderheiten:
Oft gibt sich ein Mensch ganz anders, als er ist. Er ist zum Beispiel feinfühlig und unsicher, und er lebt in einer modernen Umgebung, die fortschrittlich zu sein vorgibt. Nun ist dieser Mensch unsicher, um «gegen den Strom zu schwimmen». Daher gibt auch er sich skeptisch, spöttisch, an nichts glaubend. Er hat nämlich Angst, als unmodern ausgelacht zu werden. Man sollte sich da nicht irreführen lassen!

Protokoll:

1. Treffen:
Der Mann wirkt wie ein Junge von 18 Jahren, schmal, langaufgeschossen, unsicher, sehr bewegliches Mienenspiel, rastlos hin und her huschende Augen, in den Bewegungen gehemmt, die Arme eng an den Leib gepreßt. Er wirkt zwar nicht schizophren, wohl aber leicht schi-

zoid. (Das ist ein Vorstadium, aus welchem sich Schizophrenie entwickeln kann. Sie entwickelt sich aber durchaus nicht immer! Die meisten bleiben ihr Leben lang schizoid.)

ɪ: Sie haben ein Problem. Das sehe ich. Das Problem macht Sie unsicher. Sie wissen nicht mehr, was rechts oder links ist. Sie wissen nicht, was stimmt oder nicht. Das geht schon längere Zeit so. Das ist ein innerliches Problem, es hat nichts mit Chef oder Beruf zu tun.

ᴘ: Sind Sie ein Wissender, ein «Connaisseur»? Alles stimmt. Und Sie kennen mich doch nicht.

ɪ: Schließlich habe ich Augen. Und ich kann sie gebrauchen. Ihre Schwierigkeiten begannen in der Schule, als Sie die Sachen lernten, die nicht zu Ihrer Tradition gehören. Wie alt sind Sie, was ist Ihr Beruf?

ᴘ: Ich bin 32 und Pilot.

ɪ: Pilot, der ein wirkliches Flugzeug fliegt? Der Apparate bedient und macht, daß das Flugzeug vom Boden wegkommt und dort ankommt, wo es ankommen soll? Und wirklich 32?

ᴘ: Ja, wirklich 32 und wirklicher Pilot!

ɪ: Sie haben gelernt, wie man es macht, daß einem die Maschinen gehorchen, aber ich denke, Sie haben Ihren Alten (den Chef der Familie in dieser Gegend nennt man «den Alten») lange nicht mehr besucht und lange keine Opfer mehr gebracht. Die Alten, die sind das Leben. (Identifikator nimmt ein dürres Blatt und zeigt es dem P.) Ohne Wurzeln kann man nicht existieren. Das sind Sie nun. Es ist nötig, Ihnen wieder Wurzeln zu geben.

ᴘ: Das ist alles absolut wahr. Als ich die Schule besuchte, hat das angefangen. Ich fühle mich wie abgeschnitten. Damals hat alles begonnen.

ɪ: Was hat begonnen?

ᴘ: Die Alpträume!

ɪ: Was für Alpträume?

ᴘ: Ich habe alles aufgeschrieben, damit ich nicht eines Tages überrascht werde.

ɪ: Was träumen Sie denn?

ᴘ: Die Biche! Sie verfolgt mich. Ich laufe weg, aber sie folgt mir.

ɪ: Welches Tier dürfen Sie nicht töten und nicht essen?

ᴘ: Die Biche. Und Sie verfolgt mich. Weiße nennen das Totem. Aber es ist der Ur-Ur-Ur-Großvater. Sie verfolgt mich. Ich komme an ein Wasser. Da ist eine Frau. Ich kenne sie nicht. Ich kenne sie nicht von meinem Dorf her. Sie schöpft Wasser und gibt es in ein Tongefäß. Ich weiß nie, ist die Frau für mich gut oder schlecht. Ich wache immer vorher auf. Ich bin sicher, etwas wird kommen. Ich will nicht überrascht werden.

Da wir nun über so ernste Dinge sprechen, fallen wir unwillkürlich ins «Du», denn das «Sie» würde eine Distanz andeuten, die nicht mehr besteht.

I: Hast du einmal versucht, eine Biche zu töten?

P: (sehr entsetzt) Niemals. Nein, niemals. Nein, gar nicht!

I: Hast du jemals schlecht über die Biche gesprochen? Hast du dich einmal über die Biche oder das ganze Problem des Totemismus lustig gemacht?

P: Als ich Student war, habe ich manchmal gesagt, daß die Biche ein ganz gewöhnliches Tier wie alle anderen ist. Daß man so etwas nicht zu respektieren braucht. Daß das alles Aberglaube ist. Ich dachte: als Student brauche ich die Biche nicht zu respektieren. Das ist altmodisch. Das hat mich abgeschnitten. (Hebt ein welkes Blatt auf, schwenkt es) Das bin ich.

I: (gefangen von der Idee, daß jemand ein so schönes, kluges Tier als Totem haben kann): Sie ist liebenswert, die Biche, anmutig, sie ist aber auch zäh. Sie weiß viel, sie ist sehr beweglich. Sie ahnt Dinge, auch Gefahren. Sie ist wunderbar, die schöne Biche.

P: stimmt eifrig zu, sehr überzeugt. Sichtlich entspannt er sich, weil er an die Biche denkt und jemand begreift, wie schön und herrlich sie ist.

I: Du hast also bestimmt nicht versucht, die Biche zu töten? Aber es hat sie geärgert, daß du so abfällig von ihr gesprochen hast. Das hat sie gekränkt. Das hat sie enerviert.

P: Was soll ich nun machen? Ich bin abgeschnitten. Ich habe meine Alten und alle lange nicht besucht und weiß nicht, wie man ein Opfer bringt, und die Biche ist böse auf mich.

I: Ihr habt keine Masken, nicht wahr?

P: Nein, wir haben keine Masken, wir haben Figuren.

I: Hast du noch eine Figur von der Biche? Die Figur braucht nicht erzogen (Anm. d. Verf.: also geweiht, beopfert) sein. Es kann eine ganz gewöhnliche Figur sein, wie sie die Weißen als Souvenir kaufen. Komme morgen mit der Figur der Biche, und wir werden etwas machen, damit sie nicht mehr auf dich zornig ist.

Nächstes Treffen:

Wir hatten ausgemacht, P. kommt um 10 Uhr. Um 10.20 Uhr erscheint er und entschuldigt sich für die lächerlichen 20 Minuten Verspätung! So modern ist P.! Er wird von dem älteren Bruder begleitet. Der wirkt gefestigter, sachlicher, praktischer, weniger gebildet, weniger sensibel. Nach außen, wohlgemerkt, innerlich vibriert auch er. Der Identifikator sagt, er sei sehr froh, daß der ältere Bruder mitkommt, denn ein älterer Bruder ist eine Respektsperson und hat die Verantwortung. Die Figur haben sie angeblich vergessen. Sie fahren mit dem Auto, um sie zu holen. Sie kommen aber erst am Abend zurück.

1: Fein, daß ihr da seid. (Die Brüder hatten eine langatmige Erklärung vorbereitet und wieder die Biche-Figur nicht mitgebracht. Gewundene Erklärungen. Dem Identifikator wird es zu dumm, für stupid gehalten zu werden.)

Nun hört mal, die Sache ist doch so, daß ich euch helfen, aber die Figur nicht sehen soll? (Beide lächeln verlegen.) Ich sehe das absolut ein. Es ist verboten, daß ich die Biche sehe. Wäre es auch verboten, wenn ihr sie hierherbringt und verdeckt, so daß ich sie nicht sehen kann, sondern nur ihr? Wenn ich dich nämlich mit der Biche versöhnen soll, brauche ich sie nicht anzusehen, wohl aber du. Ich darf sie gar nicht ansehen. Das würde sie vielleicht ärgern. Denn sie ist ja nicht mein Totem. Also wenn du sie bringen und etwas davorstellen würdest, daß ich sie nicht sehen kann, ginge das?

P: Ja, das ginge.

Nun gehen sie die Figur holen. Sie wird durch einen quergestellten Karton verdeckt. Der Identifikator identifiziert sich mit dem P. und gleichzeitig mit der Biche, die so frei und herrlich ist, wenn sie springt und springend durch die Luft fliegt. In dem Augenblick, wo die Biche durch die Luft fliegt, wird sie mit dem Piloten, der ja auch fliegt, eins. So fliegen wir drei «als eins» (moja ya mbili) in die Luft. Immer höher. Es ist wunderschön. Unten, ganz klein sind Weiße und Schwarze und Bäume und Häuser. Aber das geht uns gar nichts an. Schließlich berührt der ältere Bruder nach 20 Minuten leicht des Identifikators Hand und kehrt wieder auf die Erde und in die reale Welt des Alltags zurück.

P: (Öffnet die Augen und ist ganz glücklich) Das war wie Einstein. Ich habe Bücher über die Relativitätstheorie gelesen. Zeit und Raum sind danach Täuschung, Aberglaube. Jetzt habe ich es erlebt. Das ist wahr. Ich bin Flieger, weil ich mein Ur-Ur-Ur-Großvater bin. Ich bin anders geflogen. Maschinen sind artifiziell, die stören. Aber man kann auch heute die Biche sein.

I: Was war denn nun mit der Biche?

P: (erstaunt) Was soll mit ihr sein?

I: Ist sie immer noch beleidigt?

P: Die Biche? Das bin doch ich! Durch meinen Ur-Ur-Ur-Groß-vater.

I: So hat sich also die Biche mit dir versöhnt?

P: So kann man das nicht sagen. Das ist alles ganz anders. (Schaut den I. zweifelnd und plötzlich recht zurückhaltend werdend an)

I: Ist schon recht. Ich habe bloß deshalb so nach weißer Leute Art gefragt, weil ich wissen wollte, ob du es wirklich erlebt hast und nicht nur so herumphantasierst.

P: Ach so, wie ein Test?

I: Ja, ein Mganga-Test! Wie fühlst du dich jetzt?

P: Ruhig und glücklich. Da ist kein Problem. Die Apparate beim Flugzeug muß man einfach hinnehmen. Das ist wie ein Hufeisen am Pferd. Das ist heute nun einmal so. Aber es ändert nichts Wesentliches, wenn man das Wesentliche weiß.

Nächstes Treffen (nach ungefähr einer Woche). Gleiche Übung. Gleiches Resultat. Dann aber ändert sich etwas.

P: Lieber würde ich ein Vogel statt einer Biche sein!

Solche Ideen kommen Menschen mitunter. Man gehe nicht darauf ein! Hat einer ein Totem, soll er dabei bleiben. Nur jemandem, der seines vollkommen verloren hat, kann man ein neues geben (vgl. Bericht 8). Aber nur das Totem. Nicht die Religion! Das ist ein Unterschied.

I: Denke jetzt darüber nicht nach. Geh und schlafe. Wenn du die Möglichkeit hast, fahre heim, besuche den, der die Opfer bringt und bitte ihn, für dich das Große Opfer zu bringen und überbringe ihm meine respektvollen Grüße.

Wir verabreden ein neues Treffen in einer Woche.

P: Ich kann jetzt viel besser fliegen. Die Apparate machen mir nichts aus. Ich bin in der Luft sehr glücklich. Ich schlafe gut.

I: Wie kommst du mit den Menschen aus? Schmeckt das Essen? Machst du gern Liebe?

P: Ich komme mir unwirklich vor, sobald ich nicht fliege. Irgendwie, als ob ich träume. Aber ich bin sehr glücklich.

I: So laß uns anfangen.

Geplante Vorstellung: zwar springt die Biche hoch hinauf. Aber sie kommt dann wieder auf die Erde, ißt zarte, wohlschmeckende Kräuter, erfreut sich am Wasser und trifft andere Biches. Dann kommt ein Jäger. Der will die Biches töten. Aber die Biches hören ihn vorher. Sie laufen weg und verstecken sich. Der dumme Jäger stolpert schwitzend herum, und die Biches beobachten ihn aus ihrem Versteck heraus. Sie lachen über den dummen Jäger. Der wird müde und geht mißmutig weg. Die Biches kommen aus ihrem Versteck. Sie freuen sich, und man macht Liebe. P. berichtet anschließend:

P: Nein, ich war dumm. Ich möchte doch kein Vogel sein. Die Biche ist gerade richtig für mich. Auf dem Boden ist es auch schön. Man braucht gar keine Angst zu haben. Außerdem kann man in der Luft keine Liebe machen und auch nicht essen. Dort ist auch kein Wasser. Ein bißchen fliegen und ein bißchen auf der Erde. Das ist gerade richtig. Ich will doch kein Vogel sein!

I: Du sagst, man braucht keine Angst haben. Was hast du erlebt, was dir hätte Angst machen können?

P: Da war ein Jäger. Zuerst haben wir Angst gehabt. Aber dann haben wir gemerkt, der kann nicht hören und sehen. Der ist dumm! Man muß nur etwas aufpassen. Gott (er sagt statt dessen einen anderen Namen) gab der Biche die Ohren, die Augen und die Nase. Das genügt, um zu überleben.

I: Du mußt endlich das Große Opfer bringen lassen. Ich denke, du bist jetzt in Ordnung. Geh nun, halte die Regeln deiner Tradition und freue dich deines Lebens.

Abschluß:
Da der Mann auf einer lokalen Fluglinie arbeitet, I. aber den Ort verließ, hat er P. nie mehr getroffen. Auf dem Rückweg fragt I. dann die dort Beschäftigten, ob sie P. kennen und wie es ihm geht. «Dem geht es gut, er hat sich sehr geändert», sagten sie, «wir nennen ihn jetzt den glücklichen Piloten.»

Anmerkung: In Abschnitt 14 behandelte ich das Problem der Initiation bei protektiver Magie und schrieb, man müsse etwas Ähnliches wie Initiationserleben vermitteln, denn der ehemalige Leidende beginnt ja jetzt ein neues Leben! Ist er stark und gesund genug geworden, muß man ihm die Vorstellung von Schwierigkeiten und Gefahren vermitteln. Auf dem Höhepunkt der Gefahr stellt man «sich als er» vor, daß er aus der Situation heil herauskommt, daß er stärker als das Furchtbare ist.

Hier ein praktisches Beispiel, wie man das machen kann.

Bericht 4

Name: D. G.
Alter: 25 Jahre
Stamm: Gourmantché
Beruf: Büroangestellter
Stand: unverh., keine Kinder
Religion: r. k. (man sagte ihm, zum Besuch der
Missionsschule wäre das nötig)
Vater: Fetischist (Toka-Toka = hornbill medium siced)
Mutter: Fetischist (Schlange = west-african housesnake
– bestimmt nach G. S. Cansdale West-African Nature
Handbooks)

Beispiel:
Wie man sich ohne fremde Hilfe mit seinem Totem versöhnen kann. –
Als Notlösung sogar mit nichts als einem Bild aus einem Buch.

Beschwerden:
Schreckliche Träume verfolgen ihn, machen ihn unsicher und nehmen
ihm die Freude am Leben.

Dieses Beispiel lehrt:
1. Man kann sich selbst mit einem Totem versöhnen, ohne daß einem
jemand hilft (zum Beispiel wenn man in einer fremden Umgebung ist
und keinen Mganga hat, der die Tradition beherrscht).
2. Man soll sich auf keinen Fall zwischen die Leidenden und sein Totem drängen, sondern nur wie ein ehrlicher Briefträger zwischen beiden vermitteln. Hier ist ein Beispiel dafür, wie das vor sich gehen kann.
   Auftreten des Patienten: Brillenträger, schmal, feine Züge, wacher
Gesichtsausdruck; er wirkt nicht beflissen, sondern eher sehr höflich
und zurückhaltend, sehr beherrscht, wer aber sehen kann, spürt die
Nervosität unter dieser wohlerzogenen Oberfläche.

Protokoll:

D: Ich leide seit 1971 unter schrecklichen Träumen. Meist wenn die starken Regen waren, also im Juni.

I: Was geschah um diese Zeit herum?

D: Der Guérisseur gab mir ein schwarzes Pulver. Ich habe den Guérisseur (Mganga) nicht aufgesucht. Er kam ungerufen ins Haus. Er sagte, ich soll das schwarze Pulver essen. Das wäre gut, um das Examen zu bestehen. Ich habe ihm 100 CFA gegeben. Das war zwei Monate vor dem Traum. In der Zwischenzeit war ich ganz normal. Ich habe keine Stimmen gehört, keine Personen gesehen, die nicht existieren. Ich war nicht mehr müde als sonst. Ich konnte auch normal schlafen, nachdem ich das Pulver genommen habe. Dann hatte ich plötzlich den Traum, nach zwei Monaten war das.

Also kann es keine Giftwirkung gewesen sein. Es kann überhaupt nicht mit dem Mganga zusammenhängen. Die Leiden traten ja erst zwei Monate später auf. Etwas anderes muß die Ursache sein.

I: Was geschah sonst noch, unmittelbar, bevor der Traum das erste Mal gekommen ist?

D: Eigentlich nichts Besonderes. Ich kann mich nicht erinnern.

I: Mein Lieber, jetzt verbirgst du mir etwas. Aber wenn ich dir helfen soll, mußt du mir sagen, was um diese Zeit passiert ist. Was hast du an dem Tag gemacht, an dem du dann in der Nacht geträumt hast?

D: (verlegen, sich aber betont gleichgültig gebend) Ich ging auf die Jagd. Ich liebe es, auf die Jagd zu gehen. Aber ich habe nur einen Vogel gesehen. Ich habe versucht, den Vogel zu töten.

I: Was für ein Vogel war das? Es ist wichtig, daß du dich erinnerst.

D. lächelt, sieht auf die Seite, zündet eine Zigarette an, räuspert sich.

D: Ich habe versucht, einen Toka-Toka zu töten.

I: Was, einen Toka-Toka? Deinen Totem-Vogel? Was? Wo hat man je gehört, daß einer sein eigenes Totem schießt! Hast du versucht, ihn mit Speer, Pfeil oder Gewehr zu töten? Und wieso ist es dir nicht gelungen, ihn zu töten?

D: Ich habe das Gewehr angelegt. Da habe ich plötzlich eine Frau gesehen. Ich habe sie wiedererkannt. Es war eine alte Frau aus meinem Dorf. Besser gesagt: die Frau, die ich im Busch sah, als ich auf den Toka-Toka anlegte, hat mich an eine Frau im Dorf erinnert. Die Frau hatte nichts Besonderes an sich. Ihre Haare waren weiß, und sie war nach der Art meines Stammes tatauiert. Ich bin nicht tatauiert. Man macht das, wenn das Kind zu gehen anfängt. Die Frau hat gesagt, ich darf den Toka-Toka nicht töten. Ich habe das Gewehr heruntergenommen. Ich war sehr erstaunt, plötzlich die Frau zu sehen. Ich habe große Angst gehabt, weil ich nicht gesehen habe, von wo die Frau herkam und wohin sie dann gegangen ist. Ich ging dann sofort nach Hause. Ich habe versucht, weiter zu jagen, aber ich hatte Angst. Seit der Zeit habe ich den Traum! Der geht so: Eine Katze, die größer als eine normale Katze ist. Die kommt und bedroht mich. Ich töte sie. Ich werfe das tote Tier in einen Korb. Aber sie ist nicht wirklich tot. Sie kommt aus dem Korb heraus und jagt mich. Aber glücklicherweise erwache ich dann. Es kann auch sein, daß mich Menschen jagen. Aber meist ist es eine Katze.

I: Dein Fall ist nicht leicht. Du hast versucht, den Toka-Toka zu töten, den du nicht töten darfst. Es war gut, daß die Frau dir erschien und es dir verboten hat. Du mußt der alten Frau sehr dankbar sein und ihr ein Geschenk machen. Und durch den Versuch, den Toka-Toka zu töten, hast du ihn sehr geärgert. Du mußt ihm das Große Opfer bringen und dich sehr entschuldigen. Wann kannst du das? Du muß dazu unbedingt heimfahren.

D: Ich kann erst im Juni heimfahren.

I: Das dauert zu lange. Man kann nicht wissen, was in der Zwischenzeit passiert. Ich habe eine Idee. Du kannst sie annehmen oder ablehnen. Das ist deine Sache. Wenn du nein zu meiner Idee sagst, müssen wir uns etwas anderes überlegen. Ich denke so: Wir wechseln das Blut. Dann bist du ich, und ich bin du. Dann fahre ich in dein Dorf, und du gibst mir etwas für deinen Vater mit, damit er weiß, ich komme von dir. Dein Vater sagt es dann dem Guérisseur (Mganga), und dann bringt man das Große Opfer für dich. Willst du das?

D: Freilich, ich will ja geheilt werden.

Nächstes Treffen nach ungefähr 14 Tagen. D. hat gewundene Erklärungen, aus denen zu entnehmen ist, er wünsche doch nicht, daß der Identifikator sich mit dem Clan in Verbindung setzt. Der Identifikator findet das völlig richtig. So bespricht man ganz offen, daß D. das Problem selbst in Angriff nehmen muß, da er ja jetzt unmöglich heimfahren kann.

I: Der Toka-Toka ist sehr weise. Er sitzt auf dem Termitenhügel, damit er alles beobachten kann.

D: (eifrig) Ja, dann warnt er alle Geschöpfe des Waldes, wenn ein

Panther (Leoparden werden dort «Panther» genannt) kommt. Er kennt auch bestimmte Kräuter. (Dann spricht er noch viel über den Toka-Toka, was man aber nicht weitergeben darf, weil es tabu ist.) Die Hauptsache ist jedenfalls, daß er vor dem Leoparden warnt.

Der Identifikator versteht nun, was die Katze bedeutet und will, daß D. es von sich aus versteht.

I: Wer verfolgt dich im Traum?

D: Eine Katze, die viel größer ist als eine gewöhnliche Katze. Die kann ich nicht töten. Die ist gefleckt.

Beginnt sich so aufzuregen, daß der Identifikator ihn unterbricht.

I: Der Toka-Toka warnt also, wenn ein Leopard kommt. Das ist gut von ihm. Wird er auch den warnen, auf den er böse ist?

D: (regt sich noch mehr auf) Natürlich nicht, und deshalb konnte die Katze mich verfolgen. Denn ich habe den Toka-Toka beleidigt, und da hat er mir den Schutz entzogen.

I: Ich gebe dir jetzt ein Bild vom Toka-Toka. Vor dem Schlafengehen, jeden Abend, sieh dir das Bild genau an. Sprich dann mit niemandem mehr und schließe die Augen. Du wirst dann den Toka-Toka sehen. Sage zu ihm in Gedanken: «Lieber Toka-Toka, du verehrtes Totem meiner Ahnen, bitte entschuldige meine Absicht. Lieber Toka-Toka, du verehrtes Totem meiner Ahnen, es tut mir leid, daß ich auf dich gezielt habe. Ich werde es nie, nie, nie wieder tun, und ich werde meinen Söhnen sagen, daß sie es nie, nie, nie tun sollen. Sobald ich kann, fahre ich ins Dorf und werde das Große Opfer für dich bringen.» Wenn du so sprichst, darfst du nichts erwarten und erhoffen. Es geht nicht darum, daß etwas für dich geschieht. Es geht darum, daß du den Toka-Toka versöhnst.

D: Nimmt das Bild und verspricht, es so zu machen.

Nächstes Treffen nach ungefähr sechs Wochen. D. steht am Eingang. Ein ausgeruhter, lächelnder, selbstbewußter D. G.

I: Hallo, fein, daß du da bist. Wie geht es? Hast du den Toka-Toka getroffen?

D: Jeden Abend habe ich es so gemacht, wie du gesagt hast. Erst hat er mich sehr ernst und ärgerlich angesehen (enfâché et énervé). Dann wurde er langsam freundlicher. Am Schluß hat er mir zugelächelt. Nun ist er mir wieder ganz gut. Schließlich ist er mein Ur-Ur-Ur-Ur-Großvater.

I: Hast du bis gestern abend mit dem Toka-Toka gesprochen?

D: Nein, als es dann in Ordnung war, habe ich es nur manchmal gemacht, wenn ich nervös war oder so.

I: Hast du wieder von der Katze geträumt?

D: Nein, die Katze kommt nicht mehr. Der Toka-Toka wird sie wohl vertrieben haben.

I: Das denke ich auch. Aber vergiß nicht, das Große Opfer zu bringen!

D: Gewiß, das werde ich tun.

Abschluß:

Der Identifikator hat den Mann nicht mehr getroffen. Freunde schrieben jedoch, daß es ihm gutginge und er einen offenen, ausgeglichenen Eindruck mache.

Bericht 5

> Name: M.
> Wohnsitz: Senegal
> Stamm: Peul
> Religion: Muslim
> Stand: verh., 2 Frauen, 4 Kinder
> Alter: 26
> Beruf: Servant

Beispiel:
Verwendung eines Amulettes nach vergeblichem Versuch, rationale Gespräche zu führen.

Beschwerden:
Ständiges Erbrechen, kann nichts im Magen behalten.

Auftreten:
Sehr ruhig, sehr zurückhaltend, beherrschtes, aber unverkrampftes Mienenspiel.

Protokoll:

1: Also, wo fehlt es?

M: Wenn ich schlucke, habe ich einen Knoten im Hals. Ich kann nichts schlucken. Es kommt wieder herauf. Ich muß brechen.

1: Ist das, was da sitzt, wie ein Stein? Macht das auch, daß du nicht richtig atmen kannst? Drückt das auf die hinteren Halsteile, wenn du liegst?

M: Das stimmt alles. Oft macht es solche Schmerzen, daß ich aufwache.

I: Wann hat das angefangen?

M: Im November vorigen Jahres.

I: Was ist damals geschehen? Was passierte in deinem Leben?

M: Um diese Zeit gab es viel Familienärger. Die Frauen wohnten auf einem anderen Platz, ich arbeitete hier. Ich bekam einen Brief vom Hauseigentümer, daß meine ältere Frau ein unsolides Leben führte.

I: Ich weiß, was die Beschwerden verursacht. Du wolltest den Mann töten.

M: Ja.

I: Das ist nach deiner Tradition absolut verständlich. Ein Mann muß den töten, der Schlechtes über seine Ehefrau spricht.

M. nickt mit strahlenden Augen.

I: Unglücklicherweise ist das heute verboten. Ich weiß, es ist in solchem Fall gegen die Ehre, nicht zu töten. Aber man darf heute nur noch Menschen töten, wenn die Regierung es will. Aber dein Gefühl will etwas anderes. Du kannst «es nicht herunterschlucken», daß du den Mann nicht töten darfst.

M: Das ist eine Erklärung, die ist wahr. Ich will ihn töten wegen der Schande, die er über mich gebracht hat. Ich darf ihn nicht töten. Das kann ich nicht «essen».

I: Was kann man nun machen? Du kennst doch die Sure el Falag, wo es heißt, «und ich flüchte zu Allah, wenn der Neider mich beneidet?» Wenn du nicht schlucken kannst, denke an Jaum el Din (Tag des Gerichtes): da wird gerichtet, wer eines Mannes Ehre beschmutzte und eine seiner Frauen beleidigte.

M. scheint glücklich und gelöst. I. läßt M. die Augen schließen, rezitiert das Aschadu (islamisches Glaubensbekenntnis) und passende Suren. Damit will I. ihm die Angst nehmen, daß hier Zauberei getrieben wird. M. ist aber zu nervös, seine Augenlider flattern, er öffnet die Augen, bevor I. überhaupt mit der Identifizierung beginnen kann. Da es jetzt keinen Zweck hat, wird die Übung abgebrochen.

I: Nun ist es gut. Nimm dieses Brot, du wirst sehen, daß du es schlucken kannst.

M. nimmt das Brot, kaut viel, schluckt es dann aber ohne jede Hemmung. Das wiederholen wir einige Male.

I: Jedesmal nun, wenn du meinst, du kannst nicht schlucken, denke daran, was wir gesprochen haben, und dann wird es schon gehen.

2. Treffen:

Der Knoten sei nun weg. Aber er habe einen Traum gehabt. Dieser Traum sei so gewesen:

M. hat ein schönes Stück Stoff und trägt es zum Schneider, um sich eine Djalabia machen zu lassen. Sooft er nun zum Schneider kommt, um sich die Djalabia abzuholen, ist der Stoff noch nicht einmal zugeschnitten.

Soweit der Traum. Man muß bedenken: M. ist ältester Sohn eines Sheik. Daher besuchte er die Maderissa (Koranschule), nicht aber die öffentliche Schule. Mit dem Zusammenbrechen der Peul-Kultur wurde er in die Stadt geschwemmt. Nun hatte er nichts gelernt, was ihm in dem modernen Leben nützlich sein könnte und mußte als Diener arbeiten.

1: Mit dem Traum ist das so: Der Stoff, das ist dein Leben. Damit willst du etwas Schönes machen. So, wie man aus einem schönen Stoff eine wunderbare Djalabia machen kann. Aber du siehst dein Leben vorbeigehen, und nichts wird. So wie der Schneider den Stoff liegenläßt und vergißt. Ich kann dein Leben nicht ändern. Ich kann nur den traurigen Traum deuten. Und wie du bin ich der Meinung, daß die Zeiten jetzt nicht gut für Peul, Hamiten und Beduinen sind.

M. besuchte dann einen anderen Guérisseur (Mganga), weil er ein Kribbeln in der Lebergegend spürte, als ob dort Würmer herumkriechen. (Vgl. Bericht Nr. 10. Auch da verschwand die Krankheit, die seelisch bedingt war; dafür stellte sich eine andere Krankheit ein, weil der Konflikt nur erklärt, aber nicht gelöst worden war.)

Nächstes Treffen:

M. erscheint, um nun endgültige Heilung zu erhalten. Die Lage ist: Der Mann lebt, wie er nicht leben mag. Daher kommt er sich «beschmutzt» vor. Seine Lebensumstände sind nicht zu ändern, wohl aber seine Einstellung. Wenn er so weit gebracht werden kann, daß er sein gegenwärtiges Leben nicht so schrecklich wichtig nimmt, wäre ihm dieses Leben eher gleichgültig und würde ihn nicht so tief kränken. Dazu kann er kommen, wenn er das zukünftige Leben (das nach dem Tode) recht gegenwärtig und lebendig erlebt.

1: Ich kann – Inscha Allah – die Leber und alle die Beschwerden in Ordnung bringen. Du bist Muslim, daher werde ich keine Maske, keine Figur und kein Bild verwenden. Ich mache auch kein Gri-Gri für dich. Aber ich werde dir ein gewisses Amulett umhängen. Das wird dir, Inscha Allah, helfen.

M. nickt ernst und sehr einverstanden.

I. gibt M. nun ein Amulett um den Hals. Dort, wo er den Knoten im Hals fühlt, berührt ihn das Amulett.

1: Schließe nun die Augen und sprich das Aschadu. Da ist nichts auf der Welt als das Amulett. Gegenüber Allah, preis sei Ihm, ist alles andere klein und bedeutungslos.

M. sagt bei geschlossenen Augen erst schnell und dann immer leiser werdend das Aschadu. Zuletzt bewegt er nur noch die Lippen. Er ist in Trance. Identifikation (moja ya mbili) mit M. Mit M. im Zustand innerer und äußerer Gesundheit, die wie folgt adaptiert wird: In einer Waldgegend hatte I. gelernt, daß man Besessenheit und Krankheiten usw. folgendermaßen heilt: Man nimmt den Absud heilender Blätter und massiert den Kopf, dann wandert das Übel in den Hals. Nun massiert man den Hals, und das Übel geht weiter hinunter. So massiert man immer weiter nach unten. Schließlich wird die Krankheit durch das rechte Bein entfernt, wenn es ein Mann ist. Ist es eine Frau, wird die Krankheit durch das linke Bein herausbefördert. Zwischenzeitlich hatte I. so viel verschiedene Methoden gelernt, daß er verstand, es kommt nicht auf die Blätter und das Massieren an. Es kommt darauf an, daß «der Mganga als der Patient» die Krankheit aus dem Körper entfernt. Nach dem Erwachen berichtet M.

M: Ich habe das Aschadu aufgesagt. Dann wurde die Krankheit ganz dick. Sie ist dann hinuntergesunken (macht die Bewegung eines Trichters, der oben am Hals offen ist und sich nach unten verengt) und danach noch tiefer hinuntergegangen.

M. wirkt entspannt und ruhig. Vereinbarung eines neuen Treffens.

4. Treffen:

M. berichtet vorher.

M: Ich habe ausgezeichnet geschlafen. Ich bin mit den Kindern zur gleichen Zeit schlafen gegangen. Einmal bin ich ein bißchen aufgewacht, aber ich schlief gleich wieder ein. Um 6 Uhr herum wachte ich auf. Ich war guter Laune. Um 9 Uhr habe ich gefrühstückt: Brot, Butter, Tee-Zitrone. Seit vier Tagen kann ich gut essen. Gegen 10 Uhr heute war mir ein bißchen zum Brechen zumute, aber das ist gleich vergangen. Das war gar nichts!

Sodann: Übung wie beim 1. Mal. M. verfällt in Trance, und zwar sofort. Sein Aschadu ist erst noch flüsternd, aber verständlich, dann geht es in rhythmische, nur noch sichtbare Kehlkopfbewegungen über, man hört nur noch ein leises Knacksen. I. geht natürlich nicht in Trance, sondern bleibt hellwach. Nach der Übung ist M. entspannt und glücklich.

M: Ich habe nichts gehört und wahrgenommen. Da hat es etwas hinausgeschmissen (deutet auf die Lebergegend). Das habe ich deutlich gemerkt.

5. Treffen:

M: Ich habe ausgezeichnet geschlafen und seit drei Tagen keine Verstopfung mehr. Wie du vorausgesagt hast, bekam ich einige Zeit nach der Übung großen Hunger. Da habe ich Pfefferminztee getrunken und sehr viel gegessen. Dann legte ich mich mit den Kindern zur gleichen Zeit schlafen. Ich habe durchgeschlafen und bin in guter Stimmung aufgewacht. Ich ärgere oder beunruhige mich über nichts. Die Probleme sind nicht weg, aber ich sehe sie jetzt anders. (Zeigt auf Brustbein = Sternum) Hier ist es weg, wo das Kranke war.

I. läßt M. hinlegen, das Amulett liegt auf dem Brustbein auf. I. operiert, d. h. öffnet, säubert und schließt die Stelle wieder (in seiner Vorstellung natürlich, man schneidet nicht wirklich mit dem Messer herum). Dann läßt I. den M. noch während der Trance ausruhen. Nach der Übung berichtet M.

M: Etwas ist aus meinem Körper gegangen. Und das war, indem jemand an meinem rechten Bein gezogen hat. Ich denke gar nicht an die Zukunft. Wenn der Patron fort ist und ich keine Arbeit bekomme, werde ich schlafen. Ist schon wahr, ich habe für eine große Familie zu sorgen. Etwas wird sich sicher ergeben.

6. Treffen:

M. hat in liegender Position das Amulett auf der Jugularis (das Grübchen unter dem Halsansatz), denn er hatte am Anfang geklagt, dort würde es sich drehend bewegen. Nun sei es zwar viel besser, aber doch noch vorhanden. Sonst gehe es ihm gut, er esse und trinke viel, schlafe fest und mache sich keine Sorgen. Die Vorstellung, die I. dem M. per Identifikation (moja ya mbili) vermitteln will: Er steht, an seinen Speer gelehnt und trägt ein Schild. Es ist also eine traditionelle Stellung. Nach der Übung berichtet M.:

M: Ich habe kurze Zeit gefühlt, daß ich ein Krieger werde, der durch mich das Drehende hinausbefördert.

Nächstes Treffen:
M. sitzt aufrecht, das Amulett berührt die Jugularis. Langsam beginnt I., den M. Dinge sehen zu lassen. M. berichtet nach der Übung:
M: Ich habe zwei Personen gesehen. Eine Person habe ich nicht erkannt, ich weiß nicht, war es eine Frau oder ein Mann. Die zweite Person war entweder eine Peul-Frau oder eine Volov. Die Frau hat Schmutz (sale) aus meiner Gurgel genommen und das Zeug (es war wie schwarze Erde) auf die Erde gegeben. Die Personen sind hinter meinem Rücken angekommen. Nachdem die Frau das Zeug auf die Erde geworfen hat, sind beide gegangen. Aber die Frau hat sich umgedreht, daher habe ich gesehen, sie ist eine Peul- oder Volov-Frau. Das ist kein Tale-Tale. Ich habe es gesehen, gesehen, gesehen! (M. strahlt vor lauter Glück und ist sehr zufrieden.)

8. Treffen:
M. geht es gut. Er hat Sehnsucht nach Peul-Nahrung und erzählt, wenn ein Baby kleine Pusteln auf der Haut bekommt, wäscht man es mit Früchten des Bao-Bab und reibt es mit Honig ein. Am anderen Tag ist die Haut rein, und die Pusteln sind verschwunden. I. erwidert, daß der Bao-Bab ein sehr guter Baum ist und viel Medizin beinhaltet. Dann läßt I. den M. ein Bild vom Bao-Bab ansehen, bis er von allein die Augen schließt. Das Amulett liegt wieder auf der Jugularis. M. sagt nach der Übung:
M: Ich habe rechts von mir zwei Früchte des Bao-Bab gesehen. Die waren da. Das war kein Tale-Tale. Die waren da. Kein Tale-Tale!
I: Trinke nun wie das Baby Tee von den Früchten des Bao-Bab. Du bist jetzt gesund. Du kannst alles essen, was Nahrung für einen Peul ist. Die Unreinheiten sind aus dir entfernt.

9. Treffen:
M. berichtet ganz glücklich, daß er Sauermilch gegessen habe, wie es sich für einen Peul gehört. Er hätte Angst gehabt, daß sein Magen zu schwach dafür sei. Er hätte es aber doch probiert, und das sei gutgegangen. I. hängt das Amulett so vor M. auf, daß es in seiner Augenhöhe ist. I. läßt M. das Amulett ansehen, bis M. von sich aus die Augen

schließt. I. gibt M. per Identifikation die Vorstellung, daß M. in seiner sauberen Djalabia steht mit einem strahlenden Glanz um den ganzen Körper. Dann erscheint ihm der Erzengel Gabriel (den Muslims sehr verehren) und nimmt ihn bei der Hand. Nachdem M. erwacht, berichtet er:

M: Erst wurde es ganz hell. Da war ein strahlendes Licht. Dann kam eine Person: die war nicht Afrikaner und nicht Weißer, das war wer ganz anderes. Das war wie eine Frau ohne Brüste. Ich habe noch nie jemanden gesehen, der so aussah. «Je l'ai vue, je l'ai vue, je l'ai vue», wiederholte er immer wieder. «Das war herrlich!»

10. Treffen:

I. zeigt ihm ein anderes Muslim-Amulett; es ist herzförmig und glänzt wie Gold. I. bekam es von einem Beduinenlehrer. Eigentlich verwendet I. es nur für Muslim-Frauen. Nun leiden die Peul-Männer aber sehr oft an Streß: denn sie sind innerlich zu angespannt und unterdrücken ihre Gefühle wegen der Ehre des guten Benehmens. Das will I. ein bißchen auflockern und verwendet das Frauenamulett. I. stellt sich vor: Aischa (die Lieblingsfrau des Propheten) und gleichzeitig mit Aischa die Moschee von Mekka. Später berichtet M.:

M: Ich bin sehr glücklich. Ich habe meine Frau in Guinea gesehen. Ein Mann, den ich kenne, hat ihr 2000 CFA geschenkt. Dann habe ich die Frau von gestern wiedergetroffen. Jetzt weiß ich genau, daß es eine Frau ist. Sie war ganz korrekt gekleidet (macht eine Handbewegung, die völlige Verschleierung und bodenlangen Umhang symbolisiert). Wie eine Wahabitin. Sie hat mit mir gesprochen. Sie sagte, sie sei mit mir zufrieden. Ich habe nicht geantwortet. Aus Respekt. Dann hat es links (Frauenamulett = Frauenfuß wird gefühlt!) weh getan, dann rechts. Beide Male die Fußsohle. Da ist der letzte Rest der Unreinheit hinausgegangen. «Je l'ai vue, je l'ai vue, je l'ai vue», wiederholt er immer wieder.

Ausgang:

Damit war der Mann in Ordnung gebracht worden. Später hörte I., der M. habe einen Handel mit getrockneten Fischen angefangen. Die Sache scheine sich gut zu entwickeln.

Bericht 6

> Name: Mme. Gn.
> Alter: etwa 30 Jahre
> Beruf: Krankenschwester
> Stamm: Mossi
> Stand: verh., 3 Kinder
> Religion: r. k. seit der Berufsausbildung, aber
> noch starke fetischistische Tradition

Beispiel:
Rufe-Es-Methode gegen Schwarze Magie.

Beschwerden:
Die sehr sachliche, nüchterne, resolute Persönlichkeit zeigt viel Hausverstand, keine körperlichen oder geistigen Auffälligkeiten. Sie sei jedoch wahrscheinlich den Einflüssen Schwarzer Magie ausgesetzt.

Besonderes:
Die Rufe-Es-Methode provoziert die Schwarze Magie, um sie zu vertreiben. Wichtig ist, daß man sich die Einstellung des Wunderbaren Wildebeest zu eigen macht: Man muß ganz scharf beobachten, was auf das Rufen folgt, man muß kaltblütig sein und um die Gefahr wissen; aber auch, daß man stärker ist, wenn man sich nicht fürchtet.

Protokoll:

1. Unterredung:
Mme. Gn. kommt zum Chef des I. und berichtet:
MME. GN: Am 23. Januar hatte mein Bruder einen Mobyletten-Unfall, am 28. Januar einen neuen Unfall mit dem Mobylette. 1. Fe-

bruar. Ein Mann kommt mich im Krankenhaus besuchen, in dem ich arbeite. Der Mann kennt meinen Vater, alle meine Kinder, meinen Mann. Er besitzt ein Transportunternehmen und viele Läden. In den Läden werden hauptsächlich Stoffe verkauft. Er hat viele LKWs. Wo er das Geld zum Start der Geschäfte herbekommen hat, weiß kein Mensch. (Sind Ihnen westafrikanische Verhältnisse vertraut? Dann denken wir jetzt das gleiche. Aber man muß es ja nicht aussprechen ...) Dieser Mann kam in das Hospital und gab mir Fleisch und das dazugehörende Salz-Gewürz-Gemisch als Geschenk. Etwas wunderte mich. Ich denke: Wozu so viel Gewürze für so wenig Fleisch? Ich schaue nach, da finde ich die Klumpen. Ich habe nicht mit meinem Mann darüber gesprochen. Ich sprach mit niemandem. Ich bin gleich zu Dr. N. gegangen, der hat dich gerufen. Hier bin ich.

     I: Ich muß jetzt aber in ein anderes Institut, dort warten schon Leute auf mich. Heute abend, wenn ich dort meine Arbeit beendet habe, komme zu mir.

Ich gebe ihr meine Anschrift.

2. Treffen:

Mme. Gn. hatte den I. nicht gefunden. Sie dachte, er wolle sich aus Angst nicht in die Sache einmischen. So kam sie nicht wieder in das Institut.

    Nun aber war sie da: sie wirkt verstört und beunruhigt.

MME. GN: Soeben hat der Bruder meines Mannes und seine Mutter einen Autounfall gehabt. Wie viele Unfälle sollen denn noch kommen?

     I: Ist der Unfall schlimm? Schlimme Verletzungen?

MME. GN: Es ist gerade gutgegangen, nur leichte Prellungen. Aber die Aufeinanderfolge der Unfälle regt mich auf.*

     I: Warum bist du nicht gekommen?

MME. GN: Ich war ja da, aber du wohnst woanders.

---

* Viele werden die Unfallserie mit Telekinese erklären: Ich hingegen vertrete die Auffassung, daß in den weitaus meisten Fällen Telekinese auszuschließen ist und die Unfallserie aus der Verunsicherung der Opfer zu erklären ist. Vgl. auch Kapitel 22, Regel 7.

Dr. N. erklärt Mme Gn., daß ein Irrtum vorliegen muß. Sie solle sich dem I. anvertrauen und berichten, was zwischenzeitlich geschehen sei.

MME. GN: Zwei Tage lang schlief ich nicht. Ich war nicht in der Stimmung zu schlafen. Dann war da etwas, das war nicht Schlafen und nicht Wachen, und da erschien mir der Mann selbst als Vision. Die gleiche Situation wie im Hospital. Ich hatte Angst. Jetzt bin ich hier.

I: Nun hör genau zu! Du bist eine vernünftige Frau, du bist nicht krank, das wissen wir beide. Also: Wenn wieder jemand kommt, irgendwer oder irgend etwas, dann habe keine Angst. Sage dem Irgendwer oder Irgendwas, er soll dir in klaren, verständlichen Worten sagen, was er von dir will. Dann kann er dir nichts tun und wird verschwinden. Es kommt nur darauf an, daß du ganz ruhig bist und keine Angst hast. In ein paar Tagen, wenn der Mond richtig steht, werden wir zwei etwas unternehmen.

3. Treffen:

MME. GN: Ich habe einen Traum gehabt. Der war so: Eine Boa (Python) hat mich in die rechte Handfläche gebissen. Ich habe den Kopf der Boa mit einem großen Messer abgeschnitten. Sofort sah ich den Mann. Der hat mich gejagt. Ich rannte in ein Haus, das hatte viele Etagen. Er folgt. Ich laufe aus dem Haus. Da ist ein großer Garten. Ich springe auf die andere Seite. Er sucht mich. Er findet mich nicht. Ich erwache. Das war aber kein richtiger Traum. Das war etwas anderes. Ich denke nicht, daß er mir damals den Kopf abschneiden wollte und er deshalb in das Gewürz ein Betäubungsmittel gegeben hat. Denn es waren Zeugen da, als er mir das Fleisch gegeben hat. Die Zeugen würden zur Polizei gegangen sein, wenn die Krankenschwester plötzlich keinen Kopf mehr hätte.

4. Treffen:

Am 7. Februar fahren wir mit den Mobyletten ungefähr 20 km außerhalb der Stadt zu einem Feld von Mme. Gn. Den Feldhüter haben wir in die Hütte geschickt. Er darf nicht hinaussehen. Wir gehen zum Fluß und stellen uns unter einen Bao-Bab-Baum. Dann ruft I. in alle vier

Himmelsrichtungen. «Vous qui sentez sans oreilles, vous qui voyez sans yeux, attendez nous! Si vous êtes servants du Mr. Tel et Tel, si vous faites votre actions. Pour lui, venez ici, ici, ici. Venez immediatement ici! Moi et ma sœur, Mme. Gn., attendons vous!, Venez, Venez, venez!» («Ihr, die ihr ohne Ohren hört, ihr, die ihr ohne Augen seht, hört, was ich sage! Wenn ihr Diener des Herrn Soundso seid, wenn ihr für ihn Dinge macht, kommt hierher, hierher, hierher. Kommt sofort hierher! Ich und meine Schwester, Mme. Gn., erwarten euch! Kommt, kommt, kommt!»)

Das ruft I. und weist mit ausgestreckter Hand in alle vier Richtungen. Niemand kommt, nichts Außergewöhnliches geschieht. Nach einiger Zeit setzt sich ein Vogelschwarm nahe in einen Baum und veranstaltet einen großen Lärm. I. geht hin und sagt: «Vous allez partir!» Die Vögel setzen sich auf einen benachbarten Baum. Von dem vertreibt I. sie mit einem Steinwurf. Dann ist es ruhig. Da kommt ein rabenähnlicher Vogel und krächzt. I. sagt: «Ok, on va voir qui tu es!» I. nimmt den Klumpen von dem Zeug, den der Mann Mme. Gn. gegeben hat, und legt ihn auf den Boden. Mme. Gn. uriniert darauf, dann uriniert I. darauf. (Auf etwas Urinieren ist in dieser Gegend die größte Schande.) I. ruft nochmals in alle vier Richtungen: «Si tu veux venir, viens maintenant.» Man wartet eine Zeitlang. Nichts passiert. Der Rabe ist verschwunden. Dann sagt I. zu Mme. Gn.: «Nun können wir gehen, du siehst, niemand hat Gewalt über uns. Wir haben das Ding provoziert, wir haben es beleidigt, aber nichts geschah.» Der Feldhüter wird angewiesen, er soll genau aufpassen, ob etwas Ungewöhnliches eintritt. Aber auch nach 3 Tagen ist nichts Ungewöhnliches geschehen.

Der übriggebliebene Klumpen wurde in 3 Teile geteilt: 1/3 wurde über die Mauer des Hauses geworfen, in dem der Mann wohnt, der es gegeben hat. 1/3 behielt I., um die Sache zu kontrollieren. 1/3 behielt Mme. Gn. zur Erinnerung an ihre erste Ausführung der Rufe-Es-Methode. Auch sagte I., es könne möglicherweise anfangen mit *es denkt, es denkt, es denkt*, dann sollte Mme. Gn. ihr Drittel von dem Klumpen in die Hand nehmen und sich darauf konzentrieren, daß das Ding hervorkommen und ihr sagen soll, was es eigentlich will.

Abschluß:
Auch Monate danach passierte nichts. Es war, als ob es niemals passiert wäre.

Mme. Gn. träumt nicht schlecht. Sie kann gut schlafen, geht ihrer Arbeit nach. *Es denkt* … kam nicht, niemand hat mehr einen Unfall. Nichts Schlimmes passiert mehr. Ich nehme an, was auch immer es war, die Rufe-Es-Methode hat es endgültig vertrieben.

Bericht 7

Name: Hadj F.
Alter: etwa 45 Jahre
Stamm: Bobo-Fing
Religion: Muslim
Stand: verh., 5 Kinder
Beruf: Tischlereibesitzer

Beispiel einer
1. Identifikation mit einem Muslim: «Vorstellung, wie er sein sollte»,
2. Rufe-Es-Methode (siehe auch Kapitel 22, Regel 7).

Beschwerden:
Geschäftliche Mißerfolge, «autonomes Denken». Der Mann wirkt depressiv, nervös und unsicher; er klagt, er verdiene nichts, sein Betrieb habe Schulden, er könne nicht mehr klar denken, nicht mehr schlafen, kaum mehr essen, nicht mehr Liebe machen. Das alles käme, weil «es denkt und denkt und denkt», er «kann es nicht aufhören lassen». Immer denkt es «Sorgen, Sorgen, Sorgen».

Besonderheiten:
Das Beispiel zeigt: Auch bei anschließender stärkster seelischer Belastung kann man einen klaren Kopf behalten und ist dadurch den Schwierigkeiten des Lebens besser gewachsen.

Ein klarer Kopf ist Voraussetzung für jeden Lebenserfolg. Daher weist I. den Hadj F. an:
   I. Jeden Morgen nach dem Saläh soll er sich auf den Boden setzen, Beine ausgestreckt, die Knöchel gekreuzt (linkes Bein über dem rechten), Arme gekreuzt (linke Hand auf der Beuge des Ellenbogens, rechte Hand erhoben, die Hand ist in der Luft geöffnet). Nun sage:

Min baguiliha (man feuchte beide kleine Finger mit dem Mund an) ua guissahia (beide Daumen mit dem Mund anfeuchten) ua fumiha (Ringfinger) ua adassiha (Zeigefinger) ua bassaliha (Mittelfinger), dann alle Fingerspitzen zusammengeben und küssen, dann mit den Fingerspitzen das Gesicht abwischen. Während du das tust, denke: Allah, el Rahman el Rahim, bitte, gib mir einen klaren Kopf, so daß ich auf ehrenhafte Weise mein Geld verdienen kann.

Das solle er jetzt und in Zukunft täglich praktizieren. Nun ist aber auch schnelle und plötzliche Hilfe notwendig, denn bei autonomem Denken («es denkt, es denkt, es denkt») besteht die Gefahr, daß man es nicht aushält und geisteskrank wird.

Da es zu spät ist, um im Institut zu arbeiten, wird eine ruhige Gartenanlage gewählt. Es ist dunkel – still. Da ist kein Mensch. I. bringt seinen kleinen magischen Tisch (ein kleiner Holztisch, zwei Handbreit hoch; auf der Platte ist eine schöne Pythonschlange eingeschnitzt. Diese bewegt sich u-förmig, das heißt, Kopf und Schwanz zeigen in die gleiche Richtung. Man kann mit dem Tisch gute und schlechte Dinge in Szene setzen. Je nachdem, wie man sich die Schlange vorstellt, kann sie entweder ein gefährliches, böses magisches Tier oder ein gutes Tier sein, welches Fruchtbarkeit und Instinktsicherheit bringt.) I. und Hadj F. rezitieren die Suren El Falag und El Nas und schließen die Augen. I. läßt Hadj F. den Schlangenkörper berühren. Der Schlangenkörper steht so, daß Kopf und Schwanz vom Patienten weggewandt sind. Dann stellt sich I. so ein: «Die Schlange geht jetzt weg und nimmt alle unklaren Gedanken und das autonome Denken (‹es denkt, es denkt, es denkt›) mit sich. Was übrigbleibt, ist ein klarer Kopf. Ohne Angst, ohne Sorgen, ganz sachlich denkt dieser Kopf nun an das, was jetzt und in diesem Augenblick zu tun ist. Alle Panik und alle Sorgen nimmt die Schlange mit sich. Sie nimmt es weit weg, so wie sie sich auch weit entfernen wird.» Um Hadj F. nicht zu beunruhigen, stellt sich I. das wunderbare Tam-Tam nur vor. Hadj F. sah auch nicht den Tisch. I. führte seine Finger dorthin, nachdem Hadj F. die Augen geschlossen hatte.

Hadj F. verfällt in Trance. Unglücklicherweise kommt ein junges Afrikanerpaar vorbei, städtische Leute, sehr modern. Spöttisch und laut sagen sie: «Bon soir.» Aber Hadj F. meint hinterher, es sei alles still gewesen.

Dann weckt I. Hadj F. Neuerliches Rezitieren der Suren. Hadj F. sagt, er habe jetzt einen klaren Kopf, das «Denken und Denken und

Denken» sei völlig weg. Er sei ganz ruhig und freue sich auf morgen, auf seine Arbeit.

Dann folgte der Vorfall, der in Kapitel 22 als mögliches Beispiel für Telekinese beschrieben wurde.

Abschluß:
Da I. am übernächsten Tag die Gegend verlassen muß, trifft er Hadj F. nur am folgenden Tag. Er ist sehr glücklich und findet, er habe noch immer seinen klaren Kopf, und «es denkt nicht mehr von allein». Später erhält I. von Freunden des Hadj F. einen Brief, aus dem hervorgeht, daß dieses «es denkt, es denkt, es denkt» nicht mehr gekommen ist. Sein Geschäft beginnt sich zu verbessern.

Bericht 8

Name: Dr. Y.
Alter: 54
Beruf: Veterinär
Nationalität: Franzose
Religion: Agnostiker

Beispiel:
Identifikation (moia ya mbili) mit Elefanten zur Erhöhung der Vitalität, ohne Einbeziehung religiöser Momente (Übung erfolgt mit einem Tierfoto).

Beschwerden:
Zu intellektuell, hat den Zusammenhang mit dem Lebendigen verloren, «la séchésse des blancs», zuwenig Durchsetzungsvermögen, weil er immer an zu viele und zu komplizierte Möglichkeiten denkt, wenig Entschlußkraft, ängstlich im Umgang mit Menschen.

Besonderheiten:
1. Vergleich zwischen den «gesandten» Vorstellungen mit deren Transformation.
2. Der Mann hegt zunächst alle möglichen hochgeistigen Vorstellungen und wendet sich dann erst dem einfachen Leben zu (was das Ziel war).
3. I. läßt ihn gefährliche Situationen vorstellen, die so gemeistert werden, wie sie ein junger Afrikaner während der Initiationszeit meistert.

Protokoll

1. Übung:

I. zeigt eine Ansichtskarte mit Elefanten und betont, es sei ganz gleich, ob Dr. Y. die Theorien von C. G. Jung kenne oder nicht, denn Bücherlesen, Erlebnis und Erfahrung wirken verschieden. Er solle den Elefanten ansehen, bis er ihn sich bei geschlossenen Augen vorstellen könne, und dann die Augen schließen.

I. stellt sich vor: Ein Elefant kommt mit einem Kuhreiher. Beide gehen in den Wald. Ein Fluß, der ist ganz blau und klar. Der Elefant nun hat andere Elefanten bei sich. Sie gehen in das Wasser. Das Wasser ist erst seicht, dann wird es breit und tief. Die Elefanten schwimmen. Unkontrolliert, das heißt nicht von I. geplant, kommen dem I. immer wieder störende Vorstellungen: Der Elefant sitzt plötzlich in seinem Wohnzimmer in Europa. Er hat die Vorderbeine auf den Tisch gestellt und ist vergnügt. Er fühlt sich sehr wohl, aber I. schimpft mit ihm und sagt: «Geh hinaus, ein Elefant ist frei, er gehört in den Wald und die Savanne.» Der Elefant geht hinaus, aber sobald I. nicht voll konzentriert ist, ist er wieder im Wohnzimmer.

Soweit die Vorstellungen des I. Dr. Y. nahm sie so auf:

DR. Y: Ich habe beim Ansehen einen der Elefanten fixiert, um ihn dann so zu sehen, wenn ich die Augen schließe. Aber in dem Moment, wo ich die Augen schloß, habe ich viele gesehen. Sie bewegten sich ständig. Es gab viele Pflanzen und Bäume. Ich war nahe beim Elefanten, habe ihn aber nicht berührt. In dem Moment, wo ich die Augen schloß, konnte ich mich absolut nicht mehr bewegen. Ich war sehr schwer, ich bin jetzt noch sehr schwer. Wir, die Elefanten und ich, haben uns im Fluß geduscht. Das war sehr schön.

Deutung: Dr. Y. behielt die Elefanten in der Vorstellung. Sein Unterbewußtsein konnte sich jedoch (und das war nicht zu erwarten!) noch nicht von seinem Europäertum lösen. Daher produzierte Dr. Y., ohne sich anschließend erinnern zu können, immer wieder den europäischen Wohnraum, in dem er sich wohl fühlte. Das erlebte der I. als telepathisches Feedback, als telepathische Rückmeldung. So duschte Dr. Y. sich auch nur zusammen mit den anderen Elefanten, als I. ihn schwimmen lassen wollte. Er veränderte also die ihm gesandten Erlebnisse. Man darf sich über solche Anfangsschwierigkeiten nicht wundern! Es ist sehr wichtig, als Identifikator ungeplante Vorstellungen von solchen zu unterscheiden, die nur leicht verändert wurden. Manchmal kann sich der Empfänger der Vorstellungen erinnern, daß er sie selbst in abgewandelter Form irgendwie hatte. Manchmal kann er sich nicht erinnern, dann handelt es sich um besonders tiefe Schichten des Unterbewußtseins. Im Laufe der Zeit sollte man versuchen, auch diese Teile zu erreichen. Man vergesse nicht, daß Menschen, die viel gelesen haben, notwendigerweise viel «sehen» und «erleben». Drängt sich dem I. ein Bild auf, das er nicht plante, dann hat er es erhalten und sollte – wenn keine zwingenden Gründe dagegen sprechen – versuchen, das Unkontrollierte unter Kontrolle zu bringen.

2. Übung

DR. Y: Ich brauche das Bild nicht, ich kann mir die Elefanten auch ohne vorstellen. (Er ist in Oppositionsstimmung.)

I: Okay, sehen Sie nun das Bild an, und dann schließen Sie die Augen. (Es dauert lange, bis er die Augen schließt.)

Was sich der I. vorstellen will: viele Elefanten. Ein Wasser im Dschungel. Sie gehen hinein und schwimmen wie Nilpferde. Dann wird das Wasser zu gefährlich. I. läßt die Elefanten das Wasser verlassen. Was I. nicht plante, sondern von Dr. Y. «auffing»: Die Inder haben einen Elefantengott, der den Menschen Klugheit und Lebenskraft verleiht. Er wird von Kaufleuten wie auch von Studenten verehrt. Dieser Elefantengott heißt Ganesha. Dr. Y. will kein gewöhnlicher Elefant werden, er will Ganesha werden. Dr. Y. schildert das Erlebnis so:

DR. Y: Da war eine Gruppe von Elefanten. Die sind langsam gegangen. Einer erschien besonders groß und gewaltig. Er war schwarz. Irgendwie war ich der Elefant. Er schwenkte ein Stück Stoff, nein, das war eine Fahne. Er-Ich schwenkten die Fahne in der Luft, eine gelbweißliche Fahne. Er-Ich waren die einzigen, die sich ins Wasser getraut haben. Er-Ich zerbrachen dann einen Baum.

Wer macht die Erlebnisse? Sie oder ich?

I: Was für eine europäische Frage! (lacht, gibt keine Erklärung)

DR. Y: Was ist das für ein Zustand? Es ist nicht Wachen, es ist nicht Schlafen oder Träumen. Erst hat mich der Lärm draußen geniert. Aber nur so lange, bis ich empfand, «es stört mich nicht». Das ist ein großer Unterschied zu «ich will mich nicht stören lassen». Solange man «will», wird man überhaupt nichts los.

Deutung: Die Fahne, die er schwenkt, hat wirklich die Farben von Ganesha, dem Elefantengott der Inder. So kam dem I. in den Sinn, daß Dr. Y. Ganesha sein will (vgl. «was I. nicht plante»). Dies ist ein Beispiel dafür, daß sich der Empfangende an seine selbstgemachten Vorstellungen (die also nicht vom Identifikator geschickt wurden) erinnern kann.

Wie schon betont, steht nicht zu erwarten, daß der Empfangende genau das erlebt, was der I. ihn erleben lassen will. Desgleichen ist nicht zu erwarten, daß der I. genau den Inhalt empfängt. Ich wiederhole nochmals: Es sollte jedoch der Identifikator die Vorstellungen planen und dem Empfänger senden, der sie passiv und nur leicht umgewandelt aufnehmen sollte.

3. Übung:

DR. Y: Ich fühle mich jetzt sehr wohl. Etwas hat sich geändert. (Anm. d. Verf.: natürlicherweise, denn er ist ja mit seinem Elefanten ein «Er-Ich» geworden.) Ich sehe die Dinge jetzt anders. Ich weiß nicht, was das alles bedeuten soll, aber ich werde es schon verstehen lernen, wenn es nötig ist. Seitdem Sie mit mir diese Dinge machen, interessiere ich mich für vieles und lebe gern.

I: Schauen Sie nun den Elefanten an, und schließen Sie dann die Augen.

Die Vorstellungen des Identifikators: Ganesha, der Elefantengott der Inder, geht erst herum, dann sitzt er; schließlich wird er immer größer, er steht über der Welt. Da ist viel zu sehen. Zum Beispiel Marktbuden und eilige Studenten. Er steht über allem und fühlt sich wohl, nachdem er Schwierigkeiten hatte.

Es tauchen bei dem I. keine unkontrollierten Vorstellungen auf (er hat also Dr. Y. jetzt im Griff).

DR. Y: Der Elefant hat nichts zerstört. Er war allein. Das ist mein Elefant, das bin ich. Ein schmales Tal zwischen zwei hohen Bergen, den steilen Wald sind Er-Ich hinaufgegangen. Es war mühsam. Wie Er-Ich oben sind, sieht er hinunter, dann war, als ob Er-Ich das Gleichgewicht verlieren und stürzen. Nein, Er-Ich sind nicht gestürzt. Man hat sich gesetzt. Steine fielen, die haben getroffen, seitwärts vom Gesicht fielen Tropfen (tatsächlich weinte Dr. Y. während der Übung eine Zeitlang). Dann wankte man, aber man kam herunter. Man schwamm zu einigen Inseln. Da war viel zu sehen: Flamingos, Cattle-

Egrets, Sonne, viele Farben, bunte Dinge und Pflanzen. Er-Ich sind gegangen und gegangen. Man hat nichts demoliert.

I : Haben Sie keinen Markt gesehen?

DR. Y : Nein, keinen Markt. Aber ich war für einen Moment auf der Terrasse meines Hauses. Ich konnte die Terrasse von oben her sehen. Ich habe diese Vorstellung aber weggelegt. Ich habe beschlossen, das ist nichts für einen Elefanten.

I : Das gehörte schon dazu. Man soll nichts auswählen. Der Mganga wählt, der Empfangende erlebt.

Deutung:

Dr. Y. hat die Vorstellungen gut mitgemacht. Beim Hinsetzen erlebt er die erste Andeutung einer Initiationskrise. Es sei empfohlen, die Vorstellung einer Krise erst einmal anzudeuten, denn Menschen sind verschieden belastbar. Man soll erst einmal versuchen, wie weit man belasten kann. Daß Dr. Y. die Marktbuden als seine eigene Terrasse gesehen hat (aber von oben, so wie er auch als Ganesha die Marktbuden von oben sehen sollte), erklärt sich aus seiner Furcht vor dem Unbekannten. Daher «übersetzt» er die Vorstellungen des indischen Marktes in die Vorstellung der vertrauten Terrasse, auf der auch oft die verschiedensten Leute zur Party zusammenkamen. Obwohl dem Identifikator die Vorstellung, daß Dr. Y. zum Elefantengott wird und nicht zu einem vernünftigen Elefanten, gar nicht behagt, weiß er doch, daß man in diesem Punkt – einstweilen – nachgeben muß: Denn der Wunsch, Elefantengott Ganesha zu werden, tauchte ja schon bei der zweiten Übung auf und war Dr. Y. selbst unbewußt. Es muß also ein in Dr. Ys. tiefstem Persönlichkeitskern verankerter Wunsch sein.

Jetzt werden einige Übungen übersprungen, da sie nichts Neues bieten.

6. Übung:

Dr. Y. berichtete, wie er den Sonntag verbracht hat.

DR. Y : Ich bin im Busch spazierengegangen. Ich weiß nicht, warum. Ich sagte den Weißen, daß ich die Botanik studieren will. Aber ich wollte nur im Busch sein. Ich stieg in einen kleinen Wasserfall und badete mich, indem ich mich naß spritzte. Ich esse Unmengen von Früchten. Kein Fleisch mehr. Das ist nichts für Elefanten. Ich bin viel stärker. Ich brauche nicht zu streiten. Man respektiert mich.

Dann zeigt I. ihm das Foto, und Dr. Y. geht in Trance.

Nach der Übung berichtet er:

DR. Y: Er-Ich waren im Wald. Wir sahen viele Knospen und bunte Blumen, Er-Ich haben Früchte gegessen, die uns gut schmeckten. Dann waren da plötzlich Leute, die davon sprachen, eine Abschußerlaubnis für Elefanten zu bekommen. Aber Er-Ich waren außer Sicht zwischen den Bäumen. Dann kamen weiße Damen, geschminkt und in Pelzmänteln. Sie sagten, sie wollten den Elefanten sehen, aber Er-Ich haben uns nicht blicken lassen, wir waren nicht zu sehen. Dann waren die Damen verschwunden.

Die Übung fiel mir diesmal sehr schwer, vielleicht möchte ich doch kein Elefant sein, weil ich mich fürchte, abgeschossen zu werden. (Schweigt eine Zeitlang, sagt dann:) Das wird ganz schnell gehen, daß die Zivilisation der Weißen sich selbst umbringt. Sie vergiften die Luft, das Wasser und den Boden und können nur noch in Städten leben. Wenn sie sich selbst kaputtgemacht haben, dann hat das Leben wieder Platz zum Leben.

Deutung:

Man erinnere sich, daß Dr. Y. unter seiner Lebensferne und unter der dadurch verursachten Schädigung seiner Lebenskraft litt. Das Problem bestand also darin, ihn von diesen unheilsamen Einflüssen zu trennen und ihn zu einem «normalen Lebewesen» zu machen. Bemerkenswerterweise steht er der sécheresse des blancs bereits sehr ferne. Er nimmt Partei für das Leben. Aber noch fürchtet er die Macht des Artifiziellen (Abschußangst, Hoffnung, daß sie bald verschwinden werden). Da er sich noch fürchtet, ist er für eine echte, starke Initiationsgefahr noch nicht gefestigt genug.

7. Übung:

Geplante Vorstellung des Identifikators: Es ist nun Zeit, daß Dr. Y. die Vorstellung bezüglich des Elefantengottes Ganesha fallenläßt. Das ist Spintisiererei, bestenfalls Symbolik. Die Symbolik fürchtet sich vor der Wahrheit. Aber die Wahrheit fürchtet sich nicht vor dem Leben. Das sollte Dr. Y. nun durch Erleben erfahren und erkennen.

DR. Y: Ich sah eine Elefantenmutter mit Kind. Sie wendet sich gegen mich. Sie will das Kind verteidigen. Ich habe Angst. Dann schwamm ich in der Luft wie im Wasser. Ich meine, ich als Elefant. Hinterher schwamm ich im Fluß. Im Fluß waren Kaskaden. Erst hatten Ich-Er Angst, verwundet zu werden. Dann hatte man keine Angst mehr. Wir kamen heil durch die Kaskaden. Der Fluß wurde breit. Eine Grotte mit Steinpfeilern wie eine Kathedrale. Oben auf der Decke ist Lärm. Er-Ich schauen hinauf. Eine große Schlange, ganz perlmutterfarben, dreht und dreht sich im Kreis oben auf der Decke. Sie war schön, sie gefiel mir. Dann in der Grotte sehen Er-Ich einen zweiten Elefanten. Der ist nervös und hat Angst vor der Schlange. Er-Ich verlassen die Grotte, schwimmen weiter. Er-Ich kommen zu einer Insel und spazieren dort. Da sehen Er-Ich den zweiten Elefanten, der sich in der Grotte vor der Schlange gefürchtet hat. Er-Ich bemerken, daß es kein wirklicher Elefant ist. Das waren nur vier Stöcke mit einer Elefantenhaut darüber. Dann trieb der Fluß ihn-mich weiter. Das war kein Traum, das nennt man Schamanismus. Es ist nur ein Wort. Es gibt viele Bücher über Schamanismus, aber die Verfasser haben es nicht erlebt. Da war die Trance. Das sind nur Worte. Da ist kein Unterschied mehr zwischen dem Elefanten und mir. Wir sind ununterscheidbar.

I: Der künstliche Elefant, der, der sich in der Grotte gefürchtet hat, das war eine Versuchung.

DR. Y: Selbstverständlich!

Es fällt auf, daß der Mann, der so viel von C. G. Jung gelesen hat, der früher so viel herumtheoretisierte, alle Erlebnisse während der Übungen hinnimmt, ohne eine Erklärung zu suchen, so als ob er nie ein Buch über diese Dinge gelesen hätte.

8. Übung:
Schöne Erlebnisse

9. Übung:
Nun will der Identifikator die Initiationskrise vorbereiten, denn jetzt ist Dr. Y. ein starker Elefant und kann sie bestehen! Nachdem Dr. Y. die Augen geschlossen hat, nimmt I. eine langhaarige Maske und wickelt deren Haare um ein großes, blankes, scharfes Messer. Das Messer weist mit der Spitze direkt auf Dr. Y. I. «macht» also die Gefahr, aber auch, daß Dr. Y. die Kraft hat, sich nicht um diese Gefahr zu küm-

mern, denn er wurde ja nun ein gesundes, starkes Wesen, nichts kann ihn ängstigen. Anschließend zur Belohnung, weil er die Sache so gut durchstand, läßt der Identifikator ihn mit einer hübschen Elefantendame Liebe machen.

DR. Y: Ich bin auf den Berg gestiegen, es war dunkel. Ich konnte nichts sehen. Dann bin ich hinuntergegangen. Da kam ein Gewitter. Es kam Regen. Das war schön. Richtig schön. Wie ich mich so wohl fühle, sehe ich einen Vulkan. Der hat Feuer gespuckt. Daraus wurde ein Buschfeuer. Ich hatte keine Angst. Kein Wasser ist da, aber ein etwas erhöhtes Plateau, wo nichts wuchs. Ich denke, wo nichts ist, kann nichts brennen. Dahin gehe ich, dort bin ich sicher. Ich hatte weder Angst noch Panik. Jetzt fühle ich mich wohl.

Deutung:
Der Identifikator wollte Dr. Y. gegen Ende der Übung Liebe machen lassen, weil er die Initiation so brav überstanden hatte. Aber Dr. Y. hatte etwas gegen Frauen. So verwandelte er in seiner Vorstellung die hübsche Elefantendame in einen feuerspeienden Vulkan und zog sich zurück.

10. Übung:
Der Identifikator mag nicht, daß Dr. Y. statt eines Europäers, der an sécheresse leidet, nun ein mystischer Inder mit Elefantengottidentifikation wird! Er soll unabhängig und vernünftig sein Leben leben. Er soll auch vom Identifikator unabhängig werden. Denn dessen Aufgabe ist es, die Leute frei zu machen, nicht, sich selbst bewundern zu lassen und Sklaven zu halten.

DR. Y: Im Wald, der mir gehört, war ein anderer Elefant mit seinen Frauen. Den habe ich angegriffen. Der trieb dann seine Frauen weg und ist hinter ihnen hergelaufen. Er hat gemacht, daß sie schnell aus meinem Wald herauskommen. Dann waren plötzlich Sie da. Ich dachte, was will der Identifikator hier? Der Identifikator gehört nicht in den Busch. Der Identifikator hat hier nichts zu suchen und muß weg. Ich habe Sie mit meinem Rüssel hochgehoben und auf die Straße gesetzt.
Bitte entschuldigen Sie, ich weiß, daß ich dankbar sein sollte.

I: Das war schon richtig und gut. Sie sind jetzt fast fertig. Da wird man unabhängig. Das gehört zur Behandlung.

11. Übung:

DR. Y: Ich habe seit den Übungen das Bedürfnis, ständig kalt zu duschen, esse Unmengen von Früchten, ich bin nicht angriffslustig, aber viel mehr als früher fit und firm, auch im Umgang mit den Weißen. Wenn mich jetzt jemand angreifen würde, müßte er das büßen. Ich bin nicht mehr so wie am Anfang der Übungen, als ich ständig dachte: Was werde ich als nächstes erleben? (Macht die Handbewegung eines eifrigen Haltenwollens.) Ich habe die Realität erlebt. Ich bin im Wald gewesen, war im Buschbrand, habe Früchte gegessen und mich gebadet. Diese Realitäten genügen mir eigentlich. Die Mythen und C. G. Jung gehen mich nichts an. Ich will keine Extravaganz, ich will lieber ein Elefant unter anderen lebendigen Geschöpfen sein.

I: Ich denke, Sie haben keine Übung mehr nötig. Aber etwas sollte noch gemacht werden. Ganz ist die Sache noch nicht fertig. Was kommt Ihnen vor, was man noch machen müßte?

DR. Y: Ich will zu den Elefanten und ihnen opfern. Morgen will ich das tun. Ich bin Veterinär, aber Sie verstehen mehr von Tieren. Bitte, kommen Sie mit. Ich will Bananen, Reis und Milch opfern. Das habe ich nicht gelesen. Das muß man tun. Ich fühle das.

Am nächsten Tag:

Man fährt zu dem Platz, wo man eventuell Elefanten treffen kann, läßt das Auto stehen und geht. Dr. Y. geht voraus: es ist ja sein Erlebnis. Er geht, weicht von der Richtung ab, nimmt einen anderen Pfad. Der Identifikator denkt, es müßte ein Wunder sein, wenn wir tatsächlich die Elefanten treffen sollten. Die Chancen stehen 1:1000. Dr. Y. sucht nicht, er geht wie im Traum. Plötzlich sind Elefanten da, durch Wasser getrennt. Der Identifikator ist ganz passiv und stellt sich nichts vor. Das Ganze ist jetzt Sache von Dr. Y. I. dreht sich sogar auf die andere Seite und wendet sich ab. Nach einer Weile sagt Dr. Y.: «Es ist gut, die Elefanten haben das Opfer angenommen.» Beide gehen langsam zum Wagen zurück. Beim Wagen fragt der I.: «Dr. Y., ich bin nun fertig mit meiner Arbeit. Sie sind jetzt absolut das, was Sie werden wollten. Nun frage ich Sie, den weißhäutigen Veterinär: Wer sind Sie nun eigentlich? Sind Sie ein Mensch, oder sind Sie ein Elefant? Wie wird Ihr Leben nun weitergehen? Was haben Sie für Pläne?»

DR. Y: (ziemlich beleidigt) Da Sie nicht dumm sind, können Ihre Fragen nur bedeuten, daß Sie mich für so dumm halten, daß ich nichts begriffen habe! Gut, ich kann Sie beruhigen. Die Elefanten, denen ich opferte, sind Elefanten in Elefantengestalt. Ich bin Elefant in Menschengestalt. Es kommt nicht auf die Gestalt an. Der sogenannte Elefant in der Grotte, der, der sich vor der Schlange gefürchtet hat, stellte sich später als 4 Stöcke mit einer Elefantenhaut darüber heraus. Der sah aus wie ein Elefant, aber er war es nicht. Ich sehe aus wie ein Mensch, aber ich habe das Elefantentum in mir.

Meine Pläne? Ich werde nichts in meinem Leben ändern. Aber ich werde alles besser machen. Und ich werde einen Sohn zeugen. Das muß ich tun. Denn die Linie darf nicht mehr abbrechen. Man muß das weitergeben. Das Totem muß erhalten bleiben.

Dr. Y. lächelt, wie nur ein Franzose oder Israeli der 1. Generation lächeln kann: sehr klug, sehr realistisch, mit der sensiblen Ironie dessen, der durch sein besseres Wissen von anderen getrennt ist, und fährt dann fort:

«Totem nennen es die Weißen. Die Weisen benennen es nicht. Denn es gibt keinen Namen dafür.»

Bericht 9

Name: Mr. A.
Alter: etwa 40 Jahre
Beruf: Volksschullehrer
Stamm: Vater Europäer, Mutter Kikuju
Religion: konvertierte zum Islam

Beispiel:
Behebung psychosomatischer Beschwerden, deren nicht bewußt
wahrgenommene Ursache gleichsam im Überraschungseffekt geklärt
und behoben wird. Vgl. Kapitel 2.

Beschwerden:
«Sodbrennen», nach dem Essen stößt es wieder auf und schmeckt
schrecklich. Er mag deshalb gar nicht mehr essen. Im Hospital fand
man nichts.

Besonderheiten:
Im Gegensatz zu Bericht Nr. 10 wurde geklärt *und* behoben. Daraus
dürfte sich der befriedigende Ausgang erklären. Hinzu kommt, daß
die Beschwerde sich gleichsam wie ein Fremdkörper im Rahmen einer
gesunden, normalen Struktur befand.

Protokoll:

1: Wann haben Ihre Beschwerden angefangen? Um diese Zeit
muß etwas in Ihnen oder um Sie herum geschehen sein! Versuchen Sie bitte, sich zu erinnern!

MR. A: Nichts ist um diese Zeit herum geschehen.

1: Wirklich nichts? (unwillkürlich greift der Identifikator nach

seinem Amulett, weil I. vermutet, daß dies ein schwerer Fall
wird und er die Kraft des Amulettes brauchen werde)

MR. A: Was haben Sie da?

I. zeigt ihm das Amulett.

MR. A: Sie tragen das als Souvenir?

I: Allah sajati, daß ich nie ein religiöses Symbol aus Scherz tragen werde!

MR. A: (etwas gelockerter und offener): Sie glauben?

I: Auf meine Weise, ja.

Mr. A. schweigt und schaut nachdenklich auf den Boden.

I: A., ich soll Ihnen helfen. Das kann ich nur, wenn Sie mir sagen, was um die Zeit vorgefallen ist, als das Sodbrennen anfing. Das kann etwas sein, das Ihnen ganz bedeutungslos vorkommt. Reden Sie jetzt einfach, was Ihnen einfällt.

MR. A: Ein paar Monate vorher konvertierte ich zum Islam.

I: War das eine plötzliche Erleuchtung? Kam etwas über Sie?
Hat es Sie sehr erschüttert? Waren Sie vorher einer anderen
Religion verpflichtet?

MR. A: Obschon getauft, hatte ich kein Interesse an religiösen Dingen. Mein Vater war ja Europäer. Ich habe mich wirklich nie
für Religion interessiert. Einmal habe ich mit jemandem über
den Islam gesprochen. Das gab den Anstoß. Ich habe daraufhin den Koran gelesen. Ich fand das alles sehr einleuchtend.
So bin ich Muslim geworden. Ordnung muß sein. Aber da
war keine Vision oder ähnliches. Das alles entwickelte sich
wie von allein. Ganz allmählich.

Um möglicherweise aus der Art der Beschwerden einen Hinweis zu
erhalten, fragt der Identifikator.

I: Wie schmeckt denn dieses Aufstoßen?

MR. A: Heiß und wie Jauche! Sehr, sehr heiß!

I: Merkwürdig, so sehr heiß empfindet man Aufstoßen sonst
nicht!

MR. A: Doch! Sehr heiß, kochend! Und wie Jauche. Höllisch ist das!

I. fällt der Zusammenhang Konversion, nunmehr religiös und «höllisch» auf und fragt in dieser Richtung weiter.

I: Höllisch? Meinen Sie, so wie etwas in der Hölle schmecken
würde?

MR. AI: (sehr reserviert) Ich war noch nie in der Hölle. (wirkt plötzlich nervös)

Aus dieser Reaktion heraus könnte man vermuten, daß hier der wunde Punkt liegt. Aber wie kommt dieser Mann dazu, der von allen Leuten als pflichtbewußt und sehr um seine Schüler bemüht geschildert wird? Er hat Höllenangst doch wirklich nicht nötig! Außerdem wirkt er so sachlich und ruhig. Wie käme er als früher religiös Neutraler zu Höllenängsten?

  I: Haben Sie einmal von einer Religion gehört, die heißt Vajrayana-Buddhismus?

MR. A: Nie im Leben.

  I: Ihre Worte erinnern mich nämlich daran. Dort gibt es Wesen, die heißen Yi-Dwags. Diese haben sich im vorhergehenden menschlichen Leben Wünsche versagt oder sie unterdrückt. Dadurch sind sie sehr gierig geworden. Weil sie sehr gierig waren, wurden sie Yi-Dwags. Ihnen verwandelt sich alle Speise in kochendheiße Jauche. Unterdrücken Sie Wünsche?

MR. A: Nein, unterdrückte Wünsche habe ich wirklich nicht (wirkt ehrlich dabei). Ich habe immer meine Pflicht getan, so wie ich dachte, es sei richtig. Ich habe meine Pflicht getan, so gut ich konnte. Ich habe mich um meine Schüler gekümmert. Ich mag keine Exaltiertheiten. Ich mag meine Pflicht tun.

Identifikator bemerkt: Der Mann redet viel von Pflicht und hat diese Höllenidee mit der kochendheißen Jauche. Die fing ein paar Monate nach seiner Konversion an. Hier könnte ein Zusammenhang liegen. Also: Wo gibt es im Islam eine Hölle, in der man kochende Jauche trinken muß? Das ist die tiefste Hölle, in der die Heuchler sitzen. Der arme Mr. A. ist sonst ganz normal, aber er hatte – vermutlich wegen ungeschickter Erziehung – immer ein übertriebenes Pflichtgefühl. Nun hörte er durch den Islam, daß ihm für seine Pflichterfüllung eine Belohnung winkt. Aber er befürchtet, seine Pflichttreue könnte vom allmächtigen Allah als Heuchelei ausgelegt werden. Das würde bedeuten, daß er in die Hölle für Heuchler kommt, wo sie heiße Jauche trinken müssen. Sein Kontrollzentrum in der Neocortex läßt diese Vorstellung nicht durch, sie ist ihm nicht bewußt. Aber der Körper reagiert so, als ob er bereits in dieser Hölle wäre. Daher das angebliche «Sodbrennen», welches als «höllisch heiß und stinkend wie Jauche» empfunden wird. Damit ist der Ansatzpunkt gegeben.

  I: (überraschend sprechend) Was für ein Zusammenhang besteht zwischen Pflicht und Hölle in Ihrer Konversion? Antworten Sie sofort!

MR. A: (zögernd) Ich habe immer meine Pflicht getan, so liegt es mir im Blut. Dann bin ich offiziell konvertiert, weil ich Allah, Preis sei Ihm, auf meine Weise liebe. Aber ich habe mich immer um die Schüler gekümmert. (bricht ab, schaut auf die Seite)

I: Welche Schüler haben Sie am liebsten? Welche Schüler mögen Sie nicht?

MR. A: Die, die ihre Pflicht tun, weil die Pflicht zu tun ist, die liebe ich. Die liebe ich nicht, die sich bemühen, um von mir eine Belohnung zu erhalten. Ich mag keine Schmeichler. Das ist berechnende Liebe. Man muß die Dinge tun, weil sie zu tun sind, nicht, weil man eine Belohnung erwartet. Das ärgert den Vorgesetzten, den Lehrer, mich.

I: Jetzt sind wir da. Das Problem liegt offen!

MR. A: Ich verstehe nicht! (wirkt verwirrt und betroffen)

I: Mr. A., antworten Sie schnell: Wie stellen Sie sich das Verhältnis zwischen Allah, preise Ihn, und sich selbst vor? Wie empfanden Sie, als Sie den Koran begreifen lernten?

MR. A: Wie ein Schüler, der etwas sehr Schönes und Wichtiges lernen darf.

I: Schon bevor Sie dem Islam näherkamen, taten Sie Ihre Pflicht. Wie empfanden Sie nun, als Sie hörten, daß Sie mit allen Herrlichkeiten belohnt werden, wenn Sie die Regeln des Koran einhalten und Ihre Pflicht tun?

MR. A: (beginnt zu weinen, weint lange und heftig, stammelt ohne Zusammenhang): Ich habe doch immer meine Pflicht getan. (weint weiter) Dann: Ich mag auch keine Schmeichler. Was soll Er bloß von mir denken? (schluchzt) Aber ich habe doch immer meine Pflicht getan!

Identifikator unterbricht nicht, gibt kein Beruhigungsmittel, bleibt ganz still. Schließlich beruhigt sich Mr. A. von allein. Er ist über seinen eigenen Ausbruch scheinbar sehr erstaunt. Langes Schweigen.

I: Mr. A., Sie sind der dümmste Mensch, den ich je getroffen habe. Weiß Allah, Preis sei Ihm, alles oder nur manchmal ein bißchen etwas?

MR. A: Natürlich weiß Allah, Preis sei Ihm, alles.

I: Also weiß Er auch, daß Sie immer Ihre Pflicht taten! Auch als Sie noch nicht wußten, daß Sie einmal für Ihre Pflichttreue belohnt werden!

Mr. A. schaut mich stumm an, verwundert, ein bißchen lächelt er. Wie Sonne hinter Regenwolken. Er wirkt sehr erstaunt und ungläubig, als wenn er eine Hoffnung nicht zu hoffen wagt.

> I: (lacht laut und überzeugend) Mr. A., nun haben Sie das Schönste am Koran noch nicht begriffen. Allah sieht doch in alle Herzen. Da sieht Er doch, daß Sie Ihm nicht schmeicheln wollen, wenn Sie Seine Regeln einhalten und Ihre Pflicht tun. Da sieht Er doch, daß Sie das alles nicht wegen der Belohnung tun. Wo ist das Problem? Die kochende Jauchebrühe der untersten Hölle, in die die Heuchler kommen, die brauchen Sie nicht zu fürchten.

> MR. A: Das ist wahr. Im Zusammenhang mit meiner Person dachte ich noch nie daran, daß Allah, Preis sei Ihm, auch meine Gedanken weiß.

> I: Nun ist es Zeit, daß Sie in die Moschee gehen. Dann bringen Sie ein Naabud und danken Sie, daß Sie aus Ihrer Dummheit aufgewacht sind. Bis morgen also!

Nächste Unterredung:
Mr. A. erscheint ausgeruht, heiter, selbstsicher, offen.

> MR. A: Ich war wirklich der dümmste Mensch auf Erden. (räuspert sich) Entschuldigen Sie bitte, daß ich Sie belästigt habe. Das Aufstoßen ist natürlich weg. Ich habe alles durcheinandergegessen in meinem furchtbaren Hunger. Dann habe ich geschlafen und heute früh wieder gegessen wie ein hungriger Mann. (zögert ein bißchen) Eigentlich hätte ich von allein begreifen können, woher das Aufstoßen kam. Wissen Sie, schon als kleiner Bub wurde mir immer wieder gesagt, man muß die Dinge tun, weil es sich gehört, weil es Pflicht ist. Wenn man sie tut, um dem Vater zu gefallen, ist man ein elender, kleiner Schmeichler. Das war das Ärgste.

Jetzt begreift man den Zusammenhang zwischen Pflichterfüllung und Angst, deshalb als «Heuchler» bestraft zu werden. Es war wirklich der Erziehungsfehler des Vaters, der diese zwanghafte Idee verursacht hatte. Das heißt, physiologisch gesprochen hatte sich eine falsche Assoziation gebildet (vgl. Kapitel 2).

> I: Lob sei Allah, El Rahman El Rahim, daß Er das Innere eines Menschen sieht und nicht nur das Äußere, wie manche verständnislose Väter.

Abschluß:
Ich bekomme Brief und Bild von Mr. A. Er hat keinerlei Aufstoßen, Jauchegeschmack oder «Sodbrennen» mehr. Auf dem Bild wirkt er ausgesprochen rundlich!

Bericht 10

> Name: Dr. X.
> Stamm: Weißer
> Religion: r.-k.
> Stand: verh., 4 Kinder
> Beruf: Rechtsanwalt

Beispiel:
Mißglückter Versuch, durch nur verstandesmäßiges Erkennen einen
Konflikt ohne Beseitigung der Ursache zu beheben.

Beschwerden:
Erst Diarrhöe, dann ständige Heiserkeit, zuletzt Asthma.

Protokoll:

  I: Wann tritt der Durchfall auf?

DR. X: Meist, wenn ich vor Gericht sprechen muß. Das ist sehr unangenehm. Ich bin ein angesehener Mann. Die Sache hindert mich an der Berufsausübung.

  I: Vielleicht kommt Ihnen nur vor, daß der Durchfall nur dann auftritt, wenn Sie vor Gericht sprechen. Schreiben Sie zunächst auf, wann Sie Darmbeschwerden haben, schreiben Sie auch auf, worüber Sie sprechen, wenn Sie Durchfall bekommen.

Nächste Unterredung:
Dr. X. liest die Daten vor und beschreibt die Fälle, in denen er die Verhandlungen unterbrechen mußte, weil er an Durchfall litt. Es sind Ehescheidungen. Er vertrat die Ehefrau. Die Ehescheidungen fanden wegen Untreue des Mannes statt.

I: Vertreten Sie nur solche Fälle oder auch andere?

DR. X: Nein, ich vertrete auch andere Fälle. Aber hauptsächlich bin ich auf solche Fälle spezialisiert.

I: Bei den anderen Fällen hatten Sie keinen Durchfall?

DR. X: Nach meinen Aufschreibungen kaum.

I: Finden Sie nicht, daß also ein Zusammenhang zwischen der Art der Fälle und Ihren Darmbeschwerden bestehen könnte?

DR. X: Ich sehe keinen! Man muß diesen armen Frauen zu ihrem Recht verhelfen.

Es folgt eine langatmige Auslassung über den Wert der Monogamie, die Meinung der römisch-katholischen Kirche usw. Die Darstellungen werden unterbrochen, weil Dr. X. plötzlich die Toilette besuchen muß. Dann kommt er zurück.

I: Mein guter Dr. X., wie steht es eigentlich mit Ihrem Eheleben? Sind Sie monogam?

DR. X: Ja.

Es folgt eine langatmige Begründung, weshalb es ihm schwerfällt. Natürlich sei seine Frau schuld. Er zwinge sich zur Monogamie. Würde er sich einmal nachgeben, er wüßte, er würde seinen Halt verlieren. Er sei ein angesehener Rechtsanwalt. Das alles wäre dann in Gefahr. Auch seine Seele, denn auf Polygamie folgen Höllenstrafen.

I: Sind Ihre Plädoyers eigentlich Verteidigungen der Frauen oder Anklagen gegen die Männer?

DR. X: Das läßt sich wohl nicht trennen.

I: Sie klagen also Männer dessen an, was Sie selbst gern täten?

DR. X: Von dem Standpunkt habe ich es noch nie gesehen. Sie mögen recht haben.

I: Sie klagen also Männer an für etwas, was Sie selbst gerne täten, wenn Sie nicht Angst vor zwei Dingen hätten: erstens Ihre gesellschaftliche Stellung und Ihr Ansehen zu verlieren. Zweitens befürchten Sie die Strafen nach dem Tode, weil Polygamie gegen Ihren Glauben verstößt.

DR. X: Ja, das stimmt (es folgen wieder langatmige Begründungen).

I: (wiederholt, was über die zwei Angstquellen gesagt wurde, und setzt hinzu:) Und dann wundern Sie sich, wenn Sie vor Angst in die Hosen machen! Das ist doch sehr einfach zu begreifen. Sie sollen jetzt nicht verstandesmäßig darüber nachdenken, Sie sollen einmal darüber nachfühlen. Rufen Sie mich dann wieder einmal an.

Ferngespräch:

DR. X: Sie haben recht. Aber was soll ich jetzt machen?

1: Suchen Sie sich entweder andere Rechtsfälle, oder schließen Sie sich einer anderen Glaubensgemeinschaft an. Sie haben ein starkes sexuelles Temperament. Daher sind Sie durch die Prinzipien der Monogamie überfordert. Wenn Sie nicht konvertieren wollen oder können, bliebe Ihnen nur übrig, Ihren Trieb durch sexualbremsende Hormonbehandlung zu schwächen.

DR. X: Ich glaube, es ist keines von beiden nötig. Meine Darmbeschwerden haben aufgehört.

Nach etwa 6 Monaten:

1: Wie geht es? Was machen die Darmbeschwerden?

DR. X: Die Darmbeschwerden sind weggeblieben. Sie sehen, es genügte, daß ich die Sache begriffen habe. Mein seelischer Konflikt ist freilich unlösbar. Denn ich will weder meine Religionsgemeinschaft wechseln noch meinen Geschlechtstrieb mit Medikamenten niedrig halten, und die Vertretungsrichtung kann ich in meinem Alter auch nicht ändern. Ich bin ja als Ehescheidungsspezialist bekannt. Aber das ist ja nun alles nicht mehr nötig, denn ich kann meine Plädoyers halten, ohne gezwungen zu sein, auf die Toilette zu gehen (räuspert sich, die Stimme klingt heiser, etwas überanstrengt).

1: Freut mich, daß es Ihnen so gutgeht. Sie sehen etwas müde aus. Leiden Sie an Grippe oder Heiserkeit? Ich würde auf meine Stimme aufpassen, an Ihrer Stelle. Ein Rechtsanwalt braucht eine überzeugende Stimme. Wenn Sie sich jetzt mit vielen Reden überanstrengen, könnte das ungut enden.

DR. X: Leider, ich bin seit einiger Zeit immer wieder heiser. Ich ging zu verschiedenen Spezialisten. Man findet nichts Genaues. Es scheint sich um eine Art Stimmbandritzenkrampf zu handeln. Das ist sehr unangenehm.

1: Wann treten denn diese Krämpfe im besonderen Maße auf?

DR. X: Natürlich während ich rede, während ich viel rede.

1: Auch wenn Sie ins Tonband diktieren? Oder treten sie nur während der Plädoyers auf?

DR. X: Ja, wenn Sie mich so fragen, muß ich nachdenken. – Die Heiserkeit kommt auch, wenn ich ins Tonband spreche, nicht nur bei Plädoyers.

1: Die Heiserkeit stellt sich also sowohl bei Plädoyers als auch beim Besprechen des Tonbandes ein? Würden Sie einmal nachdenken, bei welchen Fällen diese Heiserkeit auftritt?

DR. X: Sie haben recht. Sie tritt dann auf, wenn es sich um Ehescheidungen wegen Untreue des Mannes handelt.

1: Was würden Sie daraus schließen?

DR. X: Ich habe die Darmbeschwerden durch Erkennen der Ursache verloren. Statt dessen verkrampfen sich meine Stimmbänder. Ich bin überzeugt, die Heiserkeit wird genauso aufhören. Glauben Sie, daß sich noch ein anderes Symptom zeigt? Jedenfalls weiß ich dann, woher es kommt. Dann kann ich ihm gleich an den Kragen gehen. Das alles ist doch lächerlich. Ich bin ein vernünftiger Mann. (Folgt eine lange Auslassung über seine Zukunft und daß man solche Dummheiten beherrschen kann usw.)

1: Dr. X., Sie überblicken die Sachlage hervorragend! Solches kann dem seelisch Gesündesten passieren. Ich hoffe sehr, daß Sie dieses Problem nunmehr meistern werden.

(Dabei bleibt offen, wie er es ohne eine grundsätzliche Lösung des Konfliktes meistern wird.)

Vorläufiger Abschluß:
Die Heiserkeit ist verschwunden, statt dessen leidet der Mann jetzt an Asthma.

Bericht 11

Name: N. D.
Land: Tschad du Sud
Alter: 26 Jahre
Religion: r.-k. (Eltern Fetischisten)
Stand: verh., 1 Kind

Beispiel:
Die Vorstellung der Verwandlung eines Gegenstandes wird übertragen (in Kap. 14 erwähnt).

Beschwerden:
Keine, der Mann will sich nur das Rauchen abgewöhnen.

Protokoll:

1. Übung:
Der Identifikator weist N. D. an, eine Zigarette in den Mund zu geben und die Augen zu schließen. Er möge empfinden: «Da ist nichts auf der Welt als die Zigarette im Mund.»
Dauer der Übung: 20 Minuten.

N. D.s anschließender Bericht:
N. D: Ich habe nichts gedacht, da war nur die Zigarette. Als ich die Augen schloß, sah ich eine weiße Masse vor meinen Augen. Sonst sah ich nichts. Ich hatte etwas Angst. Ich habe gedacht, was das wohl für eine weiße Masse ist. Ich habe keine Erklärung gefunden. Die Zeit ist mir sehr lange vorgekommen. Die weiße Masse ist bis zum Ende geblieben. Sie hat sich bewegt. Sie hat sich auseinander- und wieder zusammengefaltet. (Beschreibt

mit den Händen die Form, die sich seitlich von seinem Mund hin und her bewegt.) Die Zigarette habe ich auch gefühlt. Das waren zwei Dinge, aber irgendwie miteinander verwandt. Die hat sich auch bewegt. Dann hatte ich viel Speichel im Mund, den ich runterschlucken mußte. Dabei hat mich die Zigarette gestört. Aber die Zigarette hat sich auch selbständig bewegt. Der Speichel hat anders wie normaler Speichel geschmeckt. Bitter. Außerdem bekam ich einen Krampf in den Händen. Ich habe bemerkt, wie jemand eintreten wollte (es wollte wirklich jemand in den Raum kommen, unterließ es dann aber). Wie der die Türe geöffnet hat, ist alles weiß vor den Augen geworden, die doch geschlossen waren. Ich bin glücklich, daß es vorbei ist.

1: Sich das Rauchen abgewöhnen zu lassen, ist nie eine angenehme Sache.

Identifikator gibt ihm eine Zigarette zum Rauchen.

1: Probiere jetzt, wie die Zigarette schmeckt.

N. D: (raucht und sagt) Das ist gut, das ist wie immer.

2. Übung:

Die Übung war wie die erste gestaltet.

N. D: Ich schloß die Augen, ich zitterte am ganzen Körper. Der Geruch der Zigarette! Und meine Zunge – als ob sie von etwas berührt würde. Das war wie Luft. Aber das Etwas hat meine Zunge gegessen. Ich empfand viel Angst und Ekel. Es ist nicht gut, eine Zigarette im Mund zu haben. Das, was ich gestern gesehen habe, die weiße Masse, die war heute schwarz. Erst ohne Form, wie Rauch, aber mehr wie ein Ding. Dann wurde sie klein (zeigt eine zusammengerollte Hand), fest und spitz. Das Ding hat pulsiert. Dann wurde es wieder die Masse, dann wieder das Ding. Ich weiß nicht, was das war. Vielleicht war es der Geist der Zigarette. Ich weiß es nicht. Das ist dein Berufsgeheimnis (secret professionel). Die wirkliche Zigarette hat sich nicht bewegt. Die wurde nicht größer. Ich habe ganz kurz an meinen Freund gedacht. Der ist wichtig für mich. Dann waren wieder nur das schwarze Ding und die Zigarette da.

Ich sagte nun, N. D. solle die Zigarette anzünden und rauchen. Er wollte nicht, tut es dann doch.

N. D: Das kratzt, das ist sehr abscheulich. Das ist wie Schweiß. Darf ich mich übergeben?

Entfernt sich, um sich zu übergeben, dann setzt er fort:

N. D: Ich habe keine Idee, wie du das machst. Ich habe nie gehört, daß man so etwas machen kann. Ich habe gehört, plötzlich hören Leute auf zu essen. Die sterben dann. Aber die Polizei findet nichts. Das macht man nicht in meinem Platz. Ich fühle mich jetzt besser. Darf ich gehen?

3. Übung:

   I: Wieviel Zigaretten rauchst du nun pro Tag?

N. D: Etwa 14 Stück, das ist viel weniger als früher.

   I: Willst du nun die Übung fortsetzen? Willst du noch weniger rauchen oder ganz aufhören?

N. D: Ich will ganz aufhören.

I. gibt N. D. die Zigarette in den Mund und läßt ihn die Augen schließen. Sofort bekommt N. D. ein sehr gestreßtes Gesicht. Der Identifikator merkt nach ungefähr 15 Minuten, daß man ihn unmöglich weiter üben lassen kann, und erlaubt, die Augen zu öffnen.

N. D: Das war abscheulich, das war schrecklich. Die Zigarette hat sich in eine Schlange verwandelt. Sie hat sich in meinem Mund bewegt – fürchterlich.

4. Übung:

N. D. berichtet vor der Übung:

N. D: Ich habe siebenmal versucht, eine Zigarette zu rauchen. Jedesmal, wenn ich sie angezündet hatte, mußte ich die Zigarette nach ein paar Zügen wegschmeißen. Ich hatte wirklich das Bedürfnis zu rauchen, aber ich konnte nicht. Der Rauch schmeckt nicht. Es kratzt, und da fühlt man sich hinterher schlecht. Ich habe immer wieder eine neue Zigarette angezündet. Aber das ging nicht. Ich konnte nicht rauchen.

I. gibt N. D. eine brennende Zigarette in den Mund, läßt ihn die Augen schließen und konzentriert sich nun mit äußerster Aufmerksamkeit darauf, daß diese Zigarette jetzt die abscheulichste Masse ist, die man sich vorstellen kann. Viel schrecklicher als bei den vorhergehenden Übungen, wo die Zigarette nur andeutungsweise gewandelt wurde. N. D. bemerkt nicht, daß ihm die halb aufgerauchte Zigarette aus seinem Mund genommen und durch eine nicht angebrannte ersetzt wird. Nach Beendigung der Übung soll N. D. eine Zigarette rauchen. Er zieht aber nicht an der Zigarette, sondern imitiert nur.

I: So geht das nicht. Du mußt richtig rauchen.

N. D: Das kann man nicht als Mann. Ein Mann kann keine Zigarette im Mund behalten. Das ist nicht gut. Das ist wie Tabu. Das schmeckt wie Toilette. Die Zigarette ist wie eine Schlange, wie eine weiße Schlange. Die bewegt sich hin und her.

Der Mann macht einen genierten Eindruck. Er schmeißt mit großem Abscheu die Zigarette weg.

Dann kommt er nicht mehr zur Übung. Er weicht aus. Zwar raucht er nicht mehr und entgeht dadurch der Gefahr eines Lungenkrebses, aber das Erlebnis der Verwandlungsvorstellung war für den doch noch traditionellen Afrikaner zu beunruhigend.

>Name: T. K.
>Land: Togo
>Stamm: Gabien
>Alter: 39 Jahre
>Stand: verh., 2 Frauen, 10 Kinder
>Religion: r.-k. (Vater: Kaninchen als Totem, Mutter
>Sillur als Totem)

Beispiel:
Eine Behandlung wird abgelehnt, weil sie an Schwarze Magie grenzt.

Beschwerden:
«Leberkribbeln», d. h. von «der Leber aus geht es bis zum Kopf, als
wenn da Parasiten liefen». Laut ärztlicher Untersuchung jedoch keine
Organerkrankung nachweisbar. Der Patient selbst glaubt, von einem
Chauffeur verhext zu sein.

Besonderheiten:
Die Beschwerden des Mannes könnten u. a. zwei verschiedene Ursachen haben.
1. Der Chauffeur hat ihn wirklich mit Schwarzer Magie belegt.
2. Allein ein Streit mit dem Chauffeur genügte, um den Mann krank zu
machen. Das würde bedeuten, daß der Mann sehr, sehr wenig innere
Widerstandskraft besitzt. Der Mangel an innerer Widerstandskraft
dürfte sich u. a. auch daraus erklären, daß er alle Tabus bricht, sowohl
die seiner ursprünglichen Tradition als auch die seiner neuen Religion.
Aber jemand, der ohne Regel einfach so dahinlebt, ist wurzellos.
Kommt dann etwas Unangenehmes an ihn heran, wird er krank. Magie oder Wurzellosigkeit als Ursache seiner Beschwerden könnten
aber nur dadurch behoben werden, daß man dem Mann erst einmal

innere Widerstandskraft und seelische Stärke vermittelt. Das will er aber nicht. Er will bloß, daß «etwas gegen den Chauffeur unternommen wird». Und das tut der Identifikator natürlich nicht.

Protokoll:

T. K: Meine rechte Seite ist krank. Das beginnt in der Lebergegend und geht hinauf bis in die Schläfengegend. Das krabbelt wie ein Wurm. Es geht auch in den Kehlkopf, dann kann ich nicht schlucken. Im Hospital hat man nichts gefunden. Das ist ein Parasit. Vorher war ich nie krank. Es hat 1973 angefangen, erst langsam und dann immer stärker. Ich habe einen Traum, der kommt immer wieder. Da sehe ich meine toten Eltern vor mir stehen. Die sagen nichts und machen nichts. Ich habe keine Angst bei dem Traum.

I: Um die Zeit, als das angefangen hat, muß etwas passiert sein. Was geschah da Ungewöhnliches?

T. K: Ich hatte Streit mit einem Chauffeur.

I: Hat er dir etwas zum Essen oder Trinken gegeben?

T. K: Ich habe von ihm nichts angenommen, nichts zu essen oder zu trinken. Ob ich noch einen anderen Feind habe, weiß ich nicht.

I: Ist das das einzige, was dir einfällt? Wann hast du deine zweite Frau geheiratet?

T. K: Das war 1959. Ich sagte dem Pfarrer nicht, daß ich eine zweite Frau heiratete; aber er weiß es.

Mit einem schlechten Gewissen wegen der zweiten Heirat kann das nicht zusammenhängen. Denn 1959 heiratete er die zweite Frau, und erst 1973 traten die Beschwerden auf. Vielleicht hat er die Ahnen und deren Totems beleidigt?

I: Hast du in dieser Zeit eines der Totemtiere deiner Eltern beleidigt oder gar gegessen?

T. K: Ich esse seit jeher Kaninchen und Sillur. Die schmecken gut. Deswegen hatte ich aber nie Beschwerden. Das hat der Chauffeur gemacht. Ich bekam dann einen neuen Chef, der war gut. Aus Angst vor dem Pfarrer ging ich nur ins Hospital, aber nicht zu einem Guérisseur. Du mußt etwas machen gegen den Chauffeur. Der ist mein Feind. Der hat das verursacht. Du machst doch gute Gri-Gris!

1: Ich kann machen, daß du stark und gesund wirst. Wenn du stark und gesund bist, kann dir der Chauffeur nichts mehr antun, dann hört seine Kraft auf.

Aus seiner langatmigen, gewundenen Rede geht hervor, daß, wenn es dem Chauffeur schlechtgeht, es ihm bessergehen wird. Daher will er etwas gegen den Chauffeur unternommen wissen.

1: Es ist mir aus religiösen Gründen verboten, einem Menschen zu schaden. Das mache ich nicht. Denn einem Menschen zu schaden, auch wenn es der Chauffeur, dein Feind, ist, wäre Schwarze Magie. Das mache ich nicht. Außerdem ist es nicht sicher, ob der Chauffeur dir etwas angetan hat. Was ist, wenn es jemand anderes war? Dann würde ich einen Unschuldigen ruiniert haben. Das kommt nicht in Frage.

Komm morgen, wenn du willst, daß ich etwas tun soll, das dir Kraft und Gesundheit gibt.

Ende des Gespräches.

Am anderen Tag kommt der Mann nicht, und dem Identifikator tut's nicht leid.

Bericht 13

Name: J-M. S.
Alter: etwa 25 Jahre
Beruf: Büroangestellter
Stamm: Mossi
Stand: unverheiratet
Religion: r.-k.; Totemtier der Mutter: Huhn,
Totemtier des Vaters angeblich unbekannt,
da Vater verstorben
Wohnt im Compound der väterlichen Familie

Beispiel:
Anleitung zur Selbsthilfe in Traditionskonflikt und Totembeleidigung wegen nicht gebrachter Opfer; Opferkonflikt.

Beschwerden:
«fou»

Protokoll:

Sein Lächeln ist vom übrigen Mienenspiel getrennt. Sein sonstiges Gesicht wirkt gespannt und gestreßt. Das Lächeln ist breit und offen. Es wirkt kindlich. Aber die Augen lächeln durchaus nicht. Seine Bewegungen sind abgehackt. Als der – weiße – Chef kommt, um ihm zu sagen, daß er etwas falsch gemacht hat, verändern sich weder sein Lächeln noch seine Art, auf der Maschine zu schreiben. Der Identifikator verläßt den Raum, angeblich, um eine Zigarette zu rauchen. In Wahrheit aber, um zu hören, ob er entspannter auf der Maschine tippt, wenn er allein ist. Aber der überharte Anschlag und der abgehackte Schreibrhythmus bleiben. Alles in allem erinnert der Mann an einen automatenhaft arbeitenden «lebendigen Toten» im Dienst eines Stammeshäuptlings. Der Mann muß sich in einem unglaublichen Spannungszustand befinden. Dieser Spannungszustand muß so groß sein, daß er weder durch den Tadel des Chefs verstärkt werden noch nachlassen kann, wenn er allein ist.

Wir sprechen dann über seinen Fall:

J-M. S: Ich bin immer gesund gewesen. Die Frau meines Onkels hat mich abends angerufen, sie gab mir etwas zum Trinken. Dazu hat sie mich extra angerufen. Ich habe getrunken. Hinterher hat es im Magen gebrannt. Es ist dann so geworden: nicht ganz schlafen, nicht ganz wachen. Das war wohl Gift. Zweimal bin ich aus dem Fenster gesprungen – von Parterre auf die Straße. Ein Mann hat mich das erste Mal heimgebracht. Den Mann habe ich nicht gekannt. Wie ich das zweite Mal hinausgesprungen bin, hat mich der Mann mit anderen in die Psychiatrie gebracht. Dort gab man mir Injektionen. Ich war mit anderen Patienten eingesperrt. Einer hat mich geboxt. Da bin ich erwacht und habe gestaunt, wo ich war. Schließlich wurde ich entlassen. Ich nahm wieder meine alte Arbeit auf. Später ging ich zu einem kleinen Fluß und nahm ein Schaf. Ich wusch das Schaf, ließ es aber dann laufen. Dann ging ich in einen fremden Compound und faßte eine Ente an. Aber auch die Ente ließ ich wieder laufen. Aber ich nahm ein Ei. Das Ei zerbrach ich. Ich schmierte mir von dem Ei erst einen Teil auf den Kopf, den Rest auf meinen Körper. Dann ging ich aus dem Compound. Aber die Bewohner brachten mich wieder in die Psychiatrie. Dort habe ich rötliche Pillen bekommen. Dann bin ich entlassen worden.

I. denkt: J-M. S. hat ein Schaf gewaschen, und zwar am Fluß. Das mag eine Vorbereitung zu einem Opfer gewesen sein. Dann aber hat er das Opfern unterlassen. Er wollte also etwas tun, aber ohne daß es ihm bewußt wurde, hat es ihm ein Teil von ihm verboten. Das klingt wie zwei Über-Ich, die gegeneinander wirken. Die Zensurstellen (siehe Kapitel 2) ließen ihm nicht bewußt werden, was er eigentlich will. Dann hat er eine Ente angefaßt. Er wollte sie wohl auch opfern, aber wieder hat es ihm eines seiner Über-Ich verboten. Schließlich hat er das Ei eines Huhnes genommen. Das Huhn ist das Totemtier seiner Mutter. Das Ei ist das Kind vom Huhn. Er hat es zerbrochen und somit das Kind vom Huhn geopfert. Er hat sich damit aber selbst beschmiert. So ist er sozusagen selbst das Kind vom Huhn geworden, und das hat er geopfert. So hat er sich selbst geopfert. Also: Der Mann will unbedingt etwas opfern. Dazu treibt ihn ein Über-Ich. Gleichzeitig hindert ihn etwas am Opfern. Das dürfte das zweite Über-Ich sein. Er will opfern, gleichzeitig wagt er es nicht. Hier könnten also die Gründe dafür liegen, daß er «fou» geworden ist: der Spannungszustand wurde unerträglich.

J-M. S: Anschließend bin ich dann aus der Psychiatrie entlassen worden und habe wieder zu arbeiten angefangen, weil der Boß mich wieder einstellte. Aber ich kann nicht schlafen, weil ich immer wieder den Traum habe. Vor dem Traum fürchte ich mich. Der Traum geht so: Ich will und muß etwas Wichtiges telefonieren. Aber die Verbindung gelingt nicht. Immer wieder probiere ich es vergeblich. Oder aber, ein Beamter nimmt mir den Hörer weg und schimpft. Dann habe ich noch einen anderen Traum, der auch immer wiederkommt. Da ist die Polizei, die nimmt allen Leuten die Mobyletten und die Identitätskarten weg. Mir auch. Wir sind dann ganz hilflos.

Die Träume könnten so gedeutet werden: J-M. S. will mit seiner alten Tradition wieder in Verbindung kommen. Aber Respektspersonen verhindern das. Die Respektspersonen werden die Missionare bedeuten. Bloß wagt er nicht, das zu träumen. Der zweite Traum bedeutet das gleiche: Wieder ist da die Autorität, und zwar die moderne Autorität. Das ist also der Teil, der ihm sein «modernes» Über-Ich gegeben hat. Dieser moderne Einfluß nimmt ihm die Identität. Das bedeutet, sie nimmt dem Afrikaner das Afrikanische weg. Und nun wird er hilflos und kann sich nicht mehr dorthin bewegen, wohin er will (die Mobylette wird ihm weggenommen).

I: Das bringen wir in Ordnung. Du wirst sehen.

Nächste Unterredung:
Der Identifikator bereitet vor: eine Medizin aus einem harmlosen, einheimischen Tee, in dem 1 ½ Tabletten Phanotal aufgelöst werden. Das ist ein harmloses Schlaf- und Beruhigungsmittel. Alles in allem sind es 16 Eßlöffel Medizin. Der Identifikator gibt ihm die Medizin und sagt, er dürfe jeden Abend nur 2 Eßlöffel voll vor dem Schlafengehen nehmen. Das sind also pro Abend 3/16 Teile einer Tablette, eine völlig bedeutungslose Menge.

1: Diese Medizin wird dir helfen. Aber nur unter einer Bedingung. Über diese Bedingung müssen wir nun sprechen. Sag, was bist du? Christ, Fetischist oder Muslim?

J-M. S: Christ.

1: Was war dein Vater? Was deine Mutter?

J-M. S: Mein Vater ist gestorben. Meine Mutter darf kein Huhn essen oder töten. Das ist ihr von den Ahnen verboten.

1: Nun paß mal auf! Jesus ist für die Europäer da, für die Peul und die Araber ist Allah da, und für die Afrikaner sind die Fetische. So hat jeder seines. Da ist keiner mächtiger. Jeder soll deshalb mit dem zufrieden sein, was er hat. Das ist wie mit Sonnenbrillen. Jeder sieht die gleiche Sache. Aber wenn du blaue Gläser trägst, siehst du es mehr blau. Wenn du braune Gläser trägst, siehst du es mehr braun. Aber du siehst immer den gleichen Baum. Und weil das so ist, mußt du jetzt zunächst einmal Opfer bringen, um deinen Fetisch zu versöhnen. Du bist nicht schlecht. Ich weiß, daß du das schon lange tun willst. Und deshalb bist du ein guter Mensch. Bevor du nun die Medizin nimmst, die du vier Tage lang nehmen sollst, mußt du jedesmal vorher das Opfer bringen. Am Fluß. Erst mußt du dich waschen, dann opfern, mit niemandem sprechen und sofort nach Hause gehen, die Medizin nehmen und dich dann hinlegen.

Nächste Unterredung:

J-M. S. ist absolut entspannt. Er erzählt, er habe das Opfer gebracht. Es sei auch angenommen worden. Dann habe er wunderbar geschlafen. In der Frühe sei er mit leichtem Kopfweh aufgewacht. Das sei aber schnell vergangen. Er wirkt nicht mehr wie ein lebendiger Toter, sein Schreibrhythmus ist gelöst. Sein Gesicht und seine Haltung sind gelockert. Ohne befragt zu werden, erzählt er:

J-M. S: Es ist nicht wahr. Ich war schon vorher einmal «fou». Ich war zwei Jahre in einem Seminar. Da ging ich über den Markt. Da kam ein Mann und nahm mir meine Kaurimuschel aus dem Körper. Da wurde ich dann anschließend auch «fou». Wieder gesund, besuchte ich das Seminar nicht mehr, es ist mir unheimlich geworden. Ich bin dann immer gesund gewesen, bis zu dem Ereignis, von dem ich dir schon erzählt habe.

Nächste Unterredung:
Nichts Neues, nicht geträumt, die Opfer sind angenommen worden. J-M. S. wirkt entspannt und gut gelaunt. Sein Schreibmaschinenanschlag ist gelockert.

Unterredung nach dem 4. Tag:

I : Hast du dein Opfer gebracht, und wie geht es dir?

J-M. S : Ich habe keine Medizin mehr genommen. Das ist jetzt nicht mehr nötig. Früher habe ich nur so getan, als ob ich gesund wäre, jetzt aber bin ich wirklich gesund. Ich habe nur so getan, als ob ich wieder gesund wäre, weil ich meine Stelle wiederbekommen wollte.

I : Was ist mit dem 4. Opfer?

J-M. S : Ich habe die Medizin nicht mehr gebraucht. Ich habe auch gedacht, 3 Opfer sind genug.

I : Nun hör mal zu: 3 Opfer hast du gebracht, damit du wieder gesund wirst. Nun ist der Fetisch nett gewesen und hat dir verziehen und dich gesund gemacht. Meinst du nicht, du solltest nun aus Dankbarkeit ein besonders schönes Opfer bringen? Außerdem solltest du in der nächsten Zeit in dein Dorf fahren und deinen Guérisseur fragen, ob meine Ratschläge richtig waren oder ob er noch etwas Zusätzliches tun will. Du mußt dann den Mganga vermutlich noch das ganz Große Opfer bringen lassen.

J-M. S : (wirkt sehr heiter, gelöst und aufmerksam) Das sagst du mir, du, die du doch ein weißer Doktor bist? Ist das eine Anweisung?

I : Ja, das ist eine Anweisung!

J-M. S : Schön, ich folge gern deinen Anweisungen.

In der Folgezeit sehen wir uns fast täglich, da dort noch andere Afrikaner Konflikte zu lösen haben. J-M. S. macht einen normalen Eindruck. Er erzählt, daß er das 4. Opfer gebracht hat. Nach ungefähr 8 Wochen fragt er, ob der Identifikator nicht beim Großen Opfer assistieren könnte. Das würde sehr gut für ihn sein. Der Identifikator erklärt, daß das nicht nötig ist.

I : Sieh mal, du warst mit deinem Fetisch zerstritten. Nun habe ich zwischen euch vermittelt. Ich war ein Briefträger. Ich habe gute Worte zwischen dir und dem Fetisch hin und her gebracht. Aber der Briefträger vermittelt nur die Worte, er gehört nicht zu den beiden, denen er die Nachricht hin und her trägt. So ist das auch mit dem Fetisch und dir. Vielleicht würde er sogar böse mit mir, wenn ich mich zu sehr zwischen euch beide einmische.

J.-M. S. konnte wahrscheinlich deshalb seinen Konflikt so glatt lösen, weil er eine Autorität traf, die ihm den handfesten Befehl gab, endlich das tun zu müssen, was er ohnedies gern getan hätte: nämlich sich mit seiner Tradition zu versöhnen. Damit hatte jemand die «Verantwortung übernommen». J.-M. S. befand sich ja in einem Doppelkonflikt zwischen seiner Tradition und dem, was er im Seminar gelernt hatte. Brachte er kein Opfer, war der Fetisch beleidigt. Brachte er ein Opfer, verstieß er gegen die Autorität der Missionare und das Leitbild des modernen, fortschrittlich erzogenen Menschen. Folgender Vorfall weist in diese Richtung: Ins Büro kommt ein anderer Afrikaner. Er hat auch Beschwerden und bittet um Herstellung eines Gri-Gri. Der Identifikator sagt dem Mann, der ebenfalls lange keine Opfer mehr gebracht hat, daß er sich erst mit seinem Fetisch versöhnen muß, sonst kann ihm kein noch so wirkungsvolles Gri-Gri helfen. Das stimmt auch. Und zwar deshalb: Ein Gri-Gri wurzelt nicht in der modernen Lebensform. Ist man nun ganz in der modernen Lebensform eingetaucht, dann ist das Gri-Gri oder Jou-Jou zu nichts nutze. Es bleibt tot und wirkungslos wie eine Maske in einem Touristenhotel. Wenn man also ein Gri-Gri oder Jou-Jou haben will, das etwas nützt, muß man auch wieder zu seiner alten Tradition zurückkehren. Ich erkläre das dem Mann. Der ist etwas verblüfft, solche Gedanken zu hören. Er hat sich das leichter vorgestellt.

J.-M. S. hört zu, er lacht verständnisvoll und wissend und sagt zu dem Mann: «Das ist wahr, ohne Fetisch keine Gesundheit!»

Abschluß:
Briefliche Mitteilung: Das ganz Große Opfer wurde gebracht und angenommen. Nach wie vor bedauert J.-M. S., daß der Identifikator beim Großen Opfer nicht assistieren konnte. Sein Gri-Gri wirkt weiter zuverlässig. Er könne schlafen und arbeiten. Er schreibt, daß nur der seelisch gesund sein kann, der den Spuren seiner Vorväter folgt. Und das täte er. Verfolgungs- und sonstige krankhafte Ideen hätte er nicht mehr. Dank «le Bon Dieu» und Dafra (das ist der Name, wie in seiner Tradition der Herr Aller Weltenbewohner angerufen wird) sei alles gut.

Nachwort

Das vorliegende Buch basiert auf einem der äußerst seltenen Fälle, in denen schamanische Praktiken vom Akteur selbst beschrieben werden, während sonst diese Phänomene vom außenstehenden, zwar ethnologisch gebildeten, aber letztlich doch kulturfremden Beobachter behandelt werden. Dr. Wagners Beitrag zu diesem Problemkreis scheint durch die Unmittelbarkeit des Insiders für die Praxis und das Verstehen bedeutsam. «Bewohner der Dritten Welt, selbst wenn sie offiziell einer christlichen Religion angehören, haben sich vielfach auch heute noch nicht von ihren traditionellen Vorstellungen gelöst. Für sie ist Magie und Zauberei Realität, und die Überzeugung, Opfer eines Schadenzaubers zu sein, kann bekanntlich unter Umständen sogar zum Tode führen. Der Ihnen gewiß bekannte Ethnomediziner Dr. Prinz hat erst kürzlich in einem Vortrag über einen Fall berichtet, bei dem es ihm nicht möglich war, den Tod eines Mannes zu verhindern, der davon überzeugt war, bald sterben zu müssen.

Wagners Methode wirkt auf psychischem Bereich und stellt daher ein adäquates Mittel gegen derartige Vorstellungen dar. Vorausgesetzt, daß sie auf die jeweilige traditionelle Kultur adaptiert wird, könnte Wagners ‹Call-It›-Methode erfolgreich von Ethnologen, Medizinern und evtl. sogar von geschulten Entwicklungshelfern angewendet werden.»*

Das Werk befaßt sich jedoch nicht nur mit einschlägigen psychologischen Problemen der Dritten Welt. Es umfaßt vielmehr das Kulturelle insgesamt. Man könnte es eine Art Basis-Kurs zur Einführung in diese uns so fremdartig erscheinende Mentalität nennen. Daher wird es jenen Personenkreis umfassen, der von Berufs wegen, sei es als Kaufmann, Diplomat oder Projektplaner, oft hilflos vor der angeblichen «Unberechenbarkeit» seiner fremdkontinentalen Partner steht.

* Leserbrief vom 10.5.84, in: *Curare*, Zeitschrift für Ethnomedizin und Transkulturelle Psychiatrie, 4/1984

Diese sind ja in der Tat nicht «unberechenbar». Man muß hier *ihre* Formeln kennen, um sie «berechnen» zu können.

Wie man diese allmählich entdeckt und damit die kulturelle Barriere (Dr. J. Wagner: «Die Wand») überwindet, zeigt das Buch konkret und daher begreifbar.

Schließlich wendet sich das Buch noch an eine kleine, aber spirituell wichtige Gruppe von Ausnahmemenschen, die die Einheit zwischen verbalem Bericht und «Randsphäre» (Ernst Kretschmer, «Geniale Menschen») wahrzunehmen in der Lage sind. Ihnen wird – viel mehr als durch «Abenteuertourismus» und «Fernreise» – die Möglichkeit gegeben, eine «ganz andere» und doch gleichzeitig brüderliche Existenzdeutung zu entdecken.

Die Ähnlichkeit mit westlichen psychologischen Methoden sind äußerlich. Das darf nicht wundern, da diese Methoden und die von Dr. Wagner beschriebenen in verschiedenen kulturellen Gefügen entstanden. Um mit Philipp Lersch* zu sprechen: sie wurzeln in einem kulturell divergierenden tragenden Unterbau des Lebensgrundes, dem Endothymen. Man könnte in Anwendung eines zoologisch klassifizierenden Begriffes von Analogie, nicht aber von Homologie sprechen. Um das an einem Beispiel zu verdeutlichen: Die Flügel der Insekten erfüllen die gleiche Funktion wie die der Vögel. Diese sind jedoch aus Chitin, jene umgebildete Armknochen.

Die Tatsache der Analogie anerkennend, spricht daher auch der Pionier der Psychosomatologie A. T. W. Simeons davon, daß «der moderne Psychiater ... die *Funktion* des Priesters und des Medizinmannes angenommen hat, wenn es sich darum handelt, wesentlich seelische Leiden zu heilen». Simeons betont den Unterschied zwischen den neurophysiologischen Vorgängen, auf denen westliche Methoden und «Medizinmann»-Methoden beruhen, wie folgt: «Der Psychiater ist gezwungen, sich den Weg durch eine von der Hirnrinde ausgeübte strenge Zensur zu bahnen. Er hat nicht wie der Priester oder der Medizinmann unmittelbar Zugang zu den Vorgängen im Zwischenhirn.»**

Ein charakteristisches Beispiel möge diesen Unterschied verdeut-

---

* Philipp Lersch, «Aufbau der Person», Neuauflage 1968
** A. T. W. Simeons, «Die Entwicklung des menschlichen Gehirns. Erkenntnisse über die Ursachen seelisch bedingter Krankheiten», München 1962, S. 132 f.

lichen: Das Katathyme Bilderleben verwendet standardisierte Bilder zur Persönlichkeitsentfaltung. Die Heilige Maske, in der der verehrte tierische Kulturbringer und der belehrte Ahne verschmelzen, ist natürlich auch «standardisiert». Ihre «Gefühlsqualität» ist aber ganz etwas anderes, Stärkeres, «Heiliges». Zu ihr zurückzuführen bedeutet, das Individuum in die soziale Sicherheit seiner Tradition zurückzuführen. Es eben zu reakkulturieren.*

Diese Methode auf Weiße anwendend (Fallbeispiel Nr. 8, Dr. Y.), sieht Dr. Wagner daher auch davon ab, standardisierte Bilder zu verwenden. Vielmehr bietet sie eine Unzahl von Masken, Bildern und Objekten an, um die Möglichkeit zu geben, daß man sich von irgendeinem wirklich «angezogen» fühlt. Um mit Ludwig Klages zu sprechen: Es werden die Schauungen der Seele und ergänzend die Empfindungen des Leibes (diese durch Verwendung des Trommelrhythmus) aktiviert. Nicht die «Triebfeder» des Erfolges, sondern der «Antrieb» als solcher wird also – im Sinne von Ludwig Klages** – das treibende Moment: ersteres wäre Psychotherapie («man will geheilt werden»), letzteres Erweiterung und Schwerpunktänderung der jeweiligen inneren Struktur. In den Worten von Dr. J. Wagner: «Es handelt sich nicht um eine punktuale Einflußnahme zum Zwecke der Beseitigung quälender Einzelsymptome oder Konflikte. Es handelt sich vielmehr um eine Erweiterung des eingeborenen psychischen Bereiches. Eine solche Erweiterung korrigiert notwendigerweise eingefahrene Maßstäbe. Dadurch wird die Überbewertung der Konflikte abgebaut. Im Idealfall werden sie einfach, als nunmehr unwichtig geworden, nicht verdrängt, sondern vergessen.»

Den tastenden Versuch eines Brückenschlages zwischen westlicher Psychotherapie und «Medizinmann»-Methoden erwähnt Lévi-Strauss: «M. A. Sechehaye hat festgestellt, daß die Unterhaltung, so symbolisch sie auch sein mochte, gegen die Schranke des Bewußtseins stieß und daß zu tief liegende Komplexe nur durch Taten angegangen werden konnten. Tatsächlich führte der Arzt die Unterhaltung nicht mit Worten, sondern durch konkrete Tätigkeiten, wahre Riten, die die Bewußtseinsschwelle ohne Schwierigkeit überschreiten und ihre Botschaft unmittelbar an das Unbewußte richten. Die Gesten ... finden

---

* J. Wagner, «Reakkulturierung als alternative Möglichkeit ...», in: Curare 1/1981
** Ludwig Klages, «Der Geist als Widersacher der Seele», München 1960

ein Echo in dem unbewußten Geist ...., wie die vom Schamanen wachgerufenen Vorstellungen eine Veränderung der organischen Funktionen der Gebärenden bewirken.»*

Ähnlich bahnbrechende Konzepte finden sich auch bei dem amerikanischen Arzt und Hypnotherapeuten Milton H. Erickson und dessen Schülern.**

Von diesen neuen Bestrebungen absehend, gilt jedoch noch heute, was Dr. Wagner formuliert: «Die Methoden der Waganga sind so wenig Psychotherapie wie die der Yoga-Lehrer; die Gebiete überlappen sich lediglich.»

Diese Deutung wird heute allgemein akzeptiert: «Die einfache Gleichsetzung von (durch afrik. Medizinmänner durchgeführtem) Heilritual und Psychotherapie erweist sich als eine Form des (umdeutenden) Ethnozentrismus.»***

Als Dr. Wagner mit ihrer Feldarbeit über – als Magisches, «Übernatürliches» gedeutete – Bewußtseinszustände begann, mußte sie wahrscheinlich auch die Blockierung durch den uns allen einprogrammierten Pseudorealismus überwinden. Er verlangt, als «nicht existent» zu definieren, was in seinen Ursachen nicht naturwissenschaftlich erklärbar ist.**** Sie hatte den Mut, ein solches in seiner Verursachung nicht Erklärbares in seiner empirisch nachweisbaren Wirksamkeit darzustellen, die Wirkungen schamanistischer Methoden. Nunmehr erklärt sich aus den Ergebnissen der Endorphinforschung ihre neurophysiologische Dynamik. Eine nachträgliche Rechtfertigung, die der Autorin wohl zu gönnen ist. Da es sich um ein nicht allgemein bekanntes Fachgebiet handelt, sei darauf eingegangen. Die ersten Ergebnisse der Endorphinforschung, nämlich die Identifizierung und

* Cl. Lévi-Strauss, «Strukturale Anthropologie», Frankfurt 1972, S. 219 f.
** Erickson/Rossi, «Hypnotherapie: Aufbau – Beispiele – Forschungen», München 1981
*** Th. Hauschild, «Sind Heilrituale dasselbe wie Psychotherapie?», in: Curare 4/1979 S. 256
**** Diese Einstellung entsteht aus einer intellektuellen Fehlleistung, die merkwürdigerweise auch bei sonst verstandesmäßig Intakten zu beobachten ist. Tatsächlich setzt sie als Axiom voraus, daß die Forschung abgeschlossen ist, so daß man die Katalogisierung ihrer Ergebnisse als verbindlichen Maßstab für Existentes bzw. Nichtexistentes werten kann. Womit konsequenterweise impliziert wird, daß man nicht mehr weiterforschen muß: die Anhänger «der Forschung» negieren deren Weiterführung.

Messung von im Körper selbst reaktiv erzeugten Stoffen und deren Wirkung auf die Rezeptoren, wurden bereits 1973 publiziert. John Hughes stellte 1974 den Antagonisten des Naloxone (das für die Wahrnehmung von Schmerzempfinden mitverantwortlich ist) als 5-amino-acid-Peptide fest. Im Anschluß an diese Entdeckungen wendete sich die einschlägige Forschung mit regem Interesse diesem Spezialgebiet zu. Die Einzelergebnisse wurden auf einer in Montreal 1980 stattfindenden Konferenz zusammengefaßt. Über diese Konferenz publizierte das *Journal of the Society for Psychological Anthropology, Ethos* in Vol. 10, Nr. 4/1982, ein Sonderheft, nämlich das *Issue devoted to Shamans and Endorphins.** Der Editor ist der seinerzeitige Initiator dieser Konferenz, Raymond Prince, Professor des Departments für Psychiatrie, McGill Universität und Direktor der Forschungsabteilung des Mental Hygiene Institutes in Montreal. Im folgenden sei ein kurzer Abriß gegeben, der jedoch in keiner Weise die Lektüre des Issue ersetzt, sofern man sich ernsthaft mit dem Problem befassen möchte.

Zunächst berichtet Prof. R. Prince, wie er auf den Gedanken der Verzahnung der scheinbar so weit auseinanderliegenden Disziplinen der Neurophysiologie und der Ethnologie kam. Ihm fiel auf, daß man ethnologischerseits die Rolle der im Patienten selbst vorhandenen Systeme übersah, die zum Beispiel Analgesie, Euphorie, Amnesie, Furcht-Abbau und geänderte Bewußtseinszustände bewirken, wenn sie durch schamanistische Heilmethoden induziert und aktiviert werden. Dabei verstehen die Referenten unter Schamanismus alle Verfahren, die geänderte Bewußtseinszustände hervorrufen, sei es im Heiler, im Patienten oder in beiden, unabhängig davon, wie sie hervorgerufen werden und innerhalb welchen kulturellen Rahmens. Prof. Prince fragte nun nach den physiologischen Systemen, die diesen hochkomplexen psychischen Phänomenen zugrunde liegen. Die Neurophysiologie gab ihm die Antwort: Unter den Bedingungen extremen Stresses durch Gefahr, Schmerz oder körperliche Überanstrengung werden im Körper morphinähnliche Stoffe ausgeschüttet, zum Beispiel die Endorphine. Naloxon, der Antagonist, ist für die Schmerzwahrnehmung verantwortlich, die die biologische Aufgabe hat, organismusschädigende Zustände durch die subjektive Wahrnehmung «Schmerz» zu verändern. In Extrem-

* zu beziehen bei: Society for Psychological Anthropology, 1703 New Hampshire Av., N. W., Washington, D. C. 20009

situationen jedoch verhindern die Endorphine und endorphinähnlichen Substanzen, daß übergroßer und/oder zu langanhaltender Schmerz, Anstrengung oder Streß ein Lebewesen für Kampf oder Flucht unfähig machen. Wie dies bewirkt wird, darüber berichtet Prof. Murray Saffran, Biochemiker am Medical College in Toledo (Ohio): Es werden Signalstoffe an die zuständigen Körpersysteme gegeben. Sie senden nicht nur primitive Botschaften wie zum Beispiel «an–aus», «schnell–langsam», durch die jeweilige Zusammensetzung von Aminosäure-Codes ist die Botschaft ganzer «Sätze» möglich ...

Wolfgang G. Jilek (Vancouver) und Richard Katz (Harvard) berichten über Feldbeobachtungen der traditionellen schamanistischen Handhabungen zur Induzierung solcher von den Neurophysiologen beschriebenen Vorgänge, die auch im Rahmen des heutigen Christentums möglich sind, wie aus dem Bericht von Steven M. Kane über «Holiness Ritual Fire Handling» hervorgeht. Hochinteressant ist auch der von Bruce Pomeranz (Toronto) dargestellte Zusammenhang zwischen «Acupuncture and Endorphins». Der Neurophysiologe James L. Henry (McGill) gibt sodann einen Überblick über die mögliche Beteiligung der Endorphine bei geänderten Bewußtseinszuständen, die einsichtbar macht, warum gewisse Phänomene allen schamanistischen Methoden gemeinsam sind. Dann faßt R. Prince zusammen: Die schamanistisch induzierten Trancen sind von hypnotischen Suggestionen zu unterscheiden, sie sind einander nur äußerlich ähnlich. «Tanz- und Trommel-Trancen» verhalten sich zu hypnotisch erzeugter nicht ähnlicher als organisch bedingte zu hysterischer Blindheit. Abgesehen davon nämlich, daß «hypnosis faith» eher erfolglos sei als endorphinabhängige, schamanische Phänomene, gebe es überzeugende Beweise für ihre physiologische Verschiedenheit, die im einzelnen angeführt werden ...

Die analgetisch-euphorisierende Wirkung der Endorphinausschüttung macht einsichtbar, weshalb Schamanen künstlichen Streß (mock-stress) dadurch erzeugen, daß sie Vorstellungen äußerst bedrohlicher Situationen erzeugen: sie verursachen dadurch eine Endorphinausschüttung, welche einen positiven Vagusumschwung mit all seinen heilenden Wirkungen nach sich zieht. Wo es diese schamanische Hilfe nicht gibt, mag es geschehen, daß selbstinduzierte Halluzinationen das «reality-testing-system» außer Kraft setzen. Orthodoxe Psychoanalytiker deuten das als regressive Fehlleistung. Unter der Perspektive des Zusammenhanges zwischen Endorphinausschüttung und durch Schamanen erzeugten mock-hyperstress jedoch versteht man aber nunmehr, daß es sich um abschirmende Hormone *und valiumähnliche Substanzen erzeugende Selbstheilungstendenzen handelt – ein Gedanke, der Freud selbst nicht fremd war.*

Prince wendet sich dann den Entwürfen zu, die – mit vollem Recht! – zu den wertvollsten der Menschheit zählen. Es geht ihm, so betont er, nicht darum, diese durch physiologische Aspekte «abzuwerten», es gehe ihm vielmehr darum, sie durch diese Aspekte umfassender verstehen zu lassen. Die Endorphinausschüttung spiele nämlich auch bei religiösen Erleuchtungs- und Erweckungs- sowie near-death-Erlebnissen eine Rolle, gleichgültig, in welchem religiösen Rahmen sie geschehen. Das kann auch von einem Tiefgläubigen akzeptiert werden. R. Prince nennt Erleuchtungs-, aber auch near-death-Erlebnisse das Ergebnis eines endorphinausschüttungsbedingten «omnipotence maneuver's». Es handle sich um eine psychologische Analogie zu homöostatischen Vorgängen, deren Aufgabe es ist, einen exogenen Mangel (etwa Kälte, Hitze oder Trockenheit) zu kompensieren. Analog dazu kompensiere bzw. überkompensiere dieses «omnipotence maneuver» unter extremen Streßbedingungen, und zwar vermittels Träumen, Psychosen oder – therapeutisch ritualisiert – durch schamanistische Maßnahmen. Das Ergebnis sei ein unerwartetes Gefühl «kosmischen Friedens». Es könne in jedem beliebigen kulturellen Rahmen erfolgen.

Trotz der Ergebnisse der Endorphinforschung bleibt ein «ungeklärter Rest»: die Frage nach der Möglichkeit von Fernübertragungen. Dr. Wagner steht ihm realistisch gegenüber: «Zwei verschiedene Standpunkte scheinen sich als kontradiktorisch auszuschließen. In Wahrheit aber ergänzen sie sich. Konrad Lorenz glaubt, ‹daß das Universum von einem einzigen Satz von untereinander widerspruchsfreien Naturgesetzen regiert wird, die nie durchbrochen werden›, er schließt alle ‹außernatürlichen Geschehnisse aus› und hält demzufolge ‹alle von Parapsychologen und Spiritisten beschriebenen Erklärungen für Selbsttäuschung›*.» «Ich möchte», schließt Dr. Wagner an, «betonen: Natürlich bin auch ich überzeugt, daß die Naturgesetze nicht durch außernatürliche Eingriffe unterbrochen werden können. Aber ich bin durchaus nicht überzeugt, daß parapsychologische Phänomene durch übernatürliche Ereignisse verursacht werden. Ich schließe mich vielmehr zum Beispiel den Parapsychologen Bender und Wassiliew an, die die Meinung vertreten, diese

* Konrad Lorenz, «Die acht Todsünden der zivilisierten Menschheit», München 1983, S. 87

Phänomene beruhten ebenfalls auf – bis heute allerdings nicht entdeckten – Naturgesetzen.»*

Warum, so muß man sich fragen, sollte es obskur sein, die Methoden der Waganga zu benutzen, weil sie auf Vorgängen beruhen, die gegenwärtig noch nicht in ihren neurophysiologischen Abläufen geklärt sind? Tausende von Jahren bevor Albrecht Thaer die Theorien entwickelte, auf denen die heutige Agrikultur beruht, lebten sogenannte «primitive, magisch denkende» prähistorische Leute. Obwohl sie nichts von der modernen Vererbungslehre wußten, gelang es ihnen anhand empirischer Beobachtungen, aus Wildgräsern Korn zu kultivieren. Diesen «Primitiven» ist es zu verdanken, daß sich eine Zivilisation entwickeln konnte, welche es A. Thaer ermöglichte, seine Forschungen zu unternehmen. Forschungen, die nachträglich theoretisch erklärten, was «die Primitiven» erfolgreich praktizierten.

Alternativ statt Thaer oder ergänzend könnte hinzugefügt werden: Jahrzehntelang wurde als Aberglaube verlacht, daß Schöllkraut zum Vertreiben von Warzen verwendet werden kann. Man hielt das für «unwissenschaftlich». Im Jahre 1981 wird plötzlich in einer Fachzeitschrift für Ärzte berichtet: «Bei Entfernung mit scharfen Löffeln ergeben sich meist Rezidive, aber bei Betropfen mit dem Saft von Schöllkraut verschwinden in einigen Tagen alle Warzen.** Dieses Beispiel möge doch einen Denkanstoß geben: War die Wirkung des Schöllkrautes weniger effizient, als es noch nicht durch «die Wissenschaft» gerechtfertigt war? Änderte sich durch diesen Bericht seine chemische Beschaffenheit? Oder beweist dieser Bericht nicht vielmehr auch, daß *alte Dinge* nicht automatisch für *primitiv* zu halten sind, sondern daß man sich besser bis zur Klärung wertneutral verhalten sollte.

Es handelt sich nicht um eine Propagierung alternativer Ideen im Sinne von «Aut-Aut», sondern um den Versuch eines Mittelweges, eines Brückenschlagens im Sinne eines «Et-Et»: nicht weniger als fünf Kapitel beschreiben die Zusammenarbeit mit einem westlich ausgebildeten afrikanischen Mediziner. Das erklärte Ziel beider ist: Heilung der physischen Symptome durch westliche Medizin, Elimi-

---

* Jo Wagner, «Two Liberian Oracle-Systems», in: Wiener Völkerkundliche Mitteilungen, Bd. XXIII/1981, S. 38
** «Medical Tribune» (deutsche Ausgabe), Nr. 36/1981, S. 2

nierung der diese Symptome auslösenden psychischen Störungen durch Reakkulturierung.

Im Sinne eines «Et-Et» wendet sich die Autorin auch gleicherweise an Angehörige der Dritten Welt und Mitglieder unseres Kulturkreises. Erstere sind dadurch kulturell verunsichert, daß ihnen von Pseudorealisten, denen die Ergebnisse wirklich moderner Forschung unbekannt sind, ihr traditionelles Weltbild als «Aberglaube», «magisches Denken» und «Primitivität» diskriminiert wird. Das Kapitel über Kannibalismus – als ein Extrembeispiel – weist diese Fehlleistung der Akkulturatoren nach.

Sie wendet sich jedoch mit gleichem Nachdruck an die Angehörigen technikorientierter Kulturkreise, indem sie auf die endothyme, die lebensbereichernde Seite hinweist, auf das also, nach dem Moderne (Heutige?) in zunehmendem Maße suchen. Denn das durch die Autorin geschilderte traditionelle Weltbild *ist* ein «Rückschritt». Ein «Rückschritt» im Sinne des Rückbesinnens auf das Ursprüngliche. Ein notwendiger Schritt, um durch eine Wiederbelebung verlorengegangenen Wissens hier und heute vorwärtszukommen.

Wolfgang Bauer
Clemens Zerling
April 1985

Zur Autorin und
zum Buch

Johanna Wagner. Dr. phil. (Psychologie und Germanistik, ergänzend Medizin bis einschließlich Physikum).

Geht seit 1972 afrikanischen tabuisierten Psychobeeinflussungen nach, da sie selbst – völlig unerwartet – Opfer einer solchen wurde: Ein hamitischer Freund zeigte ihr einen Weg, dieses Psychoterrors Herr zu werden, indem er sie in die *Rufe-Es-Methode* einweihte. Tatsächlich gelang es der Autorin, auf diese Weise mit dem unangenehmen Phänomen fertig zu werden. Verständlicherweise interessierte sie sich, was da eigentlich vorgegangen war.

Überzeugt, daß es sich bei solchen «Übertragungen» um eine bislang noch nicht wissenschaftlich beschriebene psychische Fähigkeit handelte, begann sie mit der praktischen Feldarbeit auf diesem Gebiet.

Bei ihren Bemühungen kam sie mit Waganga, den afrikanischen Priesterheilern und Medizinmännern in Kontakt. Sie erkannte dabei, daß sie selbst über besondere Fähigkeiten dieser Art verfügte, und vermochte auch, diese unter Beweis zu stellen, was ihr Anerkennung seitens der Waganga eintrug.

Man kann Geheimwissen nur mit anderem Geheimwissen tauschen, also gleichsam nur «Magisches für Magisches» erwerben, denn diese Dinge besitzen im Rahmen der afrikanischen Kultur etwa den Wert von Patenten in der westlichen Welt. Im Besitz der *Rufe-Es-Methode* gelang der Autorin dieser – ansonsten nicht nur Europäern unmögliche – Einstieg, zu dem die Autorin auch durch ihre früheren Befassungen mit Fremdkulturellem fähig war: so betrieb sie zum Beispiel drei Jahre lang Motorrad-Rennsport, um auf diese Weise zum Satori-Erlebnis des Zen durchzustoßen, und ging nach Ceylon, um die Satipatthana-Methoden kennenzulernen. Es wundert daher nicht, daß die Autorin auch Karate betreibt. Sie meint dazu: «Man mißversteht im Westen oft diese Kampfsportarten als aggressiv. In Wahrheit beherrscht sie aber nur der auch nur einigermaßen, der so weit aus sich herauszutreten vermag, ‹daß er der andere wird›.» Unschwer erkennt man in dieser Einstellung eine – kulturell bedingte – Variante des im vorliegenden Buch beschriebenen *moja-na-mbili*-Vorganges.·

Die Autorin ist überzeugt, daß wirkliche Erkenntnisse nicht aus Büchern oder vorstellenden Phantasien, sondern nur aus tatsächlichem, konkretem Erleben gewonnen werden können: «Die erfahrene Wirklichkeit allein ist der Prüfstein jeder logischen Überlegung, andernfalls führt Denken zu Verstiegenheiten.»

Das vorliegende Buch gewährt einen Einblick in die dem Kulturfremden von Afrikanern sonst nicht gezeigte Denkweise und trägt damit nicht nur zum wirklichen Verständnis des Schwarzen Kontinentes bei, sondern gibt dem Weißen auch die Möglichkeit zur vergleichenden Selbstbesinnung und Selbsterkenntnis, indem es ihm eine Art «Gegenwelt» zu seiner ihm selbst langsam fragwürdig erscheinenden zeigt.

Publikationen der Autorin

Anleitung zu afrikanischen Orakeltechniken Nachgesang auf eine weiße Mganga Msungu, Berlin 1991, Verlag Clemens Zerling
Ein Füllhorn göttlicher Kraft unter Schamanen, Gesundbetern und Wetterbeschwörern, Berlin 1992, Verlag Clemens Zerling

«Kauri-Orakel», Archiv f. Völkerkunde Nr. 34, Wien 1980
«Two Liberian Oracle-Systems», Wiener Völkerkundliche Mitteilungen Bd. XXIII, Wien 1981
«Reakkulturierung als alternative Möglichkeit einer psychohygienischen Hilfestellung bei psychosomatischen Beschwerden», «Curare, Zeitschrift für Ethnomedizin und transkulturelle Psychiatrie» 1/1981
«The-Call-It-Method, another Concept of Ethnotherapy», «Curare», 3/1983
«Shamans and Endorphins» (Rezension), «Curare», 4/1983
«Dogmatism and Transcultural Activities», «Curare», 3/1984
«Eine Methode, mit Knochen Orakel zu werfen», Wiener Völkerkundliche Mitteilungen, Bd. 25/26, Wien 1983/84

«Some Comparisons of Shaman-related Folk-Healing Performances in the Frame of Different Cultures. A Preliminary Report on a Recent Research in the Lüneburger Heide», «Curare», 4/1984

«Homophagie im Lichte des Milgram-Experimentes und neurochemischer Forschungen. Einige kulturvergleichende Erwägungen.

Das Thema des vorliegenden Buches wurde, der Mentalität afrikanischer Leser angepaßt, 1983 in «Be stronger than Bad Magic» behandelt.

Zum Herausgeber

Wolfgang Bauer. Diplompsychologe. Herausgeber von «Merlin's Bibliothek der geheimen Wissenschaften und magischen Künste», Mitautor (neben Irmtraud Dümotz und Sergius Golowin) des «Lexikon der Symbole» (Fourier-Verlag) und Autor von «Metamorphosen» – ein wahres ABRACADABRA der Kunst der Verwandlung», das im Verlag Clemens Zerling erschien.

Bibliographie

Abegg, L.: «Ostasien denkt anders», München/Wien/Basel 1970

Acta Tropica, Zeitschr. f. Tropenwissenschaft und Tropenmedizin, Basel 1964, Vol. 21

Ancics, H.: «Der Ewige Jude», Wien 1965

Archiv, das, für Völkerkunde: Heft 1, Wien 1980, «Kauri-Orakel»

Atcho, A.: «Prophétisme et Thérapeutique, Albert Atcho et la communauté de Bregbo», Paris 1975

Bahr, F.: «Ohr-Akupunktur», Zürich o. J.

Becher, H.: «Augen und Zwischenhirn», in: «Die Bücherei des Augenarztes», Stuttgart 1955, Heft 23

Bender, H.: «Die Entwicklung der Parapsychologie seit 1960», Freiburg 1976

Bender, H.: «Parapsychologie, Entwicklung, Ergebnisse, Probleme», Darmstadt 1966

Bender, H.: «Telepathie, Hellsehen, Psychokinese, Aufsätze zur Parapsychologie», München 1972

Bender, H.: «Psychische Automatismen, Zur Experimentalpsychologie des Unterbewußtsein und der Außersinnlichen Wahrnehmung», Leipzig 1936

Bender, H.: «Experimentelle Visionen», Bericht über die 16. Tagung der Deutschen Gesellschaft f. Psychologie, Leipzig 1938

Benkert, O. u. Hippius, H.: «Psychiatrische Pharmakotherapie», Heidelberg, New York 1976

Bloomhill, G.: «Witchcraft in Africa», Kapstadt 1962

Bonifazi, C.: «Eine Theologie der Dinge», Stuttgart 1977

Cansdale, G. S.: «West African Nature Handbook» («West-African Snakes»), Int. Pub. Serv. o. J./o. O.

Clark, K.: «Glorie des Abendlandes», Reinbek 1977

Davidson, B.: «Afrika», Reinbek 1972

Dawa-Samdup, Lama Kazi: «Das Tibetische Totenbuch», Zürich 1953

Delay, J. u. Pichot, P.: «Medizinische Psychologie, München [3]1971

Diwald, H.: «Geschichte der Deutschen», Berlin 1978

Dogmagk, G. F.: «Versuche zur chemischen Übertragbarkeit erworbener Informationen», in: «25. Mosbacher Colloquium», Heidelberg/New York 1974

Dogmagk, G. F.: «Neurobiologische Grundlagen des Lernens und der Gedächtnisbildung», in: «Die Tierärztliche Praxis», Nr. 7/1979

Donovan, F.: «Zauberglaube und Hexenkult. Ein historischer Abriß», München o. J.

Durant, A. und W.: «Die Lehren der Geschichte», München 1969

Edda, die: Übertragung von Felix Genzmer, Köln/Düsseldorf 1956

Eibl-Eibesfeldt, I. v.: «Der vorprogrammierte Mensch», Wien/München/Zürich 1973

Eliade, M.: «Schamanismus und archaische Extasetechnik», Frankfurt 1975

Eliade, M.: «Die Religion in Geschichte und Gegenwart», Tübingen 1961

Eysenck/Meili: «Lexikon der Psychologie», Freiburg/Basel/Wien 1971/72

Farvar, M. T./Milton J. P.: «The Careless Technology, Ecology and International Development», London 1973

Fischer, L.: «Mahatma Gandhi», Berlin 1955

Freud, S.: «Zukunft einer Illusion», Frankfurt a. M., o. J.

Friedrich, H.: «Kulturkatastrophe, Nachrufe auf das Abendland», Hamburg 1979

Gardener, G.: «Ursprung und Wirklichkeit der Hexen», Weilheim 1965

Glasenapp, H. v.: «Die fünf Weltreligionen», Düsseldorf/Köln 1963

Gorer, G.: «Die Amerikaner. Eine völkerpsychologische Studie», Reinbek 1956

Govinda, Lama Anagarika: «Grundlagen tibetischer Mystik», Zürich 1956

Griaule, M.: «Masque Dogon», Paris 1938

Griaule, M.: «Dieu d'eau», Paris 1948

Griaule, M.: «Le Renard Pâle», Paris 1965

Halacy, D. S.: «Geheimnis der Intelligenz», München 1972

Hauschild, Th.: «Sind Heilrituale dasselbe wie Psychotherapie?», in: «Curare, Zeitschrift für Ethnomedizin und transkulturelle Psychiatrie», Braunschweig/Wiesbaden 1979, Vol. 2/Heft 4

Heim, K.: «Die Wandlung im naturwissenschaftlichen Weltbild», Hamburg 1954

Heinz, F.: «Kulturkatastrophe. Nachrufe auf das Abendland», Hamburg 1979

Holzer, H.: «The Truth about Witchcraft», New York 1969

Huch, F.: «Gedächtnismoleküle», in der Reihe: «Konstanzer Universitätsreden», Konstanz 1976

Huhnke, S.: «Allahs Sonne über dem Abendland», Frankfurt 1965

Huhnke, S.: «Glaube und Wissen. Die Einheit europäischer Religion und Naturwissenschaft», Düsseldorf 1979

Jung, C. G.: «Gesammelte Werke», Bd. 11, Zürich 1958

Klages, L.: «Der Geist als Widersacher der Seele», München 1960

Kretschmer, E.: «Körperbau und Charakter. Untersuchungen zum Konstitutionsproblem und zur Lehre von den Temperamenten», Heidelberg/New York [26]1977

Kreuz, H. J.: «Die Drüsen der inneren Sekretion», Biologisch-Hygienisches Unterrichtswerk des Deutschen Gesundheits-Museums Köln, Kempen NDRH, o. J.

Legewie, H./Ehlers, W.: «Knaurs moderne Psychologie», München 1978

Leiris, M.: «Die eigene und die fremde Kultur», Frankfurt 1977

Lethbridge, T. C.: «Witches – Investigating an Ancient Religion», London o. J.

Lexikon f. Theologie und Kirche, Freiburg 1959, Bd. 3

Lévi-Strauss, Cl.: «Strukturale Anthropologie», Frankfurt a. M. 1972

Löbsack, Th.: «Versuch und Irrtum. Der Mensch: Fehlschlag der Natur», München 1974

Lorenz, K.: «Weltbild des Verhaltensforschers», München 1968

Lorenz, K./Leyhausen, P.: «Antriebe tierischen und menschlichen Verhaltens», München [4]1973

Lorenz, K.: «So kam der Mensch auf den Hund», Wien o. J.

Lorenz, K.: «Die instinktiven Grundlagen menschlicher Kultur», in: «Die Naturwissenschaften», Heft 54, Berlin 1967

Lorenz, K.: «Die acht Todsünden der zivilisierten Menschheit», München 1973

Lorenz, K.: «Die Rückseite des Spiegels. Versuch einer Naturgeschichte des menschlichen Erkennens», München 1977

Maquet, J. und Ganslmayer, H.: «Die Afrikaner», München 1970

Mbiti, J. S.: «Afrikanische Religion u. Weltanschauung», Berlin 1974

Meinhof, C.: «Religionen der Schriftlosen Völker Afrikas», Religionsgeschichtliches Lesebuch – neue Folge – Einzelausgaben, Tübingen 1913 (heute noch beziehbar!)

Morris, D.: «Der Menschen Zoo», München 1969

Murray, M. A.: «The God of the Witches», London 1931, 1952, 1970

Murray, M. A.: «The Witch-Cult in Western Europe», Oxford 1921

Murray, M. A.: «The Divine King in England», London 1954

Neal, J. H.: «Ju-Ju in my Life», London 1966

Nietzsche, F.: «Ecce homo», Leipzig 1937

Nyanaponika, M.: «Sutta-Nipata», Konstanz 1955

Nyanaponika, M.: «Der einzige Weg. Buddhistische Texte zur Geistesschulung in rechter Aufmerksamkeit», Konstanz 1956

Nyanaponika, V.: «Pathways of Buddhist Thought», Verl. Allen & U., o. O., o. J.

Nyanatiloka: «Das Wort des Buddha», Konstanz 1953

Nyanatiloka: «Visuddhi-Magga», Konstanz 1952

Packard/Vance: »Die geheimen Verführer. Der Griff nach dem Unbewußten in jedermann», Düsseldorf 1973

Parrinder, G.: «Witchcraft: European and African», London 1958, 1963, 1968, 1970

Parrinder, G.: «East African Religion», London 1949, 1969, 1973, 1977, 1978

Reuke, L.: «Die Mazugawa in Nordnigeria. Ethnographische Darstellung und Analyse des beginnenden Religionswandels zum Katholizismus», in: Freiburger Studien zur Politik und Gesellschaft überseeischer Länder, Bd. 4, Bielefeld 1969

Rush, J.: «Witchcraft and Sorcery», in: «Curare, Zeitschrift für Ethnomedizin und transkulturelle Psychiatrie», Vol. 2/Heft 4, Braunschweig/Wiesbaden 1979

Ruthven, M.: «Torture, The Grand Conspiracy», London 1978

Sannwald: «Beziehungen zwischen parapsychologischen Spontanerlebnissen und Persönlichkeitsmerkmalen», in: «Zeitschrift für Parapsychologie und Grenzgebiete der Psychologie», Jg. 1962/63, Bd. IV

Schlegel, F.: «Grundriß der indoarischen Philologie und Altertumskunde», Berlin 1837

Schlegel, F.: «Über die Sprache und Weisheit der Inder», Heidelberg/Berlin 1808

Schmidbauer, W.: «Zur Psychologie des Orakels», in: Psychologische Rundschau, XXI/2, Göttingen 1970

Schönmeier, H. W.: «Animismus, Krankheit und sozialer Wandel bei den Berkirdi», in: «Curare, Zeitschrift für Ethnomedizin und transkulturelle Psychiatrie», Heft 3, Braunschweig/Wiesbaden 1979

Schweeger-Hefel, A.: «Plastik aus Afrika», Wien 1969

Schubenring, W.: «Die Lehre der Jainas», in: «Grundriß der Indo-Arischen Philologie und Altertumskunde», III/7, Berlin/Leipzig 1935

Schulze, H.: «Der progressiv domestizierte Mensch und seine Neurosen», München 1964

Sich, D.: «Naeng. Begegnung mit einer Volkskrankheit in der modernen frauenärztlichen Sprechstunde in Korea», in: «Curare, Zeitschrift für Ethnomedizin und transkulturelle Psychiatrie», Heft 2, Braunschweig/Wiesbaden 1979

Simeons, A. T. W.: «Die Entwicklung des menschlichen Gehirns. Erkenntnisse über die Ursachen seelisch bedingter Krankheiten», München 1960, 1962

Stauder, L.: «Magie als experimentelle Naturwissenschaft», Darmstadt 1968

Suzuki, D. T.: «Zen und die Kultur Japans», Reinbek 1958

Toffler, A.: «Der Zukunftsschock», Bern 1970

Trimborn, H.: in: «Zeitschrift für Ethnologie», Heft 3/5, Heidelberg/New York 1939

Ullmann, L.: «Der Koran» (Übersetzung), München 1959

Vilar, E.: «Das polygame Geschlecht», München 1974

Vogel, G., Angermann, H.: «dtv-Atlas zur Biologie», München 1967, 1969

Volhard, E.: «Kannibalismus», Stuttgart 1939

Wassiliew, L. L.: «Biologische Radiokommunikation – ein atavistischer Rückfall», in: «Neue Wissenschaft», Bd. 10, Bern/München 1961/62

Wassiliew, L. L.: «Experimentelle Untersuchungen zur Mentalsuggestion», Bern/München 1945

Wellstein, A.: «Kräuter oder Penicillin – eine Alternative! Thesen zum problemorientierten Arzneimitteleinsatz in der Dritten Welt», in: «Curare, Zeitschrift für Ethnomedizin und transkulturelle Psychiatrie», Heft 1, Braunschweig/Wiesbaden 1979

Wetzer, H. J. und Welte, B.: «Kirchenlexikon, Enzyklopädie der kath.
  Theologie und ihrer Hilfswissenschaften», Bd. 5, Freiburg ²1889
Williams, J. G.: «A Field-Guide to the Birds of East Africa», London
  1963

«Und wenn der große Phönix frei fliegt, sieh genau hin, was er behutsam zwischen seinen Krallen trägt.» *No-Eyes*

Mary Summer Rain
Der Phönix erwacht *Weisheit und Visionen*
(transformation 8558)

Spirit Song *Der Weg einer Medizinfrau*
(transformation 8537)

Weltenwanderer *Der Pfad der heiligen Kraft*
(transformation 8722)

Chögyam Trungpa
Das Buch vom meditativen Leben
(transformation 8723)
Die Shambhala-Lehren vom Pfad des Kriegers zur Selbstverwirklichung im täglichen Leben.

Peter Orban/Ingrid Zinnel
Drehbuch des Lebens *Eine Einführung in die esoterische Astrologie*
(transformation 8594)
Personare *Die zwölf Personen im Inneren der Seele*
(transformation 9179)

Paul Hawken
Der Zauber von Findhorn *Ein Bericht*
(transformation 7953)
Ein Erlebnisbericht aus der berühmten New Age-Community.

Lynn Andrews
Die Medizinfrau *Der Einweihungsweg einer weißen Schamanin*
(transformation 8094)

Mary Summer Rain
Welten-wanderer

rororo
Der Pfad der heiligen Kraft

Stephen Arroyo
Astrologie, Psychologie und die vier Elemente
(transformation 8579)
Einer der führenden Astrologen Amerikas skizziert die Bedeutung der vier Elemente als archaische Kräfte für die Seele und weist auf die bislang ungenutzten Möglichkeiten hin, astrologisches Wissen in der Psychotherapie einzusetzen.

Janwillem van de Wetering
Ein Blick ins Nichts
Erfahrungen in einer amerikanischen Zen-Gemeinde
(transformation 7936)

Das gesamte Programm der Taschenbuchreihe *transformation* finden Sie in der *Rowohlt Revue*. Jedes Vierteljahr neu. Kostenlos in Ihrer Buchhandlung.

«Ein spirituelles Leben zu führen heißt, dem Ewigen zu gestatten, sich durch uns in den gegenwärtigen Augenblick hinein auszudrücken.»
Reshad Feild

Stanislav Grof
Geburt, Tod und Transzendenz
Neue Dimensionen in der Psychologie
(transformation 8764)
Eine Bestandsaufnahme aus drei Jahrzehnten Forschung über außergewöhnliche Bewußtseinszustände.

Ken Wilber
Das Spektrum des Bewußtseins
Eine Synthese östlicher und westlicher Psychologie
(transformation 8593)
«Ken Wilber ist einer der differenziertesten Vordenker und Wegbereiter des Wertewandels in Wissenschaft und Gesellschaft.»
Psychologie heute

Gary Zukav
Die tanzenden Wu Li Meister
(transformation 7910)
Der östliche Pfad zum Verständnis der modernen Physik: vom Quantensprung zum Schwarzen Loch.

Reshad Feild
Schritte in die Freiheit *Die Alchemie des Herzens*
(transformation 8503)
Das atmende Leben *Wege zum Bewußtsein*
(transformation 8769)

Israel Regardie
Die Elemente der Magie *Eine Einführung in die Magie, Kabbala und Meditation*
(transformation 8798)

Robert Anton Wilson
Der neue Prometheus *Die Evolution unserer Intelligenz*
(transformation 8350)
«Robert A. Wilson ist einer der scharfsinnigsten und bedeutendsten Wissenschaftsphilosophen dieses Jahrhunderts.» *Timothy Leary*

Joachim-Ernst Berendt
Nada Brahma *Die Welt ist Klang*
(transformation 7949)
Das Dritte Ohr *Vom Hören der Welt*
(transformation 8414)
«Wenn wir nicht wieder lernen zu hören, haben wir dem alles zerstörenden mechanistischen und rationalistischen Denken gegenüber keine Chance mehr.» *Westdeutscher Rundfunk*

Das gesamte Programm der Taschenbuchreihe *transformation* finden Sie in der *Rowohlt Revue*. Jedes Vierteljahr neu. Kostenlos in Ihrer Buchhandlung.

Michael Rudert /
Wolfgang Meyer
Mit Pflanzen heilen
(rororo sachbuch 9776)
Pflanzen eignen sich als
Heilmittel hervorragend zur
Selbstmedikation. Zwei
Biologen liefern mit diesem
Handbuch praktisches Wissen
und Entscheidungskriterien,
die die Orientierung auf dem
unübersichtlichen Markt
ermöglichen.

Kuan Hin
**Chinesische Massage und
Akupressur** *Eine Anleitung zur
Selbsthilfe*
(rororo sachbuch 9346)
Massage und Akupressur sind
zwei Gebiete der traditionellen chinesischen Medizin, die
sich ideal für eine Anleitung
zur Selbsthilfe eignen, da sie
lediglich rudimentäres
Grundwissen voraussetzen
und sich ohne jegliche
Hilfsmittel anwenden lassen.
Die besonders sanften
Methoden eignen sich
sowohl zur Vorbeugung und
Gesunderhaltung von Körper
und Geist als auch zur
Linderung und Heilung von
akuten Beschwerden, deren
Eigenbehandlung ausführlich
angeleitet wird.

Shitsuto Masunaga /
Wataru Ohashi
Shiatsu *Theorie und Praxis
der japanischen Heilmassage*
(rororo sachbuch 8416)

Aljoscha A. Schwarz/
Ronald P. Schweppe
**Reflexzonenmassage für Fuß,
Hand und Ohr**
(rororo sachbuch 9768)

Mathias Dorcsi
Homöopathie heute *Ein
praktisches Handbuch*
(rororo sachbuch 8562)
Dieses Handbuch ist Lese-
buch und Nachschlagewerk
zugleich und informiert um-
fassend über Geschichte,
theoretische Grundlagen und
praktische Anwendung der
Homöopathie.

Ein Gesamtverzeichnis aller
lieferbaren Titel der Reihe
rororo gesundes leben finden
Sie in der *Rowohlt Revue*.
Jedes Vierteljahr neu.
Kostenlos in Ihrer Buchhandlung.

Johanna Wagner
**Anleitung zu
afrikanischen
Orakeltechniken**
Nachgesang auf eine
Mganga Msungu
(weiße Medizinfrau)

168 S., 32 Abb.,
ISBN 3-88468-047-1,
DM/sFr 24,-, öS 178

Aus unterschiedlichen Lebensbereichen und Zusammenhängen haben Freunde, Bekannte und ehemalige Angestellte ihr Bild der Person Johanna Wagner zu schildern versucht – ein fast abgerundetes Bild einer europäischen Medizinfrau, Schamanin und Zauberin: die vielen Gesichter der letzten der Baba Jagas.

Johanna Wagner
**Ein Füllhorn
göttlicher Kraft**
Unter Schamanen,
Gesundbetern und
Wetterbeschwörern

213 S., 28 Abb.,
ISBN 3-88468-049-8,
DM/sFr 24,-, öS 178

U.a. Aufsätze zum Unterschied zwischen afrikanischem Schamanismus und der sogenannten Geistheilerei in Deutschland, über Volksheiler in der Lüneburger Heide und das Dokument eines Protokolls über ein mehrtägiges Fliegenpilzexperiment der Johanna Wagner in österreichischem Dialekt.

Bernhard Kirfel
Eisvogel
Der Seher, Dichter und
Heiler Hubert Wachtendonk (1928-1985)

480 S., 4 Abb.,
ISBN 3-88468-039-8,
DM/sFr 36,-, öS 267

Unter den zahlreichen Volks- und Geistheilern der Eifel ragt der querschnittsgelähmte Hubert Wachtendonk schon deshalb heraus, weil er dichtete und mit Gedichten auch heilte. Neben seiner Biographie enthält der Band eine Werkauswahl seiner Dichtung, die von einer tiefen und oft schwer zugänglichen Mystik geprägt ist.

Verlag Clemens Zerling
**Graefestraße 26 A, 10967 Berlin
Telefon: 030 / 693 05 50, Fax: 030 / 694 20 06**